Nick Vujicic
mit Kanae Vujicic

Liebe ohne Limits

Deutsch von Julian Müller

BRUNNEN
Verlag GmbH · Giessen

Bisher von Nick Vujicic im Brunnen Verlag Gießen erschienen:

Mein Leben ohne Limits – „Wenn kein Wunder passiert,
sei selbst eins" (auch als E-Book und Hörbuch)
Personal Trainer für ein unverschämt gutes Leben
Dein Leben ohne Limits – 50 Powerstarts in den Tag
Freihändig – Warum mich und dich so schnell
nichts aufhält (auch als E-Book)
Sei stark! Selbstbewusst gegen Mobbing, Ausgrenzung …
und was dich sonst runterzieht (auch als E-Book)

Das Original dieses Buches „Liebe ohne Limits" erschien im Jahr 2014
unter dem Titel „Love Without Limits. A Remarkable Story of True
Love Conquering All"
in Colorado Springs bei WaterBrook Multnomah, Imprint der Crown
Publishing Group/ Random House LLC, New York,
a Penguin Random House Company.
© Nicholas James Vujicic 2014

© der deutschsprachigen Ausgabe
Brunnen Verlag Gießen 2015
www.brunnen-verlag.de
Lektorat: Petra Hahn-Lütjen
Umschlagfoto: Copyright © Nicoletta Sexson-Daskalakis
Umschlaggstaltung: Daniela Sprenger
Satz: DTP Brunnen
Herstellung: GGP Media GmbH, Pößneck
ISBN 978-3-7655-0934-6

Dass wir von Gott geliebt sind, ist unser Motor.
Möge dieses Buch alle ermutigen und beflügeln,
die auf der Suche nach Liebe und Hoffnung sind.

In liebevollem Gedenken an meinen Schwiegervater
Kiyoshi Miyahara und meinen Onkel Miloš Vujicic.

Inhalt

eins

Wohin mit der Liebe

Willkommen! Dieses Buch ist für alle geschrieben, die nach Liebe suchen und sich dauerhafte Beziehungen wünschen.

Der Titel hat verschiedene Hintergründe. Einer davon ist meine gemeinnützige Organisation *Life Without Limbs*, mit der ich auf der ganzen Welt als Motivationscoach tätig bin. Ich habe zwar keine Arme und Beine, aber trotzdem meine Lebensaufgabe gefunden. Ich mache anderen Mut und Hoffnung, und deswegen führe ich kein Leben als Behinderter, sondern sozusagen als „Beflügelter".

Für mein erstes Buch nahmen wir bei der Suche nach dem Buchtitel den Namen *Life Without Limbs – Leben ohne Gliedmaßen –* als Ausgangsbasis für unser Brainstorming und kamen dann auf *Life Without Limits,* im Deutschen *Mein Leben ohne Limits.* Ganz einfach, weil ich darin aus meiner persönlichen Erfahrung erzählte, wie man sich ein unverschämt gutes Leben aufbauen kann – ganz egal, mit welchen körperlichen, geistigen oder emotionalen Herausforderungen man konfrontiert ist.

Damit wären wir beim Titel dieses Buches, *Liebe ohne Limits.* Ich habe schon oft davon gesprochen, mit welchen Unsicherheiten ich als Kind und als junger Mann zu kämpfen hatte. Weil ich „unvollständig" war, war ich mir fast sicher, dass mich nie eine Frau lieben, geschweige denn heiraten würde. Ich konnte mir nicht vorstellen, einmal Ehemann und Vater zu sein. Ehrlich gesagt konnte das fast niemand. Manche gingen ganz selbstverständlich davon aus, dass ich nie eine eigene Familie haben würde.

Lange Zeit sah es auch so aus, als würden sie recht behalten. Ich hatte die üblichen Phasen des Verknalltseins in der Schule, aber nicht eine einzige feste Beziehung als Jugendlicher. Erst mit Anfang zwanzig wurde ich langsam selbstbewusster. Mit siebenundzwanzig hatte ich einige Beziehungen hinter mir, die zwar meist gut anfingen, aber immer sehr traurig endeten. An einer davon hatte ich besonders lange zu knabbern.

Das Mädchen machte mit mir Schluss, weil ihre Eltern gegen die Beziehung waren. Ich war am Boden zerstört. Es schien, als gäbe es in Sachen Liebe eine unsichtbare Grenze, über die ich nicht hinauskommen konnte. Obwohl meine Familie und Freunde für mich da waren, war ich nun mehr denn je davon überzeugt, dass sich für so einen offensichtlich fehlerhaften Menschen wie mich niemals eine Frau interessieren würde.

Wie du auf den folgenden Seiten sehen wirst, lag ich falsch. Und zwar so falsch, wie man nur falsch liegen kann. Es ist mir im Nachhinein fast peinlich, wie verzweifelt und selbstkritisch ich damals war. Viele Menschen sehen mich als optimistisches Stehaufmännchen, aber in Herzensdingen hatte ich lange Zeit schwer damit zu kämpfen, das Positive zu sehen.

Ich traute mir einfach zu wenig zu. Und noch schlimmer: Ich traute Gott zu wenig zu. Das Ideal zweier sich liebender Menschen mochte für andere gelten, aber nicht für mich. Ich möchte dich vor diesem Fehler bewahren. Vielleicht wartest du auch darauf, dass Gott dir jemanden schickt und bist drauf und dran, die Segel zu streichen. Wie du vielleicht weißt, hat Gott mir eine unglaubliche Frau an die Seite gestellt, deren Liebe mich jeden Tag wieder neu erstaunt. Wenn du auch sonst nichts aus diesem Buch mitnehmen solltest, bitte nimm dir die folgenden Gedanken zu Herzen. Sie sind der Kern dessen, was mir klar geworden ist und was ich dir mit auf den Weg geben will.

- Wenn du dich nach Liebe sehnst, dann gib nicht auf. Gott hat dir diese Sehnsucht nicht ohne Grund ins Herz gelegt.
- Du bist es wert, geliebt zu werden!
- Es gibt garantiert auf der Welt jemanden, der dich lieben und mit dir das Leben verbringen würde.
- Eine erfolgreiche Ehe basiert auf gegenseitiger, selbstloser Liebe und einer gemeinsamen, ehrlichen und dauerhaften Verpflichtung.
- Eltern zu werden stellt jede Ehe auf die Probe. Das Band der Liebe kann dabei noch fester werden, aber nur, wenn jeder lernt, sich in den anderen hineinzuversetzen, wenn einer für den anderen da ist und das Wohlergehen der Familie über den eigenen Interessen steht.
- Die „Arbeit" an der Ehe besteht hauptsächlich darin, das egozentrische Denken aufzugeben und Tag für Tag daran zu arbeiten, Gott an erste, die Frau und die Familie an zweite und sich selbst an dritte Stelle zu setzen.
- Deine Ehe, deine Familie und dein Heim sollten immer ein sicherer, liebevoller und fürsorglicher Ort sein – ein Zufluchtsort vor der Welt und allen ihren Herausforderungen.

Wenn du noch nicht überzeugt bist, sieh dir das Bild auf dem Buchdeckel an. Dort findest du das strahlende Gesicht meiner Frau Kanae, die mir vor allem eins beigebracht hat: Liebe kennt keine Grenzen.

Meine Frau ist schön, das steht außer Zweifel, aber den größten Teil ihrer Schönheit kann kein Foto einfangen. Gott hat sie mit seiner vollkommenen Liebe erfüllt, und jetzt liebt sie *mich*, einen so unvollkommenen Mann! Darum sind meine Zweifel an der Liebe endgültig ausgeräumt.

Mir wird immer wieder klar: Um geliebt werden zu können, muss man sich erst einmal liebenswert fühlen. Dafür muss man davon überzeugt sein, Liebe verdient zu haben. Und hier kommt das kleine Detail, das viele übersehen: Um Liebe zu empfangen, muss man sie zuerst verschenken. Du musst jemand anderen so sehr lieben, dass du seine/ihre Bedürfnisse über deine eigenen stellst. Man muss das „ich" aufgeben, um ein „wir" zu bekommen. Wenn du dich aus Liebe zurücknimmst, öffnest du die Tür zu einer blühenden und starken Partnerschaft, die das Leben noch mehr bereichern wird, als du es dir erträumst.

Kanae und ich bauen stetig weiter an unserer Beziehung. Wir sind ja noch ganz am Anfang. Und auch wir sind schon in einige Fallen getappt. Ich bin nämlich kein perfekter Ehemann – jedenfalls noch nicht! Ich bin noch dabei, gebacken zu werden. Kanae und ich erheben in diesem Buch daher keineswegs den Anspruch, Experten zu sein. Wir möchten vielmehr unsere Liebesgeschichte erzählen, dich an unseren Beobachtungen und an dem teilhaben lassen, was wir bisher gelernt haben, ob nun aus unseren eigenen Fehlern oder mit der Hilfe von anderen.

Das … und dir zu neuen Erkenntnissen zu verhelfen, wenn du gerade unterwegs bist auf der Suche nach einer starken Partnerschaft, nach einer Liebe, die hält und dich erfüllt, das ist unser Ziel.

Jedes Kapitel behandelt einen anderen Schwerpunkt: die Suche nach Liebe; den Entschluss, sich auf die Liebe einzulassen; Schritte in Richtung Ehe; das Heiraten; das Gründen einer Familie; der Alltag und andere Herausforderungen. Themen, die wir in diesen Kapiteln behandeln, sind unter anderem:

• warum ich mein Ego hintenanstellen muss, wenn ich Liebe suche
• warum der perfekte Partner für mich nicht perfekt sein muss
• wie man während der ersten Beziehungsphase ein Fundament

aus gegenseitigem Respekt, Ehrlichkeit, Freundschaft, Vertrauen und Zuverlässigkeit legt

- warum man nicht nur auf sein Herz, sondern auch auf Gottes Plan hören sollte
- wie man durch den Entschluss, die Bedürfnisse des anderen vor die eigenen zu stellen, die Beziehung auf den richtigen Kurs bringt
- warum man Familie und Freunde in die Beziehung einbinden sollte, so lange sie einen näher zusammenbringen
- wie man eine Hochzeit plant, in der es nicht um materielle Dinge, Statussymbole und ein großes Brimborium geht, sondern um die Liebe und das Leben, das man gemeinsam beginnen will
- wie man die Herausforderung meistert, sich den Sex für die Ehe aufzusparen, und warum sich das lohnt
- wie man dem anderen zuhört und sich in den Partner hineinversetzt, anstatt unzumutbare oder egoistische Erwartungen zu haben, weil man nur seine eigenen Bedürfnisse und Wünsche sieht
- wie beide Partner eine Schwangerschaft durchstehen, indem sie auf die Veränderungen des weiblichen Körpers reagieren
- wie man nach der Geburt eine starke Verbindung zu seinem Kind aufbaut
- wie man den Wandel vom Paar zur Familie bewältigt und trotz der nötigen Veränderungen in Sachen Finanzen, Wohnraumbedarf und Erwartungen an das Leben die Liebe weiter festigt
- wie man damit fertig wird, dass der Partner so wie alle Menschen älter wird, und wie man einander durch eine gereifte Liebe in allen Phasen des Lebens annehmen kann
- wie man richtig kommuniziert, ohne nur schnell Probleme aus der Welt schaffen zu wollen
- warum sich Familienrituale und Familientraditionen lohnen
- wie man bei der Rollenverteilung auf die jeweiligen Stärken und Schwächen achtet und so die Arbeitsbelastung gleichmäßig verteilt

- wie man aus seinem Heim einen sicheren und harmonischen Ort zum Auftanken macht, damit man gemeinsam die Stürme des Lebens durchstehen kann und am Ende immer die Liebe siegt

Liebe ohne Limits

Ich habe das Gefühl, dass die Liebe zwischen Kanae und mir und zu unserem Sohn Kiyoshi jeden Tag wächst. Unser Leben als kleine Familie ist schöner, als ich es mir je erträumt hätte. Seit Kanae und ich verheiratet sind und ein Jahr und einen Tag nach unserer Hochzeit dann am 13. Februar 2013 unser Kind auf die Welt kam, drängt sich mir immer wieder dieser Gedanke auf.

Das letzte Mal, dass mich ihre Liebe schlicht überwältigte, war mitten während eines Fluges auf dreißigtausend Fuß Höhe. Ich war auf der Rückreise von einer einmonatigen Rednertour, die der letzte Abschnitt einer erfolgreichen, aber auch harten Viermonatstournee durch sechsundzwanzig Länder in Asien und Südamerika war. Es fiel mir unendlich schwer, meine Frau und Kiyoshi so lange nicht zu sehen.

Der Terminplan gab in diesen vier Monaten nur sehr wenige Kurzbesuche zu Hause her. Die Zeit reichte kaum, um die Wäsche zu waschen, geschweige denn, um innerlich richtig anzukommen beieinander.

Auf der Reise hatte ich vor vielen Tausend Menschen gesprochen und großartige Erfahrungen gemacht, aber auch mit echten Schwierigkeiten zu kämpfen. Das Schlimmste war ein heftiges Fieber in Bolivien. Eine Woche lang kochte mein Körper und mir taten alle Knochen weh. Ich schaffte es gerade so, meine Termine einzuhalten, obwohl ich mich fühlte, als hätte man mich tausend Meilen durchs australische Hinterland geschleift.

Die Tour war ein einzigartiges Erlebnis, aber auch nicht gerade ein Zuckerschlecken. Trotzdem waren es nicht die Irrungen und Wirrungen dieser Reise, die dafür sorgten, dass ich auf dem letzten Flug plötzlich in Tränen ausbrach. Ich hatte nicht nur Heimweh. Ich hatte Kanae-Weh und Kiyoshi-Weh. Meine Frau und mein Sohn fehlten mir wie verrückt!

Der Gedanke daran, dass sie mich bald wieder in den Arm nehmen würden, war so überwältigend, dass ich anfing zu schluchzen. Mein Caregiver, also mein Unterstützer, Freund und Pfleger Gus saß direkt neben mir. Ich wollte nicht, dass er sah, wie ich heulte, also zog ich mir meine Mütze übers Gesicht und tat, als würde ich schlafen. Aber ich glaube, er hat es trotzdem gemerkt. Bestimmt tat er nur meinetwegen so, als hörte er nichts. Ich kann nämlich nicht leise weinen. Und er wusste natürlich, wie sehr ich darunter litt, von meiner Familie getrennt zu sein.

Kanae und ich hatten zwar immer wieder per Skype telefoniert, aber das war einfach nicht dasselbe. Ich liebe den Geruch von Kanaes Haar und den von Kiyoshi. Sein Babyatem riecht so gut! Während meiner Tour hatte Kiyoshi sein erstes Zähnchen bekommen, und mittlerweile konnte er ohne Hilfe stehen. Ich hatte so viel verpasst.

Insgeheim schwor ich mir, nie wieder so lange von meiner Familie getrennt zu sein. Ich möchte kein Motivationscoach sein, der für Gott arbeitet, den seine Familie aber nie zu Gesicht bekommt. Selbst wenn ich der ganzen Welt helfen würde, dafür aber meine Familie vernachlässigte, hätte ich total versagt. Wenn Kanae und Kiyoshi die einzigen Menschen auf der Welt sind, die ich glücklich mache, bin ich zufrieden. Gott möchte die Familie nicht ohne Grund in der Prioritätenliste ganz weit oben haben. Und mir ging es im Flugzeug nur noch um eins: Kanae und Kiyoshi endlich festzuhalten, zu drücken und nie wieder loszulassen. Ich bastelte sogar an einem Songtext darüber. Obwohl ich kaum Herr meiner selbst war. (Neue Single im Anmarsch!) Ich konnte noch nicht einmal lesen, was ich da in mein Smartphone tippte, weil alles verschwamm.

Was ist nur los mit dir?, fragte ich mich.

Da kam die Antwort: *Nichts ist los mit dir. Du bist nur so voller Liebe, dass du kaum noch atmen kannst!*

Ich flog tatsächlich nach Hause zu meiner Frau und meinem Sohn! Meiner Familie! Wie oft hatte ich Angst davor gehabt, dass mir so ein Leben für immer verwehrt bleiben würde. Was für ein Geschenk ist die Liebe! Und die Liebe eines Kindes ist erst recht nicht mit Gold aufzuwiegen. Seit diese zwei wunderbaren Menschen in mein Leben getreten sind, fühle ich mich komplett.

Herz zu verschenken

Seit ich neunzehn bin, reise ich um die Welt, und noch nie hatte ich mich so sehr gefreut, nach Hause zu kommen. Zugegeben, bis vor Kurzem noch kehrte ich als Junggeselle in ein leeres Haus zurück. Wenn ich damals nach einer langen Reise die Tür öffnete und in die Stille trat, fiel ich immer in ein tiefes Loch.

Manche Menschen sind überglücklich, allein leben zu können. Das respektiere ich. Es ist nichts Verkehrtes daran, wenn es einen erfüllt. Aber ich sehnte mich seit der Pubertät nach einer liebevollen Beziehung und einem Partner, der mit mir durch dick und dünn geht.

Wenn man sich so sehr ein Gegenüber wünscht, aber keins findet, bleibt diese schmerzhafte Leere zurück. Jemand hat einmal gesagt, jeder von uns hat ein gottförmiges Loch in sich. Das ist der Ort, den Gott mit seiner Liebe füllen will. Eigentlich fehlte mir also wegen meiner Beziehung zu Jesus nichts, aber ich wünschte mir trotzdem sehnlichst eine Partnerin. Und hatte zugleich Angst, dieses Glück nie zu erleben. Ich musste diese innere

Leere viele Jahre aushalten, bevor ich schließlich meine große Liebe fand.

Als Kind wollte es nicht in meinen Kopf, wieso Gott mir keine Arme und Beine gegeben hatte. Erst als ich schließlich merkte, dass andere mir deswegen viel eher zuhörten und sich von mir ermutigen ließen, bekam mein Leben eine neue Richtung.

Als ich älter wurde, konnte ich nicht verstehen, wieso Gott mir keine Frau fürs Leben schenken wollte. Ich wurde verbittert und ungeduldig, ließ mich ohne viel Nachzudenken auf Beziehungen ein und war am Ende immer wieder der mit dem gebrochenen Herzen. Was ich damals nicht wusste: Meine schiefgegangenen Beziehungen hatten auch eine gute Seite. Ich musste diese Erfahrungen machen, um später überhaupt die bedingungslose Liebe begreifen und wertschätzen zu können, die mir meine zukünftige Frau entgegenbrachte. Als mir Kanae geschenkt wurde, begriff ich, dass Gott mich die ganze Zeit darauf vorbereitet hatte.

zwei

Die Suche

Rein körperlich gesehen steche ich natürlich aus der Masse heraus, aber was das Bedürfnis nach Liebe betrifft, bin ich kein bisschen anders als du. Und meine Suche nach Liebe lief ganz ähnlich ab wie bei den meisten Männern und Frauen.

Manchmal denke ich, man könnte sie als romantische Komödie verfilmen, aber dann wieder war ich sicher, dass sie als Tragödie enden würde. Wenn ich heute zurückblicke, überwiegt natürlich das Schmunzeln angesichts meiner dahingestolperten Versuche.

Manchmal höre ich, wie eine Mutter zu ihrer Tochter sagt: „Vielleicht musst du ein paar Frösche küssen, bevor du deinen Prinzen findest." Die meisten von uns erleben auf ihrer Suche nach Liebe Ablehnung und Einsamkeit. Davon nehme ich mich nicht aus. Falls es dir genauso geht, hoffe ich, dass du aus meiner Geschichte Kraft schöpfen kannst und die Gewissheit wächst, dass du absolut liebenswert bist. Gib die Suche nicht auf!

Zum ersten Mal verknallt war ich … in der ersten Klasse. Kein Witz. Was soll ich sagen? Ich war ein Ausnahmetalent im Verlieben!

Im Normalfall nimmt man die Suche nach einer Freundin oder einem Freund ja ziemlich ernst, und wenn jemand einem das Herz bricht, ist das alles andere als amüsant. Trotzdem macht man dabei die verrücktesten Sachen.

In der siebten Klasse schenkte ich meiner Flamme einen Teddybär. Dann bekam ich Angst, ihre Eltern könnten etwas dagegen haben. Also verabredeten wir, dass sie mir auch einen schenkte. Unseren Eltern erzählten wir, das Ganze wäre ein „Teddybärtausch".

Über sich selbst lachen zu können ist eine sehr heilsame Eigenschaft. Ich kann sie nur empfehlen. Das ist jedenfalls besser als heulen! Einer meiner verheirateten Freunde meinte zu mir, er sei in seinen Jahren als Junggeselle sozusagen übersät gewesen von roten Flecken, weil ihn die Mädchen auf Abstand hielten, frei nach dem Sprichwort: „Den würde ich, wenn überhaupt, dann nur mit einer Kneifzange anfassen!"

Falls du mit Ablehnung zu kämpfen hast – und das haben wir alle irgendwann –, tröste dich damit, dass du dich umso mehr freuen wirst, wenn der oder die Richtige kommt. Die schlechten Erfahrungen tragen dazu bei, die echte Liebe und Annahme umso mehr wertzuschätzen.

Wenn ich mich anfangs zu einem Mädchen hingezogen fühlte, war es wie bei einem Magneten. Ich konnte nichts dagegen tun. Damals mochte ich natürlich genau die Schönheiten, die allen anderen Jungs auch den Kopf verdrehten. Im Nachhinein betrachtet, war das ziemlich scheinheilig von mir. Ich wollte schließlich trotz meiner Behinderung gemocht werden, stand aber nur auf die hübschesten und beliebtesten Mädchen. Das bereue ich heute. Wenn man älter wird, merkt man, dass Liebe mehr ist als nur körperliche Anziehung. Einige der schönsten Menschen, die ich kenne, sehen überhaupt nicht wie Models aus. Wenn man sie aber kennenlernt, ist man von ihrer Schönheit beeindruckt.

Das Problem ist, dass wir die Menschen immer mit unserer perfekten Vorstellung vergleichen und ihnen dann keine Chance geben. Ich halte das für einen Fehler. Eigentlich sollte man für jeden offen sein, der einen kennenlernen will. Und wenn der Funke nicht überspringt, findet man mit dieser Philosophie zumindest viele Freunde. Und wer weiß, vielleicht findet sich so überraschenderweise ja doch die große Liebe.

Du willst beweisen, dass du es wert bist, geliebt zu werden? Dann gib anderen auch diese Chance. Denn was man bekommen möchte, sollte man auch bereit sein zu geben, oder? Du willst sicher nicht, dass andere dich nur nach deinem Äußeren beurteilen. Sei also stets bereit, genauer hinzusehen.

Oft gehen wir Menschen aus dem Weg, die behindert sind oder „anders" aussehen, weil wir sie aus irgendeinem Grund in eine Schublade stecken, ablehnen oder Angst vor Kontakt haben. Wenn ich vor Schulkindern spreche, frage ich sie oft, ob sie mit mir befreundet sein wollen. Die meisten rufen natürlich „Ja!". Dann sage ich immer: „Wenn ihr bereit seid, mich zu akzeptieren, einen Kerl ohne Arme und Beine, warum wollt ihr dann mit niemandem unter euch befreundet sein, der ‚anders' ist, ob er nun eine andere Hautfarbe hat, eine andere Religion, aus einer anderen Bevölkerungsschicht kommt oder geistig oder körperlich behindert ist?"

Normalerweise wird es dann sehr still. Später haben mir schon oft Schüler oder Lehrer erzählt, dass sich das Verhalten der Kinder verändert hat. Ich hoffe, dauerhaft. Ich weiß nämlich genau, wie das ist, gemieden zu werden und isoliert zu sein. Als Jugendlicher hatte ich schwer daran zu knabbern, ohne Gliedmaßen an den Rollstuhl gefesselt zu sein. Ich wurde gehänselt und bin mir sicher, dass ich einigen Leuten nicht geheuer war und sie mir deswegen aus dem Weg gingen.

Ich hatte genug Selbstzweifel, aber die Suche nach Liebe gab ich deswegen nicht auf. Ich fühlte mich normal, auch wenn ich nicht so aussah, und meine Bedürfnisse waren dieselben wie bei anderen

Menschen. Ich wollte nicht allein sein. Ich wollte jemanden, mit dem ich das Leben teilen konnte, dem ich vertrauen, alles erzählen und nah sein konnte.

Vielleicht habe ich die Erinnerungen aus meiner Kindheit verdrängt oder vergessen, aber ich kann mich jedenfalls nicht daran erinnern, dass mich in der Grundschule jemand offen ablehnte, weil ich keine Arme und Beine hatte. Es gab vielleicht Kinder, die so dachten, aber sie gingen mir aus dem Weg und ließen mich erst gar nicht an sich heran. Die meisten waren eigentlich nett zu mir. Aus manchen wurden gute Freunde. Eine richtige Beziehung hatte ich aber erst am Ende meiner Teenagerzeit.

Am Boden

Als Jugendlicher möchte man unbedingt dazugehören und akzeptiert sein. Das heißt auch, cool genug für eine Beziehung zu sein. Wer ist nicht gern cool und beliebt? Ich wollte so sehr zu den richtigen Kreisen dazugehören, dass ich um meine christlichen Freunde einen großen Bogen machte und so tat, als wäre ich ein harter Knochen. Wie ich das machte? Ich fing an, mit Schimpfwörtern um mich zu werfen – etwas ganz Neues für mich. Und das merkte man. Ich war wohl das peinlichste und lächerlichste Großmaul der ganzen Schule. Irgendwann gab ich es auf, weil es mir selbst peinlich war. Und natürlich auch meinen Eltern. Zum Glück waren meine alten Freunde nicht nachtragend und nahmen mich wieder auf.

Mit Mädchen erlebte ich ebenfalls genügend peinliche Momente. Wenn ich verknallt war, dann meistens heimlich. Ein Mädchen himmelte ich drei Jahre lang an. Sie hatte keine Ahnung davon. Zuerst waren wir nur befreundet, weil sie einen Freund hatte. Als die beiden sich trennten, nahm ich all meinen Mut zusammen und fragte sie, ob sie mit mir ausgehen würde.

Sie gab mir einen Korb und ging stattdessen mit einem Kumpel von mir aus. Einerseits freute ich mich für die beiden, andererseits machte es mich unendlich traurig. *So ein Mädchen wirst du nie haben*, sagte ich mir. *Sie ist zu hübsch für dich.*

Ich beschloss, eine Mitleidsorgie zu feiern. Es war nur im kleinen Rahmen – Tisch für eine Person. Ist es nicht verrückt, dass wir alle so etwas erleben, trotzdem aber das Gefühl haben, wir wären die Einzigen auf der Welt, die so etwas durchmachen? Wir glauben, es habe noch nie jemand so sehr leiden müssen. Die Wahrheit ist, dass sogar die „hübschen" Mädchen, die „attraktiven" Jungs und die beliebtesten Leute aus der Klasse ihre eigene Geschichte von Ablehnung, Einsamkeit und Unsicherheit erzählen könnten. Ich habe noch niemanden getroffen, der die Kindheit und die Pubertät ohne einen Pickel, eine schmerzhafte Trennung oder ohne sich eine Abfuhr zu holen überstanden hat. Das gehört nun mal zum Erwachsenwerden dazu. Auch wenn es wehtut: Aus solchen Erfahrungen kann man lernen, einfühlsamer, verständnisvoller und freundlicher zu sein.

Anders ausgedrückt: Schlechte Erfahrungen können einen voranbringen, wenn man sie als Lernchancen sieht. Was ist besser, etwas Positives daraus mitzunehmen, oder sich mit der Opferrolle zufriedenzugeben und schwarz zu ärgern?

Wir haben es in der Hand, selbst die schlimmsten Erfahrungen in positive Ressourcen umzuwandeln. Das funktioniert am besten, wenn wir sie als Teil von Gottes Training verstehen.

Liebe, ein schmerzvoller Coach

Ich weiß nicht, wie du das siehst, aber ich habe aus meinen schmerzhaften Erfahrungen in Sachen Liebe einiges gelernt. Auch wenn es im Vergleich zu anderen kleine Gehversuche gewesen sein mochten. Als Jugendlicher träumte ich davon, eines Tages zu heiraten und eine Familie zu gründen. Wenn im Radio ein Liebeslied lief, dachte ich an das Mädchen, in das ich gerade verknallt war.

Eins der beliebtesten Mädchen in der neunten Klasse hatte mir ganz besonders den Kopf verdreht. Ich fragte sie, ob sie mit mir ausgehen würde. Sie lehnte ab. Um genau zu sein, sagte sie etwas, was jeder Kerl als nett verpackten Korb versteht: „Ich kann nicht mit dir ausgehen, weil ich unsere Freundschaft nicht zerstören will."

Ich war stinksauer und verletzt. Monatelang blies ich Trübsal. Wie ein Rendezvous eine Freundschaft „zerstören" sollte, war mir schleierhaft. Man wollte doch durch das Kennenlernen noch bessere Freunde werden, oder nicht? Ihre Antwort erschien mir alles andere als logisch, aber sie wird oft benutzt, wenn man die Gefühle des anderen nicht verletzen will.

Wenigstens hatte sie nicht gesagt, sie habe keine Zeit, weil sie sich die Haare waschen, den Keller aufräumen oder ihren Sittich kämmen musste! Die verblüffendste Antwort bekam ich einmal im College. Ich fragte nach einem Date, und sie sagte: „Ich suche keinen Freund. Ich suche jemanden, der mir einen Antrag macht!" Sie meinte das tatsächlich ernst, und das machte mir Angst. Manche meinten aber, das sei nur eins ihrer Spielchen.

Jungs spielen natürlich auch Spielchen. Die ganze Partnerwahl ist ein kompliziertes Spiel, und es scheint immer komplizierter zu werden. Das alte System, wo der eine den anderen auf ein Rendezvous einlädt, ist völlig außer Mode geraten. Stattdessen trifft man sich heute in großen Gruppen und dann bilden sich Pärchen heraus. Das ist unkomplizierter, aber vielen fällt es dadurch schwerer, eine echte Verbindung aufzubauen. Immerhin scheint es so einfacher, sich dezent zurückzuziehen, wenn einen der andere nicht so stark interessiert wie gedacht.

Mich verletzte jede Ablehnung. Zu der „normalen" Unsicherheit kam bei mir noch die Last der Behinderung dazu. Ich kann mich zwar nicht daran erinnern, dass ein Mädchen offen sagte, sie wolle sich nicht mit mir treffen, weil ich keine Arme und Beine habe oder im Rollstuhl sitze, aber seien wir ehrlich: Es war sicher für viele ein Grund, mich nicht näher kennenzulernen. Vom Kopf her konnte ich das auch irgendwie verstehen, aber nicht vom Herzen her. Anders als bei einer schlechten Frisur, Pickeln oder Übergewicht konnte ich an meinen fehlenden Gliedmaßen nun mal nichts ändern. Der Gedanke, dass mich aus diesem Grund nie eine Frau gut finden oder kennenlernen wollen würde, hing oft wie eine dunkle Wolke über mir.

Wir haben alle unsere Fehler. Vier davon sind bei mir leider ziemlich sichtbar. So sehr ich auch versuchte, ein normaler junger Mann zu sein, stand fest: Ich sah nun mal anders aus. Und auch wenn ich irgendwann begriff, dass Gott auch so, wie ich war, etwas mit mir anfangen konnte, blieb immer noch das Problem, wie auch ich ein Mädchen abbekommen sollte. Die meisten sahen nur meine Behinderung, und damit meine ich nicht nur mein Aussehen. Es schreckte sie ab, dass ich bei den einfachsten Dingen Hilfe brauchte, sogar beim Essen und Trinken. Ich hatte Verständnis dafür, und doch tat es weh.

Und dann gab es da noch das ultimative Symbol für Coolness: den Führerschein und das eigene Auto. Keins von beiden war mir vergönnt: Während die Jungs in meinem Alter ihre Verabredung abholten und zum Konzert, zum Kino oder zum Restaurant fuhren, war ich von meinen Eltern oder Freunden abhängig. Wieder eins von den ganz normalen Dingen, die ich nicht konnte.

Ich versuchte, nicht ständig über meinen Körper nachzudenken, aber es gab Zeiten, da wollte ich aufgeben, nach Hause gehen und mich unter der Bettdecke verkriechen. Glücklicherweise waren diese selbstzerstörenden Phasen nicht sehr lang. Als Optimist und durch meinen Glauben konnte ich immer wieder Kraft schöpfen – und natürlich fand ich Halt bei meiner Familie.

Was mein Interesse an Mädchen betraf, hatten meine Eltern gemischte Gefühle. Zum einen lag das an ihrem starken Beschützerinstinkt, zum anderen an ihren konservativen Werten. Ein *Date* zu haben, das hatte für sie einen negativen Beigeschmack. Sie sprachen immer von „um ein Mädchen werben". Ich versuchte ihnen zu erklären, dass ein australischer Jugendlicher von heute nicht um ein Mädchen warb. Die Arme würde denken, er sei frisch aus dem Mittelalter entsprungen.

Mein Vater hatte die meisten Bedenken, wenn ich auf Tuchfühlung mit Mädchen ging. Jahre später, nach meiner Hochzeit, beichtete er mir, dass er nicht damit gerechnet hatte, dass ich je eine Frau finde. Damals zeigte er wenig Enthusiasmus, wenn ich von einem Mädchen sprach. Ich glaube, er hatte Angst, mir könnte wehgetan werden.

Nicht, dass meine Eltern mich irgendwie vor anderen abschotteten. Wenn es mir schlecht ging, sorgten sie dafür, dass ich mich nicht einigelte. Sie machten mir Mut, auf meine Klassenkameraden zuzugehen. Meine Kindheit verbrachte ich nicht nur mit meinen zwei Geschwistern, sondern auch mit vielen Cousins und Cousinen, die mich so annahmen, wie ich bin, dafür aber auch genauso rüpelhaft und liebevoll mit mir umsprangen wie untereinander. Dank ihrer Hilfe ließ ich die Selbstzweifel allmählich hinter mir und wurde kontaktfreudiger. Ich hörte auf, mich zu verstecken, und fand schließlich immer mehr Freunde.

Zum Ende der Schulzeit hatte ich viele der sozialen Barrieren überwunden und gelernt, meine Unsicherheiten hinter mir zu lassen. Ich wurde sogar zum Schulsprecher gewählt. Und trotzdem zeigten die hübschen Mädchen in der Schule kein Interesse an mir.

Das war eine harte Lektion, aber sie brachte mich voran. Irgendwann begriff ich, dass es noch viel mehr Mädchen gab, die es wert waren, kennengelernt zu werden. Ich wurde offener, und mein Freundeskreis erweiterte sich. Je aufgeschlossener ich anderen gegenüber wurde, desto unvoreingenommener begegneten sie mir.

Natürlich sollte man niemandem Gefühle vorgaukeln oder eine Beziehung mit jemandem anfangen, an dem man kein Interesse hat. Oft achten Jugendliche und auch Erwachsene bei der Partnersuche zu sehr auf den sozialen Status, das Äußere und die Beliebtheit, anstatt auf das Wesen und die inneren Werte zu schauen.

Was uns wohl allen guttäte, wäre, bei der Suche nach Liebe weniger Hemmschwellen und Vorbehalte zu haben. Einerseits sollten wir davon überzeugt sein, selbst liebenswert zu sein, andererseits aber auch akzeptieren, dass die große Liebe vielleicht nicht hundertprozentig der eigenen Vorstellung entsprechen könnte. Das bedeutet nicht, dass man sich mit einer schlechteren Partie „zufriedengibt", sondern, dass der- oder diejenige einfach ganz anders sein könnte, als man es sich vorgestellt hat.

Risiko Liebe

Wer sich für die Liebe öffnet, macht sich verletzlich. Liebe ist immer ein Risiko. Vielleicht beschließt der oder die „Richtige", dass er oder sie das ganz anders sieht. Die meisten Leute fallen mindestens ein- oder zweimal auf die Nase, bevor sie in der Liebe Erfolg haben. Die ganzen traurigen Balladen und Lovestorys kommen nicht von ungefähr. Liebeskummer ist eine zutiefst menschliche Erfahrung, die in vielen kreativen Formen ihren Ausdruck gefunden hat.

Auch du wirst dich hintergangen, gedemütigt und verletzt fühlen, sollte deine Liebe nicht erwidert werden. Du wirst um die verlorene Beziehung trauern. Vielleicht hast du das Gefühl, darüber nie hinwegzukommen, aber das wirst du. Und wenn du dann die echte große Liebe findest, wirst du umso glücklicher sein. Versprochen!

Es gibt kaum Schlimmeres, als wenn einem jemand das Herz bricht. Ich weiß, wovon ich rede. Meine erste ernsthafte Beziehung hatte ich mit neunzehn. Ich lernte sie auf einer Jugendfreizeit in den USA kennen, weit weg von meiner Heimat Australien. Mein Onkel Batta kannte ihre Eltern und meinte, ich müsste sie mal treffen, wir würden uns sicher verstehen. Sie kam ebenfalls aus einer engagierten, gläubigen Familie. Es war, wie er vermutet hatte. Wir verstanden uns auf Anhieb.

Wir waren zunächst Freunde, kamen aber schnell an den Punkt, wo wir jede freie Minute miteinander verbringen wollten. Es hatte Klick gemacht.

Beziehungsexperten sagen, dass bei Paaren, die als Freunde starten und auf gemeinsame Interessen und Werte aufbauen können, die Verbindung besonders stark wird. Das traf auf uns zu. Wir hatten viele tief gehende Gespräche. Das Körperliche wollten wir uns für später aufheben. Und ja, wir sprachen schon davon, einmal zu heiraten. Ich verstand mich auch mit ihren Eltern ziemlich gut. Ihr Vater war sehr nett zu mir und behandelte mich fast wie seinen eigenen Sohn. Nur: Eigentlich war ich in die USA gekommen, um mich auf meine Karriere zu konzentrieren.

Mein Eindruck war, dass Gott mich in seinem weltweiten Dienst haben wollte. Doch meine Eltern und meine Heimatgemeinde waren damals aus vielerlei Gründen dagegen – was zwar an meiner Entschlossenheit nichts änderte, mich aber trotzdem einsam und verletzlich fühlen ließ. Ihr Vater war unerschrocken und tiefgläubig, und er ermutigte mich, meiner Vision zu folgen. Dass ich mich in seine Tochter verlieben würde, war nicht geplant.

Bevor ich in die USA ging, hatte jemand aus meinem Bekanntenkreis prophezeit, ich würde dort sicher ein Mädchen finden. Ich hatte lachend abgelehnt und gemeint, ich könne keinerlei Ablenkung gebrauchen. Das Einzige, was ich wolle, wäre Zeit mit Gott zu verbringen und aufzutanken. Meine Sehnsucht nach Liebe, die wollte ich zu Hause lassen. Ich verlebte gute zehn Monate ohne Gefühlschaos.

Dann traf ich während der Freizeit auf diese unglaublich attraktive, gläubige junge Frau und war wie vom Donner gerührt. Man konnte sich mit ihr so gut unterhalten! Es fühlte sich an, als wären wir alte Freunde. Ich konnte an nichts anderes mehr denken. Nach unserem ersten Treffen ging ich zurück in mein Zimmer und ließ die Gedanken kreisen.

Nein, nein, nein! Bitte, ich will mich nicht verlieben. Sie wohnt viel zu weit weg, und ich habe doch so viel vor. Kennst du das Sprichwort? „Wenn du Gott zum Lachen bringen willst, erzähl ihm von deinen Plänen." Ich wette, Gott schmunzelte da oben: „Jetzt zeige ich dir mal, wer hier die Fäden in der Hand hält, mein Lieber!"

Ich vereinbarte mit Gott, dass ich diesem Mädchen nicht nachlaufen würde, aber wenn er etwas mit uns vorhatte, würde sie zu mir kommen. Eines Tages stand sie tatsächlich vor mir, und es dauerte nicht lange, da hatten wir unser gegenseitiges Interesse bekundet. Das Schöne war, wie leicht uns das Erzählen fiel. Wir konnten stundenlang reden, ohne peinliche Gesprächspausen. Ich schwebte drei Wochen lang auf Wolke sieben.

Nachdem die Jugendfreizeit vorbei war, verbrachten wir noch ein paar Tage bei gemeinsamen Freunden, und bevor ich die USA wieder verließ, besuchte ich sie zu Hause bei ihren Eltern. Fast täglich telefonierten wir miteinander oder trafen uns irgendwo. Ich konnte nur noch an sie denken, und ihr ging es offensichtlich ganz ähnlich. Ich war bis über beide Ohren verliebt, und sie schien wirklich

Gefallen an mir gefunden zu haben. Als ich zu ihr meinte, ich wünschte, ich hätte Arme, um mit ihr Händchen zu halten, sagte sie nur, ohne sei es „doch umso besonderer".

Ich fühlte mich wie im Paradies. Wir erzählten uns von unseren Träumen und entdeckten lauter Gemeinsamkeiten. Ich öffnete mich völlig und schüttete ihr mein Herz aus. Jede Minute wollte ich mit ihr verbringen. Wir waren füreinander bestimmt, sagte mir mein Gefühl, und die kurze Zeit, die wir zusammen waren, kam mir vor wie eine kleine Ewigkeit.

Dann, eines Tages, sagte sie völlig aus dem Nichts heraus: „Ich brauche Abstand. Für eine ernste Beziehung bin ich im Augenblick einfach nicht bereit, weißt du?"

Das war kein gutes Zeichen. Ein Freund hatte mir einmal gesagt, wenn ein Mädchen sagte, sie brauche Abstand, hieße das mindestens fünftausend Meilen ohne Umdrehen. So viele Flugmeilen hatte ich nicht. Aber ich entsprach ihrem Wunsch, so schwer es mir auch fiel. Ich zog mich zurück. Sehnsucht plagte mich, aber ich wollte Gott die Entscheidung überlassen, ob wir zusammengehörten oder nicht. Auf Biegen und Brechen, so wollte ich nicht zum Erfolg kommen. Liebe lässt sich nicht erzwingen.

Ich steckte Gott zumindest, dass die Entscheidung ganz klar für uns ausfallen würde, wenn es nach mir ginge. Nur, falls er einen Tipp brauchte.

Ich war mir nicht sicher, ob sie sich tatsächlich trennen wollte oder ob ihre Eltern dahinterstanden. Mein Gefühl sagte mir, dass ihr Vater mich als Freund der Familie mochte, nicht aber als Bewerber um die Hand seiner Tochter. Falls ich recht hatte, konnte sie das wohl nicht so einfach ignorieren. Sie hatte mich um etwas Abstand gebeten, und ich wusste, dass mir gar nichts anderes übrig blieb, als ihr diesen Wunsch zu erfüllen. Wenn sie meine Gefühle nicht teilte, konnte ich sie schlecht zwingen. Falls Gott wollte, dass wir zusammenblieben, würde er einen Weg finden. Schweren Herzens ließ ich ihn ans Steuer.

Ich übte mich in Geduld, aber je länger es dauerte, desto mehr vermisste ich sie. Meine Gefühle wurden nur noch stärker. Die Liebe wächst mit der Entfernung, sagt man.

Es kostete mich viel Kraft, meine Angebetete in Ruhe zu lassen. Ich sagte mir immer wieder, wenn Gott uns wieder zusammenbringen würde, konnte ich mir wenigstens sicher sein, dass wir füreinander bestimmt waren. Sie sollte ihre Gefühle mit Gott ausmachen. Ich wollte ein reifer und guter Christ sein, auch wenn ich sie schrecklich vermisste. Die drei Wochen mit ihr gehörten zu den schönsten Erinnerungen meines Lebens.

Das Tal der Sehnsucht

Liebeskummer sagt dir etwas? Ich war der Liebeskummer in Person. Jeder Tag, den ich ohne sie verbrachte, kam mir vor wie ein Jahr. Ich konnte nicht schlafen, weil sie mir ständig im Kopf herumspukte. Ich wälzte mich nachts im Bett und flehte Gott an, sie mir entweder wiederzubringen oder aus meinem Gedächtnis zu löschen.

Das ist noch gar nichts, sagst du? Ich besorgte mir ihr Parfum und sprühte es auf alle meine Kissen, damit ich mich nachts darin vergraben konnte. Und tagsüber auch!

So stark hatte ich mich noch nie zu einem anderen Menschen hingezogen gefühlt. Ihre Gefühle schienen anfangs genauso tief zu sein wie meine, was eine ganz neue Erfahrung für mich war. Ich konnte sie nicht einfach gehen lassen. Alles drehte sich um sie. Ich schrieb ihr Liebesbriefe und Liebeslieder, schickte sie dann aber nicht ab. Wir hatten jahrelang keinen Kontakt, aber ich dachte nicht daran, mit jemand anderem auszugehen.

Nachdem ich ihr viereinhalb lange Jahre nachgetrauert hatte, wurde ich von einer Kirchengemeinde in ihrer Nähe eingeladen. Ich hatte noch immer Gefühle für sie. Dieses Mal bat ich Gott um Kraft, damit ich ihr in die Augen schauen und Freundschaft sehen konnte – und nur Freundschaft.

Vor meinem Auftritt besuchte ich sie zu Hause, und wir guckten uns Fotos einer ihrer Missionseinsätze an. Ich war schon damals von ihrer Begeisterung für Kinder in Verbindung mit ihrem Glauben beeindruckt gewesen. Sie ist eben ein besonderer Mensch. Obwohl ich heimlich Tagebuch an sie geschrieben und Liebeslieder an sie verfasst hatte, konnte ich sie endlich als normale Freundin sehen. Mir fiel ein riesiger Stein vom Herzen.

Sie besuchte meinen Vortrag und meinte hinterher auf einmal zu mir: „Ich sah dich da vorn stehen und dachte nur, vielleicht entgeht dir hier der größte Schatz, den Gott dir je geben wollte."

Ich traute meinen Ohren nicht.

Wir redeten über unsere Gefühle und beschlossen, es noch einmal zu versuchen, aber im Geheimen. Sie meinte, ihr Vater würde seinen Widerstand schon irgendwann aufgeben, wenn es Gottes Wille war. Zum Abschluss gab sie mir einen Zettel, auf dem stand, dass sie oft von unserer gemeinsamen Zukunft geträumt hatte. Ich war völlig von den Socken.

Da ich so viel unterwegs war, blieben uns fast nur Ferngespräche. So ging das fast ein Jahr, aber dann fand ihr Vater die Telefonrechnung und merkte, dass sie Hunderte von Dollar ausgegeben hatte – für Auslandsgespräche an mich.

Dieses Mal gab er ihr sehr deutlich zu verstehen, was er von dieser Beziehung hielt. Ich wollte nur das Beste für sie und keinen Keil in ihre Familie treiben. Also gab ich klein bei. Noch trauriger machte mich das Ganze, weil ihr Vater und ich uns anfangs so gut verstanden hatten. Er war zu einer Art Mentor für mich geworden. Auch diese Beziehung war für immer verloren. Ich trauerte achtzehn Monate lang. Was ich damals ohne meine Familie und Freunde getan hätte, weiß ich nicht. Niemand schafft es durch die dunklen Täler des Lebens ohne Hilfe und Unterstützung. Ich weiß, dass es für mein Umfeld nicht gerade einfach war, mich in dieser Zeit zu ertragen, aber viele liebe Leute waren einfach für mich da. Zu den Geduldigsten gehörten die Mitarbeiter meiner Organisation und meine Freunde Andie, Lee, Ally, Jackie und Onkel Sam. Danke für euer Mitgefühl!

Ich glaube fest an die Kraft des Gebets, aber in dieser Phase fiel es mir manchmal schwer zu beten. Meine Freunde schienen das zu spüren und sprangen in die Bresche. Wo ich schwach war, waren sie stark. Wahre Freunde und eine liebevolle Familie zu haben ist ein unbezahlbarer Schatz! Wenn du in Notzeiten für sie da bist, werden sie auch für dich da sein, wenn du sie brauchst.

Irgendwann merkte ich, dass ich durch diese schwierige Phase reifer geworden war. Vielleicht hatte ich auch meine Naivität verloren? Ein Teil von mir wollte das Thema Liebe für immer begraben und mich nur noch auf meinen Glauben und meinen beruflichen Erfolg konzentrieren. Ich baute eine Mauer um mein Herz, verdrängte meine Gefühle und stürzte mich in die Arbeit und das Reisen.

Ich wartete darauf, wenn auch nicht immer geduldig, dass Gott mir die Richtige schickte. Er konnte das, davon war ich überzeugt, aber dennoch kämpfte ich lange Zeit mit Einsamkeit und einer Leere im Herzen. Ich nenne diese Phase „Überlebensmodus", weil ich mich an vielen Tagen wie ein Schiffbrüchiger fühlte, der auf dem Meer herumtrieb und hoffte, eines Tages Land zu sehen oder gerettet zu werden.

Im Lauf der nächsten Jahre gab es immer wieder Frauen, die Interesse an mir zeigten oder zu denen ich mich hingezogen fühlte, aber ich hatte eins beschlossen: Wenn Gott jemanden für mich hatte, dann würde es keinerlei Zweifel oder Unsicherheit geben, wenn er uns einander über den Weg laufen ließ. Mit dieser Entscheidung gewann ich allmählich meine Freiheit und Selbstsicherheit zurück. Ich wollte auf mein eigenes Urteilsvermögen und auf Gottes Plan vertrauen.

In meinen Auftritten sprach ich davon, dass Gott mir eines Tages eine Frau schenken würde. Hinterher kam einmal eine Dame zu mir und meinte: „Sie können sie vielleicht nicht in den Arm nehmen, aber Sie werden sie auf Händen tragen."

Das tat gut.

Ein Gott, ein Wort

Ich bin davon überzeugt: Wenn Gott uns etwas ins Herz legt, ist das nie eine Mogelpackung. Nimmt er es wieder zurück, dann nur, weil er andere Pläne hat. Vielleicht hast du schon eine gescheiterte Beziehung hinter dir, fühlst dich hintergangen, verletzt und willst dein Herz am liebsten nie wieder öffnen. Ich kann das gut verstehen. Mir ging es auch so.

Deine Gefühle sind legitim. Wenn man nach einer Trennung keinen Verlust empfindet, dann kann die Beziehung ja auch nicht besonders toll gewesen sein, oder? Der Verlierer zu sein tut weh, aber es ist noch nicht aller Tage Abend, glaub mir.

Vielleicht erlebst du gerade eine Phase voller Einsamkeit oder Liebeskummer, aber glaub mir, das geht vorüber. Egal, in welcher Lebensphase du gerade bist: Nimm dir Zeit, um dich besser kennenzulernen, deine Stärken und Schwächen; nimm dir Zeit, an dir zu arbeiten. Hör zu, wenn Freunde dir etwas über dich sagen: Nimm es als Anregung, innerlich zu wachsen und dich „abschleifen" zu lassen. Das ist wichtig, gerade für Singles.

Gib nicht auf. Rappel dich wieder auf. Bereite dich körperlich, geistlich und seelisch auf den Tag vor, an dem du jemand wirklich Passendem begegnest.

Bleib offen! Deine Suchmöglichkeiten mögen beschränkt sein; die von Gott sind es nicht. Er wird dir helfen und dich aufbauen.

An mir kannst du ruhig zweifeln, aber verlass dich auf den Herrn. Sieh nur, wen er mir letztendlich geschickt hat!

drei

Nicht perfekt und trotzdem richtig

Im Nachhinein scheint es fast absurd, wie sehr ich früher an der Liebe zweifelte. Ich war oft felsenfest davon überzeugt, dass keine Frau einen Mann ohne Arme und Beine haben wollen würde, einen Mann, der nicht ihre Hand halten, sie umarmen oder die Kinder auf den Arm nehmen konnte.

All die Sorgen, Zweifel und Angst vor der Einsamkeit waren wie verflogen, als Kanae in mein Leben trat. So viel Schmerz wurde weggewaschen. Als sie meinen Blick erwiderte und mich anlächelte, war ich nicht mehr derselbe.

Kanae protestiert immer, wenn ich ihr sagen will, wie perfekt sie ist. Sie ist überhaupt nicht arrogant, was sie in meinen Augen nur noch vollkommener macht. Außerdem ist sie sehr reif für ihr Alter, weil sie unter schwierigen Umständen groß geworden ist. Ihre Reife und Demut hat sie sich hart erarbeitet. Und trotzdem steckt sie voller Lebensfreude, ist liebevoll, fürsorglich und unglaublich selbstlos.

Durch Gottes Gnade habe ich doch noch die große Liebe gefunden. Und du? Vielleicht hast du – so wie ich früher – noch deine Zweifel, aber ich hoffe, dass du dich von unserer Geschichte anstecken lässt: wie ein Serbo-Australier ohne Arme und Beine eine wunderhübsche Frau mit japanisch-mexikanischen Wurzeln fand. Wir sind über vierzehntausend Kilometer entfernt voneinander auf unterschiedlichen Kontinenten in völlig unterschiedlichen Kulturen aufgewachsen und haben doch zueinander gefunden.

Mich kennst du nun schon ein wenig, aber um zu verstehen, was Liebe ohne Limits wirklich bedeutet, solltest du auch Kanaes Geschichte hören. Daher erteile ich ihr jetzt das Wort und weiß, dass du in guten Händen bist – in den besten, wenn du mich fragst!

Ich lernte Nick nicht einfach so kennen. Gott hatte mich lange darauf vorbereitet. Ich hatte damals schon genaue Vorstellungen, was ich mir von einem Mann und einer Ehe wünschte. Einige Beziehungen lagen hinter mir. Als ich Nick zum ersten Mal sah, war ich gerade mit einem jungen Mann zusammen, mit dem ich mir zumindest anfangs auch eine Zukunft vorstellen konnte. Aber seit einer Weile war mir klar, dass unsere Verbindung nicht stark genug war. Ich mochte ihn sehr, aber ich liebte ihn nicht. Das merkte ich daran, dass ich ihn nicht heiraten, sondern „zurechtbiegen" wollte. Kein gutes Zeichen.

Der weite Weg zur Liebe

Nick und ich mussten viele Meilen zurücklegen, um einander zu finden, und auch die emotionale Reise war kein Katzensprung. In seinen Auftritten sagt mein Mann oft, dass es bestimmt einfacher war, ohne Arme und Beine aufzuwachsen als in einer zerrütteten Familie. Genau da fängt meine Reise an, auch wenn sie in Zeiten heutiger Scheidungsraten längst kein Einzelfall mehr ist. Ich behaupte nicht, etwas Besonderes zu sein, obwohl meine Geschwister und ich in unserer Heimatstadt aus der Masse herausstachen.

Man nannte uns nur „die Japaner". Wir wuchsen in Zitácuaro auf, einer Stadt im mexikanischen Bundesstaat Michoacán. Sie liegt im Zentrum Mexikos, etwa einhundertsechzig Kilometer westlich von Mexico City. Die Gegend ist wunderschön. Es gibt Pinienwälder, Berge und Seen, und hier überwintern Schmetterlinge: Millionen Monarchfalter, die aus den Vereinigten Staaten und Kanada kommen. In Michoacán gibt es ein sehr malerisches Naturreservat, wo sich die Falter jedes Jahr niederlassen.

Meine Geschwister und ich haben die asiatischen Gesichtszüge von unserem Vater geerbt und fielen damit überall auf. Wir waren garantiert die einzigen Miyaharas im Telefonbuch. Unser Vater Kiyoshi war damals als Agraringenieur für eine internationale Firma nach Mexiko gezogen. Esmeralda, unsere mexikanische Mutter, arbeitete wie ihre Mutter als Sekretärin in dieser Firma.

Ein beträchtlicher Teil der Belegschaft kam aus Japan, und meine Mutter sammelte japanische und andere ausländische Münzen und Briefmarken. Sie besaß auch eine japanische Kette mit einer Münze. Meine Großmutter ermunterte meine schüchterne Mutter, meinen Vater nach dem Wert ihrer Münzen zu fragen.

Dieses erste Gespräch führte dazu, dass sie sich auf einen Kaffee trafen. Die Beziehung wuchs sehr langsam, teilweise auch wegen der Sprachbarriere. Aber sie entdeckten Gemeinsamkeiten: Mein Vater hatte auch eine Briefmarkensammlung, und die beiden sammelten Muscheln.

Gut möglich, dass es meine Mutter etwas verstörte, als mein Vater meinte, er würde nie eine mexikanische Frau heiraten, weil diese immer so viele Kinder wollten. Aber meine Mutter war die Älteste in ihrer Familie und hatte bereits ihre Geschwister großziehen müssen. Sie wollte auf keinen Fall mehr als zwei Kinder. Da war mein Vater beruhigt.

(Am Ende waren es dann doch vier Kinder. Aber das weiß man ja vorher nicht, oder?)

Die Familie meiner Mutter hatte auch ihre Bedenken. Meine Großmutter sagte einmal zu meinem Vater, sie wolle nicht so kleine Enkel haben. Und er war nicht der Größte.

Schließlich heirateten die beiden und gründeten eine Familie. Mein Bruder Keisuke kam zuerst, dann meine Schwester Yoshie, dann ich und schließlich mein Bruder Kenzi.

Ich war gerade fünf Jahre alt, als meine Eltern beschlossen, getrennte Wege zu gehen. Ihre Ehe war demnach kein besonderes Vorbild für mich. Wir verbrachten die eine Hälfte unsere Kindheit bei dem einen Elternteil, die andere beim anderen. Freunde und Nachbarn nannten uns wie gesagt nur „die Japaner". Wir selbst fühlten uns aber eher als Mexikaner, weil wir in Mexiko geboren waren, in Mexiko wohnten und Spanisch sprachen. Weil sie die verschiedenen asiatischen Länder nicht auseinanderhalten konnten, hießen wir bei vielen Klassenkameraden und Erwachsenen auch einfach „die Chinesen".

In der Grundschule wurden wir hin und wieder gehänselt, aber es artete nie aus. Die anderen sangen manchmal ein Lied über ein kleines verirrtes Chinesenkind, aber es war kein schlechtes Lied. Dann gab es noch einen Reim über eine „dreckige" kleine Chinesin, der mich zuerst verletzte, aber irgendwann zuckte ich nur noch mit den Schultern.

Alles in allem hatte ich viele Freunde und fühlte mich nie wirklich ausgegrenzt.

Der Bruch

Das Blatt wendete sich, als wir von meinem Vater zu meiner Mutter ziehen sollten. Wir freuten uns, sie zu sehen und stellten es uns wie eine Art Langzeitferien vor, aber es kam anders. Wir wohnten bei ihr und ihrem neuen Freund, und das war keine schöne Erfahrung. Es fiel uns sehr schwer, uns an diesen fremden Mann zu gewöhnen und ohne unseren Vater zu sein. Das einzig Schöne aus dieser Beziehung war die Geburt unseres Halbbruders Abraham.

Wir lebten einige Monate bei Abrahams Vater, als Keisukes Leistungen in der Schule plötzlich einbrachen, obwohl er eigentlich immer sehr gut gewesen war. Wir nannten ihn immer das „wandelnde Gehirn", weil er so schlau ist. Letzten Endes studierte er auch Medizin und macht gerade seinen Facharzt für innere Medizin. Aber damals rebellierte er gegen unsere Mutter und unser Leben bei ihr. Schließlich beschloss er, wieder zu unserem Vater zurückzugehen.

Yoshie, Kenzi und ich lagen unserer Mutter irgendwann in den Ohren, auch gehen zu dürfen, und wir waren sehr erleichtert, als sie einsah, dass das wohl das Beste war. Sie merkte, dass sie uns nicht allein versorgen und uns das geben konnte, was wir brauchten.

Und unser Vater? Unser Vater war niemand, der seine Kinder ständig umarmte und küsste und ihnen sagte, wie lieb er sie hatte. Er zeigte seine Liebe darin, dass er uns gut behandelte und jeden Tag für uns sorgte. Mexikanische Väter sind normalerweise sehr gefühlvoll. Die Väter meiner Freundinnen umarmten und herzten sie, und das fehlte mir oft, aber im Lauf der Jahre lernte ich, dass mein Vater seine ganz spezielle Liebessprache hatte. Er machte uns jeden Morgen ein fantastisches Frühstück. Bei ihm gab es stets gutes Essen, schöne Familienausflüge und Traditionen wie zum Beispiel unsere Gespräche beim Tee.

Flügge

Auch wenn er sehr gut für uns sorgte: Natürlich bekamen wir von Vater nicht alle Wünsche erfüllt. Wir hatten die grundlegenden Dinge – Kleidung, Schuhe, Spielzeug. Aber er brachte uns bei, wie man zu eigenem Geld kommt, indem er uns Aufgaben übertrug und uns etwas zahlte, wenn wir sie gut machten.

Als ich in die Pubertät kam, hatte mein Vater ein kleines Geschäft eröffnet und seine Liebe zu tropischen Fischen, Teichen und Landschaftsgärtnerei zum Beruf gemacht. Wir verkauften japanischen Koi und viele andere Süß- und Salzwasserfische, Pflanzen, Kakteen und vor allem Orchideen. Mein Vater liebte Orchideen, und wir hatten Hunderte davon im Gewächshaus.

Wir halfen alle mit. Er überließ uns fünf Prozent unseres Umsatzes, den wir genau aufschrieben und am Zahltag mit ihm abrechneten. Wir fuhren gern mit ihm auf die Farm, wo er Land für seine Pflanzenzucht und die Aquarien gepachtet hatte. Auf dem Weg dorthin durften wir hinten auf dem Pick-up sitzen, der ein Camperdach mit einem Loch hatte, durch das wir unsere Köpfe steckten. Kaum war er auf die staubige Straße zur Ranch gebogen, spielte er immer verrückt und fuhr Slalom, bis wir hinten durcheinandergeworfen wurden. Was für ein Spaß!

Unser Vater hatte einen eigenwilligen Sinn für Humor, aber er war auch ziemlich streng. Bei ihm gab es nur Ja oder Nein, nichts dazwischen. Ein Nein hieß auch nein. Er hatte seine Regeln und erwartete, dass wir uns daran hielten. Wir durften zum Beispiel nicht aufstehen, wenn der Teller noch nicht leer gegessen war. Essen wegwerfen gab es nicht. Wenn wir herumjammerten, dass wir satt seien, gab er uns fünf Minuten, um den Rest aufzuessen, oder es setzte eine Strafe.

Ich machte ihm das Leben schwerer als meine Geschwister, glaube ich. Ich war einfach ein Dickkopf. Vier- oder fünfmal musste er mir den Hintern versohlen, und dann tat er so weh, dass ich nicht mehr sitzen konnte. Schuld daran war ich selbst. Ich schlich mich aus dem Haus und rauchte mit Freunden Zigaretten, obwohl er es mir verboten hatte. Bei meinem Vater gab es keine Kompromisse. Regeln waren zum Einhalten da.

Wir durften nicht bei Klassenkameraden übernachten oder sie zu uns einladen, und wenn wir nur fünf Minuten zu spät zu Hause waren, hatte das Konsequenzen. Trotzdem zeigte mein Vater uns auf viele Arten, dass er uns lieb hatte. Er nahm uns huckepack, wir machten Kitzelschlachten und durften auf dem Bett herumhüpfen.

Auf eigenen Beinen

Unsere Fähigkeit, den Laden zu bewirtschaften, zeigte sich als wahrer Lebensretter, als bei unserem Vater Leukämie diagnostiziert wurde. Nachdem er zur Behandlung nach Japan zurückkehren musste, kam unsere Mutter so oft es ging, auch wenn sie dafür Abraham und ihren Freund allein lassen musste. Trotzdem waren wir oft auf uns allein gestellt. Wir führten das Geschäft und lebten von den Verkäufen. Diese zwei Jahre waren für uns eine schwere Zeit. Ich war gerade einmal sechzehn und mit meinem kleinen Bruder allein. Keisuke studierte in einer anderen Stadt, und Yoshie war nach Texas zu Verwandten gezogen. Ich kochte und putzte und führte den Laden mit Kenzis Hilfe von zu Hause aus.

Mein Vater hat uns viel beigebracht und sich für uns aufgeopfert. Ich bewundere ihn zum Beispiel dafür, dass er uns trotz der intensiven Behandlung in Japan oft anrief und sofort den weiten Weg zurück nach Mexiko auf sich nahm, als er sich halbwegs stark genug fühlte. Wenn wir uns sahen, sprühte er geradezu vor Energie. Er schien übernatürliche Kräfte zu haben, obwohl er gerade Chemotherapie bekam. Vater machte uns Mut und brachte den Laden auf Vordermann, bis er wieder nach Japan musste. Diese Prozedur wiederholte sich über zwei lange Jahre, bis er leider in Japan starb. Keisuke war bei ihm. Leider hatten weder meine Mutter noch wir genug Geld, um zu seiner Beerdigung zu fahren.

Meine Tante und der Onkel, bei denen Yoshie wohnte, waren Christen. Yoshie begleitete sie zum Gottesdienst und wurde schließlich selbst gläubig. Wir waren sonst hin und wieder mit meiner Mutter in die Kirche gegangen, aber nach der Scheidung hörte das auf. Mit Gott zu leben war uns fremd. Als unser Vater vor seinem Tod ins Koma fiel, schrieb ihm Yoshie einen Brief über ihre Bekehrung, den ihm Keisuke vorlas, und wir glauben, dass er noch darauf reagierte.

Als ich später bei Yoshie unterkam, nahmen sie mich mit zum Gottesdienst. Allmählich ließ ich Gott auch in mein Leben. Ohne meinen Vater und mit einer abwesenden Mutter fühlte ich mich ziemlich verloren. Ich hatte so viel Trauer, Schmerz und Leere in mir, dass Gottes Ruf nicht auf taube Ohren stieß.

Ich war achtzehn, als ich Gott ans Steuer meines Lebens ließ, und ab da ging es mit mir bergauf. Meine Mutter hatte durch die Krankheit meines Vaters auch zum Glauben gefunden, und wir kamen uns Stück für Stück näher. Unsere Beziehung ist immer besser geworden, und noch vor der Hochzeit haben wir uns miteinander versöhnt.

Ein großer Vorteil dieser Versöhnung war, dass ich meinen Halbbruder Abraham besser kennenlernen konnte. Er war für uns schon immer ein Teil der Familie. Meine Mutter sagte einmal, man müsse für Fehler im Leben oft einen hohen Preis bezahlen, aber ihre schmerzhaften Umwege haben ihr letzten Endes ein besseres Verhältnis zu ihren Kindern und zu Gott eingebracht.

In der Bibel steht, dass denen, die Gott lieben, alle Dinge zum Besten dienen. Meine Mutter ist heute in der Kirchenarbeit aktiv und immer für Leute da, die Hilfe brauchen. Nick und ich haben inzwischen ein gutes Verhältnis zu ihr. Sie nennt ihn immer *príncipe*, was „Prinz" bedeutet, und lacht, wenn er mit seinem australischen Akzent versucht, Spanisch zu sprechen.

Ich kann froh und dankbar für meine Familie sein.

Neue Prioritäten

Kaum war ich Christin geworden, änderten sich meine Vorstellungen von einer guten Beziehung. Ich war schon mit ein paar Jungs ausgegangen, und bis dahin hatte ich mich immer von süßen oder coolen Typen angezogen gefühlt, ohne lange über ihren Charakter nachzudenken. Das änderte sich zunehmend, je reifer ich im Glauben wurde.

Nachdem ich also ein Jahr mit meinem damaligen Freund zusammen war, fingen wir an, von Hochzeit zu sprechen, wobei er die treibende Kraft war. Bei mir schrillten immer wieder die Alarmglocken. Er war nett und hatte viele gute Eigenschaften, aber es gab Dinge, die mich einfach verunsicherten und störten.

Er verbrachte zum Beispiel nicht gern Zeit mit meiner Verwandtschaft, was mir aber wichtig war. Am glücklichsten war er, wenn wir allein waren. Das ist einerseits verständlich, andererseits möchte man doch, dass sein Freund oder zukünftiger Ehemann auch mit der Familie klarkommt. Meine Tante meinte einmal zu mir, er sei nicht der Mann, den Gott für mich ausgesucht habe. Das verletzte mich, und ich fing an, ihn zu verteidigen, aber insgeheim war ich wütend darüber – weil ich ahnte, dass sie recht hatte.

Ich dachte, wir liebten uns, aber irgendwann merkte ich, dass ich mich nur nicht aus meiner Komfortzone herauswagen wollte. Dass ich Angst hatte vor Veränderung. Wir waren jetzt ein Jahr zusammen, und in der christlichen Szene wird es dann allmählich Zeit, sich Gedanken über die gemeinsame Zukunft zu machen. Entweder man beschließt zu heiraten, oder man geht wieder auf die Suche. Wir wollten jedenfalls nicht einfach zwei oder drei Jahre so weitermachen. Also sprachen wir von Hochzeit, und ich dachte, das wäre nun mal der nächste Schritt, aber ich spürte wenig dabei.

Das wird schon irgendwie, dachte ich. Dabei sollte man so wirklich nicht an eine Ehe herangehen. Ich weiß, dass die Verliebtheitsphase irgendwann vorbei ist, aber es muss mehr zum Heiraten gehören als nur der nächste Schritt oder die Hoffnung, dass das alles schon irgendwie halten wird!

Ich merkte, dass meine Gefühle nicht so stark waren wie seine. Immer wieder redete ich mir ein, dass niemand perfekt ist und Menschen sich ändern, aber es blieben immer Zweifel in mir. Wenn ich mir abends im Bett vorstellte, wie das verheiratete Leben mit ihm sein würde, bekam ich Angst. Dann wieder beruhigte ich mich damit, dass jeder mal kalte Füße bekam. Man muss schließlich realistisch bleiben und begreifen, dass es den perfekten Partner nicht gibt, oder? Wäre es nicht schön, wenn es einen Ehetest gäbe, der genauso verlässlich ist wie der Schwangerschaftstest? Natürlich auf andere Art! (Ich werde rot.)

In jeder Beziehung gibt es Konflikte und Missverständnisse. Wichtig ist nur, wie sie gelöst werden. Manchmal hat man Verständnis für den Standpunkt des anderen, aber trotzdem eine andere Meinung. In diesem Fall muss man sich einig darüber werden, dass man uneins ist und die Sache auf sich beruhen lassen. Wenn man Dinge nicht loslassen kann, gären sie vor sich hin und man hat ein Problem.

Wer nicht bereit ist, dem zukünftigen Partner zu vergeben, großzügig über Dinge hinwegzusehen, sie anzunehmen oder an seinen Vorbehalten zu arbeiten, sollte sich das mit der Hochzeit noch einmal genau überlegen. Ja, Menschen verändern sich – manchmal zum Besseren, manchmal auch zum Schlechteren. Aber wenn Leute, denen du wichtig bist, bezüglich deiner Hochzeit Bedenken haben, solltest du sie zumindest anhören.

Sollten bei dir die Alarmglocken schrillen, weil irgendeine Form von Missbrauch – egal, ob emotional, körperlich oder sexuell – im Spiel ist, zieh sofort die Reißleine.

Drogen und Alkoholmissbrauch sowie kriminelles Verhalten sind genauso inakzeptabel. Natürlich können Menschen umkehren, sich bessern und zu einem großartigen Ehemann oder einer großartigen Ehefrau werden. Jeder hat eine zweite Chance verdient. Warte nur mit dem Beweis *nicht bis nach der Hochzeit* – bitte!

Ich weiß, wie es ist, an einer Beziehung zu zweifeln, und inzwischen weiß ich auch, wenn sich eine Beziehung einfach richtig anfühlt. Dazwischen liegt ein himmelweiter Unterschied!

Und Nick und ich wollen deswegen in den folgenden Kapiteln unsere Geschichte vom Kennenlernen über die Hochzeit bis zum Elternwerden erzählen. Weder halten wir uns für das perfekte Paar mit einer vollkommenen Ehe, noch sind wir ausgewiesene Experten. Wir möchten nur unsere Erfahrungen mit dir teilen. Unser größtes Ziel ist es, dir Mut zu machen. Gib der Liebe eine Chance!

vier

Wenn der Funke überspringt

Hier ist wieder Nick! Ich habe ja schon öfter erzählt, was in mir vorging, als ich meine Zukünftige zum ersten Mal sah. Deswegen möchte ich ihr nun Gelegenheit geben, ihre Version der Geschichte wiederzugeben. Vielleicht hilft es dir bei deiner eigenen Suche. Kanae hat bestimmt lauter großartige Dinge über mich zu sagen, und da möchte ich ihr nicht im Weg stehen, nicht wahr?

Ab hier spricht also wieder Kanae.

Wie gesagt traf ich Nick auf einer Veranstaltung in einem Vorort von Dallas. Meine Version der Geschichte soll die Einleitung zu diesem Kapitel sein, in dem wir dir helfen wollen zu bestimmen, ob jemand der oder die „Richtige" ist oder nicht.

Leider haben weder Nick noch ich ein Patentrezept dafür. Wir wünschten, wir könnten dir präzises Handwerkszeug für die Suche nach dem perfekten Partner präsentieren, aber schlussendlich bleiben – jeder und jedem von uns! – nur unsere eigenen Erfahrungen und einige Ratschläge. In jedem Fall möchten wir dir Mut machen, dass es da draußen jemanden für dich gibt, falls du den Wunsch nach einer dauerhaften Liebe im Herzen trägst.

Ohne es zu wissen, waren Nick und ich damals beide an dem Punkt, uns zu fragen, ob wir je die wahre Liebe finden würden. Und dann fand sie uns!

Liegen gescheiterte Beziehungen hinter dir oder hast du dich schon zu jemandem hingezogen gefühlt, der dir aber nur die kalte Schulter zeigte? Dann schlägst du dich wahrscheinlich mit derselben Frage herum. Das ist nur ein schwacher Trost, aber die meisten Leute erleben schmerzhafte Fehlversuche, bevor sie den richtigen Partner finden. Wenn es so leicht wäre, würden wir alle einfach unsere Sandkastenliebe heiraten.

Aber die Wahrheit ist: Für eine liebevolle Beziehung, die auch im Rahmen einer Ehe Bestand hat, braucht man emotionale Reife. Vielleicht musste ich auch erst lernen, was für mich *nicht* zu einer Beziehung gehörte, um zu wissen, was ich wollte.

Als ich Nick kennenlernte, war ich schon ein gutes Stück erwachsen geworden und hatte ein klares Bild von dem Mann, den ich heiraten wollte. Sieh deine gescheiterten Beziehungen also ruhig als Lernerfahrungen, die deinen Blick für eine gute Partie schärfen. Schließlich suchst du nicht irgendjemanden, sondern den Menschen, mit dem du den Rest deines Lebens verbringen willst ... eine lange Zeit, oder?

Der erste Eindruck

Vom ersten Augenblick an, als sich 2010 unsere Blicke trafen, war etwas zwischen mir und Nick. Es traf mich völlig unvorbereitet, ehrlich. Nick sagt immer, er ließ seinen Blick damals über die Menge schweifen, entdeckte mich und musste sich zwingen, wegzuschauen.

Ich wünschte, ich könnte das auch sagen, Nick!

Kleiner Scherz. Obwohl ich mich zum Glück gar nicht zwingen musste, wegzuschauen. Ich saß ja im Publikum und hatte den Luxus, ihn einfach weiter ansehen zu können. Er war der Sprecher und konnte sich das nicht leisten.

Wir spürten beide etwas. Ich war mir nicht sicher, was. Magic in the air? Vielleicht! Nick ist natürlich eine besondere Erscheinung, und ich fragte mich, ob er nicht auf jeden Zuhörer im Raum so wirkte. Er hat so freundliche blaue Augen, und der australische Akzent hat einfach auch etwas. Wenn er spricht, muss man einfach zuhören, oder nicht?

Mir war natürlich bewusst, dass er keine Arme und Beine hatte, aber die meisten Leute, die ihn kennen, würden dir bestätigen, dass seine Ausstrahlung einen diese Tatsache innerhalb von zehn Minuten vergessen lässt. Außerdem zog mich nicht nur seine Erscheinung in ihren Bann. Er sprach offen über seinen Glauben und seinen Wunsch, Menschen auf der ganzen Welt zu erreichen. Seine Botschaft und sein Engagement beeindruckten mich.

Nick meinte, er habe bedingt durch seine Behinderung und die vielen Herausforderungen schon immer ein Herz für Menschen mit Problemen gehabt, auch schon vor seiner Karriere als Redner. Ich war wie gebannt von diesem Mann, der Menschen berühren, aufrichten und die Welt verändern wollte.

Mir fiel auf, dass er öfter in meine Richtung sah, aber ich deutete es als den geschulten Augenkontakt eines Redners, der sein Publikum erreichen möchte. Später erzählte er mir, dass er völlig hin- und hergerissen war: Er wollte immer wieder zu mir hinsehen, hatte aber Angst, dass das jemandem auffallen würde. Guckte er aber zu wenig, würde ich denken, er ignoriere mich.

Heute können wir über diese dramatischen Minuten während seiner Rede lachen. Nach außen hin sahen wir ganz ruhig und normal aus, aber in uns wirbelten die Gedanken und Emotionen durcheinander. So etwas hatte ich noch nie zuvor gefühlt. Ich war mir nur nicht sicher, was es war. Er zog mich magisch an, aber ich traute mir selbst nicht. *Was ist los? Sind es die Augen? Seine Begeisterung für seine Arbeit? Sein Glaube? Sein Akzent? Das Gesamtpaket?*

Wenn man einmal die zwanzig überschritten hat, werden Beziehungen immer komplizierter, oder? Einerseits ist es ja schön, dass man reifer wird und längerfristig denkt, anstatt sich einfach so auf eine Beziehung einzulassen, aber andererseits frage ich mich, ob man nicht wegen der schlechten Erfahrungen zu vorsichtig wird. Ständig hinterfragt man sich selbst und seine Gefühle.

Liebe ist nun mal ein Risiko. Dessen muss man sich bewusst sein, aber deswegen ganz davor zurückzuschrecken, ist auch falsch. Ja, man könnte verletzt werden. Aber wie sagt man so schön? „Nur wer nichts tut, macht keine Fehler." Die romantische Version davon findet man in Tennysons Gedicht *In Memoriam*: „'Tis better to have loved and lost than never to have loved at all." Also ungefähr: „Zu lieben und zu verlieren ist besser, als nicht wagen zu lieben."

Gib der Liebe eine Chance

Ein Herz mit einer Mauer drumherum kann man nicht verschenken. Natürlich sollte man nicht nur auf sein Herz, sondern auch auf seinen Verstand hören. Aber die Angst vor einer Verletzung sollte nicht dazu führen, dass man der Liebe keine Chance mehr gibt.

Als Nick und ich die ersten Kennenlernschritte unternahmen, waren wir beide sehr zurückhaltend. Es war wie ein kleiner Tanz – ein Schritt vor, ein Schritt zurück, ein Schritt vor, ein Schritt zurück. Wir fragten uns wohl beide, was sicherer war: sich voranwagen oder Abstand halten. Die vergangenen Beziehungsversuche hatten uns vorsichtig werden lassen. Keiner wollte den anderen verletzen, und jeder passte mit Argusaugen auf sein Herz auf. Nick hatte Selbstzweifel und war durch seine vorangegangenen Beziehungsversuche ein gebranntes Kind.

Ich hatte meine eigenen Höhen und Tiefen in Beziehungen erlebt, und ich trug das Päckchen der frühen Scheidung meiner Eltern mit mir herum.

Vielleicht hast du einen ganz ähnlichen Hintergrund. Das ist ja heute leider nichts Unübliches mehr. Nick und ich hoffen, dass dir unsere Geschichte Mut macht – nicht, weil wir so besonders sind, sondern gerade, weil wir ganz normale Erfahrungen gemacht haben. Wenn wir einander finden konnten, kannst auch du Erfolg bei der Suche haben. Es gibt nämlich keinen Grund, das Thema Liebe abzuschreiben, weil man aus einer kaputten Familie kommt oder schon schlechte Erfahrungen machen musste. Und es ist völlig in Ordnung, vorsichtig und ein bisschen ängstlich zu sein. Das ist verständlich und gehört wohl zu unseren Überlebensinstinkten.

Einen Rat möchte ich dir gleich zu Beginn geben: Lass dich nie auf eine Beziehung ein, ohne etwas über den Hintergrund des anderen, seine Überzeugungen und seinen Charakter zu wissen. Natürlich sollst du kein Verhör mit Lügendetektor veranstalten, aber ich habe leider viele Bekannte, die sich nur wegen der körperlichen Anziehung mit jemandem eingelassen haben und später herausfinden mussten, dass derjenige ü-ber-haupt nicht zu ihnen passte.

Nick und ich stürzten uns nicht kopfüber in eine Beziehung, und das stellte sich als gute Entscheidung heraus, weil wir beide noch nicht bereit waren. Es dauerte seine Zeit, aber nicht nur, weil wir so vorsichtig waren, sondern auch, weil er so oft unterwegs war.

Außerdem mussten wir uns nach unserem ersten Aufeinandertreffen durch ein wahres Netz aus Missverständnissen kämpfen. Aus heutiger Sicht klingt das nach einer Romantikkomödie, aber damals war das überhaupt nicht lustig.

Nachdem Nick Yoshie und mich kennengelernt hatte, meinte unsere Freundin Tammy, Amor spielen zu müssen. Für Nick und Yoshie wohlgemerkt, denn ich war ja vergeben. Sie schickte Nick eine SMS: „Und, was denkst du?"

Nick ging wohl davon aus, dass Tammy mich meinte. „Sie ist die hübscheste Frau, die ich je gesehen habe. Und zwar von innen wie von außen. Mir fehlen die Worte, ehrlich!"

Tammy antwortete fröhlich: „Gut, sie mochte dich auch!"

Nirgendwo tauchten Namen auf. Und unsere freiwillige Partnervermittlung sagte Yoshie nun, dass Nick sie näher kennenlernen wolle.

Nick schickte Tammy sogar ein Gedicht, aber sie gab es natürlich Yoshie, nicht mir! Als Yoshie mir davon erzählte, war ich vollends verwirrt. Schließlich hatte Nick doch um meine E-Mail-Adresse gebeten und gemeint, er wolle mich wiedersehen. Kannst du dir vorstellen, wie es sich anfühlt, in einer verzwickten Romantikkomödie gefangen zu sein? Yoshie meinte später zu mir, dass Nick sie gar nicht so sehr vom Hocker gerissen hätte wie mich, aber sie dachte, Gott hätte nun mal seine eigenen Pläne, also sollte sie ihm auch eine Chance geben.

Ich wollte mich nicht zwischen Yoshie und Nick stellen. Technisch gesehen war ich ja auch noch mit meinem Freund zusammen, obwohl es wirklich nicht gut lief bei uns und wir kurz davor waren, uns zu trennen. Jedenfalls hatte ich nicht das Recht, dazwischenzugehen. Also hielt ich mich zurück und sagte nichts.

Letzten Endes klärte sich ja alles, aber anfangs war die Stimmung schon eigenartig. Die Verwirrung, welche von uns Nick denn nun im Auge hatte, war ein gewisses Reizthema, und es dauerte seine Zeit, bis sich alles eingerenkt hatte. Yoshie war natürlich aufgefallen, das zwischen mir und Nick Funken geflogen waren. Als das Missverständnis schlussendlich ausgeräumt wurde, machte sie verständlicherweise keine Luftsprünge. Aber ich bin froh, verkünden zu dürfen, dass sie jemanden gefunden und etwa ein Jahr nach uns glücklich geheiratet hat.

Einfach nicht einfach

Wer hat gesagt, dass Liebe einfach ist? Es gibt beim Kennenlernen und auf dem Weg in eine Beziehung fast immer Missverständnisse und Schwierigkeiten. Das Leben ist nun mal chaotisch. Und die Liebe nicht minder. Aber manchmal muss man um das kämpfen, was man haben möchte. Als Christ vertraute ich darauf, dass Gott mir die Kraft und Weisheit geben würde, diese schwierige Zeit zu überstehen. Ich betete viel und Nick auch.

Später erzählte er mir, dass er ziemlich frustriert war. Einerseits war er der Meinung, Gott habe uns nicht ohne Grund zusammengeführt, andererseits hatte er das Gefühl, ich würde ihm entgleiten. Er hatte mir über Tammy seine E-Mail-Adresse gegeben, aber meine nicht bekommen. Und nun grübelte und grübelte er, warum ich mich noch nicht gemeldet hatte. Der Grund war: Ich hatte ja noch einen Freund, und davon hatte ich Nick bei unserem ersten Treffen nichts erzählt. Und obendrein noch die Verwirrung mit Yoshie und mir! Die ganze Situation war verzwickt.

Ich führte Gespräch um Gespräch mit Gott, bat ihn um Führung. Ich hatte endlose Zweifel wegen meines Freundes und wusste nicht mit den starken Gefühlen umzugehen, die ich beim ersten Treffen mit Nick gehabt hatte. Mein Freund sprach von Hochzeit, aber mir wurde klar, dass er nicht der Richtige für mich war. Ich bat Gott, mir zu helfen, die Beziehung zu beenden. War Nick nun der richtige Mann für mich? Zumindest hatte ich das Gefühl, dass es kein Zufall war, der uns zusammengeführt hatte.

Woher kann man sich sicher sein? Das ist immer die große Frage.

Ich schätze, in den wenigsten Fällen kommt der Zukünftige als Prinz auf einem weißen Pferd geritten. Offensichtlich muss man selbst darauf kommen. Also stellte ich mir einige vernünftige Fragen und versuchte, sie mit dem Verstand vorläufig zu beantworten – wobei natürlich das Herz ein Mitspracherecht hatte.

Ist da etwas zwischen euch, eine Verbindung? Fühlst du dich von ihm angezogen, aber nicht nur von seinem Äußeren, sondern auch von seiner Persönlichkeit und seinem Charakter?

Ja!

Weil dir der Glaube an Gott viel bedeutet: Ist er ihm genauso wichtig? Habt ihr die gleichen Werte?

Ja!

Glaubst du, dass deine Familie und Freunde ihn mögen und aufnehmen würden?

Ja!

Kannst du ihn als liebevollen Ehemann und fürsorglichen Vater eurer Kinder sehen?

Ja!

Glaubst du, mit ihm glücklich sein zu können, egal, wohin das Leben euch verschlägt?

Ja!

Gibt es etwas an ihm, was dir Kopfzerbrechen bereitet, was dich nervös macht oder dir Angst einjagt?

Nein!

Ich muss dazu sagen, dass ich einige der Fragen erst frei und offen beantworten konnte, als ich mit meinem Freund Schluss gemacht und mit Nick zusammengekommen war. Aber meine vorläufigen Antworten waren auch schon positiv, als ich ihn erst ganz flüchtig kannte.

Du fragst dich bestimmt, was ich über seine fehlenden Gliedmaßen dachte. Die Frage ist berechtigt. Ich war noch nie mit einem körperlich Behinderten ausgegangen. Ich hatte höchstens einige Bekannte im Rollstuhl und noch nie von jemandem ohne Arme und Beine gehört.

Trotzdem hatte ich Schwierigkeiten, das Wort *Behinderung* überhaupt mit Nick in Verbindung zu bringen. Er ist so dynamisch und lässt peinliche Situationen gar nicht erst entstehen, weil er das meiste selbst schafft. Seine fehlenden Gliedmaßen waren erst ein Thema, als die Sache mit uns ernst wurde. Und selbst als ich ein besseres Bild davon bekam, welche Hürden Nick jeden Tag überwinden muss, konzentrierte ich mich nicht darauf. Er zog mich einfach an, als Person, als Freund und als Kandidat für eine hoffentlich sehr, sehr lange Liebesbeziehung.

Nick hat eine unglaublich starke Persönlichkeit, ein ausgeprägtes Sendungsbewusstsein und ein optimistisches Wesen. Er kennt seinen

Körper und meistert seine Herausforderungen selbstbewusst und selbstverständlich. Das heißt nicht, dass er nie an sich zweifelt oder unsicher ist. Aber das trifft auf mich und wohl alle Menschen genauso zu.

Ich wusste vorher nur sehr wenig über Nick, seine Arbeit oder die Tatsache, dass er durch seine Reisen und seine Videos fast schon eine kleine Berühmtheit war. Ich arbeitete damals als Babysitterin und absolvierte einen Vorbereitungskurs für das Krankenpflegestudium am College. Hinterher sah ich mir natürlich seine Videos auf YouTube an und merkte, dass ich im Gegensatz zu ihm nur ein kleines Lichtlein war.

Jetzt wurde ich unsicher. Wieso sollte so ein erfolgreicher und berühmter Mann sich für mich interessieren? Worüber sollten wir reden? Er hatte ja schon die halbe Welt gesehen. Und ich? Später erzählte mir Nick, dass auch er sich nach unserem ersten Treffen lauter Fragen stellte. Und als ich mich nicht mit meiner E-Mail-Adresse meldete, dachte er doch tatsächlich, ich hätte ihm eine Abfuhr erteilt!

Ist es nicht verrückt, wie sehr man sich selbst quälen kann? Wäre es nicht ungeheuer traurig gewesen, hätten Nick und ich beschlossen, wir wären nicht gut genug für den anderen und jeder wäre seiner Wege gegangen?

Wie oft passiert es, dass man jemanden trifft und es knistert sofort? Wenn beide Beteiligten Single sind und ungebunden, ist mein Rat: Gebt der Sache eine Chance. Lasst euch nicht von Unsicherheiten und Selbstzweifeln blockieren und bringt euch womöglich um eine Verbindung, aus der eine tolle Beziehung wachsen könnte.

Übertriebenes Selbstvertrauen ist auch nicht gut, aber die meisten von uns könnten während der Zeit als Single eine Schippe Selbstbewusstsein vertragen. Interessanterweise sahen völlig Fremde Nick und mich schon als Paar, als wir noch vorsichtig um den anderen herumtänzelten!

Nach der Veranstaltung in Dallas wechselten Nick und ich immer wieder ein paar Worte, während seine Fans und Freunde ihn umringten. Irgendwann hatte ich das Gefühl, ich sollte ihn nicht länger belästigen und wollte gerade gehen, da rief er mich zurück und bat mich, doch zu bleiben. Was nicht so einfach war, schließlich gab es eine ganze Schlange von Menschen, die ihn kennenlernen wollten. Also hielt ich mich im Hintergrund und redete nur mit ihm, wenn er gerade nicht belagert wurde.

Nick und ich waren einigermaßen schockiert, dass mindestens zwei Leute sich während ihres Gesprächs mit ihm zu mir umdrehten und sagten: „Und wie lange seid ihr schon zusammen?" Ganz im Ernst!

Sie konnten es kaum glauben, dass wir uns zum ersten Mal sahen. Manche wollten unbedingt ein Foto von uns machen, und ich habe diese Bilder heute noch. Ich weiß noch, dass ich damals dachte, *also, wenn die anderen das schon sehen, dann ist da ja doch vielleicht was zwischen uns.*

Wenn du unsicher bist und nicht weißt, wie es weitergehen soll, zögere nicht, deine Freunde um Rat zu fragen. Vertraue aber genauso auf dein Herz! Es kann ziemlich beängstigend sein, sich verletzlich zu machen und seine Gefühle zu zeigen. Glaub mir, ich war in Dallas und auch noch Wochen danach ein ziemliches Nervenbündel, weil ich einfach nicht wusste, was ich tun sollte.

Als gläubiger Mensch hatte ich zum Glück noch ein Ass im Ärmel. Ich konnte Gott um Rat fragen und ihn bitten, mir den richtigen Weg zu zeigen. Manchmal stecken wir nämlich in diesem romantischen Denken fest, das wir von Kindheit an in den Medien präsentiert bekommen. Du weißt schon, dieses „Traumprinz findet Traumfrau"-Ding. Kaum ist man sich auch nur eine Spur unsicher oder fragt sich, ob man intelligent oder hübsch genug ist, kriegt man es mit der Angst zu tun.

Früher konzentrierte ich mich immer auf das Aussehen der Jungs, mit denen ich ausging. Diesen Fehler machen viele junge Leute. Natürlich muss einen auch das Äußere ansprechen, aber muss derjenige wirklich wie ein Filmstar aussehen, damit er überhaupt infrage kommt?

Ich habe schon einige junge Leute sagen hören: „Ich mag sie/ihn ja total, aber eigentlich ist er überhaupt nicht mein Typ." Da steht sich doch jemand selbst im Weg, oder nicht?

Wenn dich jemand interessiert, hör auf dein Herz, nicht auf irgendeine vorgefertigte Vorstellung, wie dein/e Zukünftige/r zu sein hat. Jeder hat das Recht auf seine ganz persönliche Liebesgeschichte. Vielleicht verläuft deine Suche nach Liebe anders als im Kino oder im Märchen. Hab keine Angst, wenn sie von der „Norm" abweicht. Und wenn du unsicher bist, frag Gott. Er ist schließlich die Liebe.

Ich argumentierte damals so: Wenn Gott schon so viel Arbeit investiert hatte, um ein armes Mädchen aus Mexiko mit einem australischen Globetrotter aus Kalifornien in Dallas an einen Ort zu bringen, dann hatte das sicher seinen Grund.

fünf

Hör auf dein Herz

Nach unserem ersten Kennenlernen im April hörte ich drei Monate nichts von Kanae, weil ich so viel unterwegs war. Trotzdem ging sie mir nicht mehr aus dem Kopf. Ich schickte ihr durch unsere gemeinsame Freundin Tammy hin und wieder Gedichte. Dabei ahnte ich nicht, dass Tammy sie irrtümlicherweise an Kanaes Schwester Yoshie weitergab.

Dieses Verwechselspiel hatte etwas von Shakespeare. Es gab Missverständnisse und Fehlkommunikation am laufenden Band, während ich auf Tour war. Ich dachte ständig an Kanae und hörte dabei überhaupt nichts von ihr. Es kam noch nicht mal eine E-Mail. Ich dachte, das läge vielleicht an ihrer japanischen Zurückhaltung. Also redete ich mir ein, ich hätte es ja nicht eilig, sondern würde nur ein paar zarte Versuche starten und schauen, was passieren würde. Dummerweise hatte sie mir ja weder ihre E-Mail-Adresse noch ihre Telefonnummer gegeben, also konnte ich sie nirgendwo direkt kontaktieren. Ihr Schweigen verwirrte mich, aber ich wollte sie nicht unter Druck setzen und fragte deswegen nicht bei Tammy nach Kanaes E-Mail. Also begnügte ich mich damit, ihr über Tammy einige Nachrichten zukommen zu lassen und abzuwarten.

Erst im Juli war ich wieder einmal in ihrer Nähe unterwegs. Normalerweise übernachtete ich bei meinem Bekannten Mark und seiner Frau Tammy (ja genau, die Tammy). Kanae und Yoshie halfen ihnen hin und wieder als Babysitter aus. Die Tatsache, dass Kanae durchaus dort anzutreffen war, entging mir natürlich nicht. Ganz beiläufig fragte ich also, ob sie zufälligerweise auch da sei. Ja, sie sei da, meinte Tammy, aber sie mache gerade eine Fahrradtour mit ihrem Freund.

Freund?

Kanae hatte nie etwas von einem Freund gesagt. Zuerst dachte ich, Tammy scherze. Aber dann sagte sie: „Aber Yoshie ist da und freut sich schon, dich zu sehen!"

Macht sie sich lustig über mich? Ein Freund? Und warum betont sie so, dass Yoshie auf mich wartet?

Tammys Kommentar war mein erster Hinweis darauf, dass hier etwas gehörig falsch lief. Als ich dann bei Tammy ankam, forderte diese Yoshie nur allzu deutlich auf, sich mit mir beim Lasagnemachen zu unterhalten.

„Jetzt mal ehrlich: Wo ist Kanae?", fragte ich schließlich und hoffte insgeheim, dass die Sache mit dem Freund erfunden war.

„Sie macht wirklich eine Radtour mit ihrem Freund", sagte Tammy.

Da wurde mir einiges klar. Tammy war davon ausgegangen, dass ich an Yoshie interessiert war, weil Kanae vergeben war. Nur mir hatte damals natürlich niemand von dem Freund erzählt. Ich hatte zugegebenermaßen Tammy gegenüber nie genau gesagt, welche der hübschen Schwestern mir den Kopf verdreht hatte, und Yoshie war Single und die Ältere.

Ich fühlte mich, als hätte mir jemand einen Sack Zement auf die Schultern gelegt. Und es wurde noch schlimmer: Kanae tauchte mit ihrem Freund auf. Ich hatte mich so darauf gefreut, sie wiederzusehen, und jetzt wollte ich mich nur noch verkriechen. Ihr

Freund stürzte direkt nach oben, um sich frisch zu machen. Kanae umarmte mich und schien überhaupt nichts zu merken.

Ich versuchte, irgendwie die Erkenntnis zu verdauen, dass sie *vergeben* war. „Du hast also einen Freund?", fragte ich und versuchte, meine Enttäuschung zu verbergen. „Wie lange seid ihr schon zusammen?"

Als sie meinte, seit etwa einem Jahr, fühlte ich mich wie ein riesengroßer Idiot. Ich hatte ihr Verhalten bei unserem ersten Treffen offensichtlich völlig falsch interpretiert. Sie war nur freundlich gewesen und mehr nicht. *Sie hatte einen Freund!*

Am liebsten wollte ich verschwinden und mich in ein Hotel verkrümeln oder gleich den Auftritt in Dallas absagen und nach Hause fliegen. Ich fühlte mich unwohl und fehl am Platz. Das Essen kam auf den Tisch, und nur weil Yoshie und Kanae – und sogar ihr Freund, den ich überhaupt nicht mögen wollte – so nett zu mir waren, blieb ich da und beschloss, das Beste daraus zu machen.

Ich versuchte, umzuschalten und meine Einstellung zu verändern. *Finde dich damit ab. Sie ist nun mal nicht mehr frei. Mach einen Haken dran und lass das hinter dir.*

Ich merkte, dass meine Fähigkeiten als mein eigener Coach noch ausbaufähig waren.

Nach dem Essen setzte ich mich mit Tammy und den Kindern ins Wohnzimmer und tat, als würde ich fernsehen. Insgeheim schwelgte ich in Selbstmitleid.

Kanae gesellte sich zu uns, nachdem ihr Freund gegangen war. Als Tammy und die Kinder zu Bett gingen, war ich am Ziel meiner Träume – zumindest bis vor wenigen Stunden wäre es das gewesen: allein mit meiner Traumfrau. Ich überlegte, ob ich ihr einfach die Wahrheit sagen sollte, entschied mich dann aber dafür, lieber meine Würde zu behalten. Ich war so in Selbstmitleid versunken, dass ich gar nicht mitbekam, wie Kanae plötzlich aufstand. Unvermittelt setzte sie sich neben mich auf die Couch und sah mir tief in die Augen.

„Nick, können wir reden?"

Ich versuchte, cool zu bleiben, aber der Eispanzer um mein Herz fing an zu schmelzen. „Klar, was gibt's?"

Meine Traumfrau schüttete mir ihr Herz aus – über ihren Freund und ihre Zweifel, ob er der Richtige war. Auch ihre Familie hatte ihre Bedenken, und sie suchte seit Monaten nach einem guten Weg, die Beziehung zu beenden.

Und jetzt will sie meinen Rat?

Damals hätte ich einen Interessenskonflikt zugeben und mich aus der Sache raushalten müssen, aber ich konnte nicht. Ich hatte mich in diese Frau verliebt oder sogar schon mehr, also hörte ich ihr zu und versuchte, wenigstens so neutral zu bleiben wie ein Richter. Als sie mir all ihre Gründe genannt hatte, warum sie sich von ihrem Freund trennen wollte, hielt ich mich mit aller Kraft zurück und platzte nicht heraus: „Vergiss ihn. Komm zu mir und ich werde dich für immer lieben!" Stattdessen verwies ich den Fall an den Obersten Gerichtshof.

„Ich kann verstehen, dass du dir Sorgen machst. Zu recht, wie ich finde. Du solltest Gott bitten, dir bei der Entscheidung zu helfen."

Anstatt sich zu bedanken und Gute Nacht zu sagen, blieb Kanae einfach sitzen. Vielleicht hörte sie, wie mein Herz pochte, jedenfalls sah sie mich mit ihren großen dunklen Augen an.

Ich konnte nicht mehr. Ich musste herausfinden, ob sie Gefühle für mich hatte. So falsch konnte ich doch nicht gelegen haben, oder doch?

Bevor ich meinen Mund verschließen konnte, hörte ich mich plötzlich sagen: „Ich möchte dich was fragen. Woran denkst du, wenn ich ‚Glockenturm' sage?"

Dabei dachte ich an den romantischen Ort, wo wir uns zum ersten Mal gesehen hatten. Der Glockenturm ist ein einzigartiges Gebäude der Adriatica-Siedlung in McKinney, einem Vorort von

Dallas. Dr. Raymund King hatte die Veranstaltung dort organisiert, und über ihn hatte ich einst Tammy kennengelernt, die wiederum Yoshie und Kanae mitgebracht hatte.

„Unsere Blicke", sagte sie. „Du hast mich angesehen, und so etwas Heftiges habe ich noch nie gespürt."

Woa! Also ging es nicht nur mir so! Ich war aufgeregt und frustriert zugleich, also stellte ich die andere Frage, die mir keine Ruhe ließ: „Warum hast du mir nicht gesagt, dass du einen Freund hast?"

„Du hast mich nie danach gefragt", antwortete sie.

Na gut, dachte ich. „Aber warum hast du dich nie gemeldet?"

„Weil Tammy meinte, dir würde Yoshie gefallen, und sie hätte dir den Atem verschlagen. Da dachte ich, du hättest an mir kein Interesse."

„Nein, nein", protestierte ich. „Sie hat das ganz falsch verstanden. Ich meinte nicht Yoshie, ich meinte dich!"

„Du meintest mich?"

„Mit dir habe ich doch am meisten geredet. Wir haben uns während des Vortrags andauernd angesehen, und in der SMS an Tammy ging es nur um dich."

Wir waren beide wie benommen.

Kanae eröffnete mir, dass sie sich genauso zu mir hingezogen fühlte, und dass sie gebetet, gefastet und Gott um Rat gefragt habe, wie sie ihre aktuelle Beziehung beenden sollte.

„So etwas wie bei dir habe ich noch nie gefühlt", fasste sie zusammen.

„Ist das dein Ernst?"

Wir schwiegen und versuchten, unsere Gefühle und Gedanken zu sortieren. Sie hatte den Schritt gewagt und sich mir geöffnet. Aber trotzdem war sie noch vergeben.

„Was machen wir denn jetzt?", fragte sie schließlich.

Ich nahm den vernünftigen Weg, obwohl der unvernünftige viiiel reizvoller aussah. Sosehr ich mich danach sehnte, dass sie wieder

Single war, wollte ich nicht das Brecheisen sein, dass Kanae von ihrem Freund trennte. Die Beziehung zu ihrer Schwester wollte ich obendrein nicht belasten. Es war einfach kompliziert.

„Gar nichts. Der Einzige, der das noch retten kann, ist Gott. Ich habe schon einmal ‚kompliziert‘ hinter mir, aber das hier ist eine Spur zu kompliziert, fürchte ich. Du hast einen Freund, und deine Schwester glaubt, dass ich auf sie stehe."

Damit hatte Kanae nicht gerechnet. Um ehrlich zu sein, noch nicht mal ich hatte damit gerechnet. *Was tust du hier?* Mein Selbstschutzinstinkt übernahm die Kontrolle. Ich war so hoffnungslos verliebt in dieses Mädchen. Ich musste mich unbedingt schützen, sollte sie doch bei ihrem Freund bleiben.

„Es ist besser, wenn du jetzt gehst", sagte ich und wollte hinzufügen: „Weil ich dich sonst auf der Stelle küssen werde!"

In mir tobte eine explosive Mischung aus Freude und Panik. Diese wunderbare junge Frau hatte tatsächlich Gefühle für mich. Aber sie war vergeben. Vielleicht für immer.

Meine Angst, verletzt zu werden und der Wille, das Richtige zu tun, gewannen schließlich die Oberhand. „Gib mir eine Gute-Nacht-Umarmung und dann geh schlafen", meinte ich. „Wir müssen Gott um Hilfe bitten. Egal, wie stark unsere Gefühle sind, er kann sie wegnehmen."

Wir beschlossen, Gott die Sache in die Hände zu legen.

Wir hatten beide das Gefühl, Gott habe uns zusammengebracht, aber die Umstände waren gegen uns. Niedergeschlagen und mit gemischten Gefühlen sagten wir einander Gute Nacht.

Am nächsten Morgen sprachen Tammy, Kanae und ich über das große Missverständnis. Tammy entschuldigte sich, und natürlich nahmen wir ihre Entschuldigung an.

Kanae und ich sagten einander Lebewohl, und ich wusste, dass wir uns eine lange Zeit nicht sehen würden. Ich war traurig, wütend, fühlte mich hilflos und leer.

✳

Meine nächste Rednertour über sechs Wochen stand an. Die ganze Zeit dachte ich nur an Kanae und versuchte zugleich, alles zu vergessen. Ich war einfach frustriert. Wieso hatte Gott mich erst eine Frau finden lassen, die mich auch noch mochte, um uns dann vor unüberwindbare Hindernisse zu stellen? Ich wollte nicht mit Kanae sprechen. Weder sie noch Tammy wollte ich sehen. Stattdessen wünschte ich Kanae und ihrem Freund alles Gute und wollte nur noch wieder einen klaren Kopf bekommen.

Mark und Tammy hatten mir die Fernbedienung für ihre Garage überlassen, damit ich immer bei ihnen ins Haus kam, falls ich einmal in Texas war. Ich war von Bundesstaat zu Bundesstaat, von Hotelzimmer zu Hotelzimmer gereist und kam zum Ende meiner Tour wieder in Dallas an. Bevor ich Mark und Tammy kennengelernt hatte, hatte ich meist bei anderen Bekannten übernachtet, etwa bei dem Juwelierehepaar Bill und Leslie Noble oder bei Mike Moore. Dieses Mal wollte ich bei Mike unterkommen, aber er war verreist.

Ich war so müde, dass ich meine Mitarbeiter überzeugte, die ganze Strecke quer durch die Stadt zu Mark und Tammys Haus zu fahren, weil wir die Fernbedienung hatten. Von Tammy hatte ich im Kopf, dass sie nicht da war, und ich hatte keine Lust mehr auf ein weiteres Hotelzimmer. Bei unserem letzten Treffen hatten Kanae und ich Telefonnummern ausgetauscht, also schrieb ich ihr noch vom Flughafen aus eine SMS: „Bist du bei Tammy?"

Ich rechnete fest mit einem „Nein, wir sind verreist."

„Ja, wieso?", schrieb sie zurück.

Ich traute meinen Augen nicht. „Sauber hingekriegt, Gott", sagte ich leise. Er wusste doch, dass ich sie eigentlich gar nicht sehen wollte, aber er wusste auch, wie sehr mir nach einem richtigen Bett und keinem sterilen Hotelzimmer war. *Das hat er absichtlich einge-*

61

fädelt, dachte ich nur und schmunzelte, malte mir aber absichtlich nichts aus. *Wir werden ja sehen.*

Ich schrieb zurück: „Komme bald an. Ist Tammy da?"

„Was? Ist das dein Ernst?", schrieb Kanae zurück.

„Mein voller Ernst."

„Mark und die Kinder sind da, Tammy kommt erst in ein paar Tagen."

Ich fragte per SMS bei Mark nach, ob wir bei ihm übernachten durften, und bekam nur ein „Natürlich, gern" zurück.

Ich konnte es nicht fassen. Wir kamen an, mein Caregiver setzte mich auf einen der Barhocker in der Küche, und die Jungs räumten unser Gepäck nach oben. Plötzlich stand Kanae da.

„Überraschung", sagte ich, beugte mich über die Theke und grinste verlegen.

Sie lachte und strahlte mich an, und all die Gefühle, die ich sorgsam in Schach zu halten versucht hatte, brachen hervor. Mir wurde schwindlig. Die Chemie zwischen uns stimmte noch, ohne Zweifel. Sie war sogar stärker geworden.

Ich wusste nicht, ob ihr Freund noch im Spiel war. Ich wollte sie drücken, hatte aber Angst, welchen Eindruck das machen würde.

Alle meine Zweifel lösten sich in Luft auf, als Kanae zu mir kam, mir eine Hand auf die Schulter legte und sagte: „Ich habe lange darum gebetet. Zwischen mir und meinem Freund ist es vorbei. Ich möchte lieber mit jemandem zusammen sein, mit dem ich den Rest meines Lebens verbringen will."

Halleluja!

Oder habe ich das etwa laut gesagt?

Kann sein!

Kanae erzählte mir, dass Yoshie noch am Morgen meines Abschieds auf sie zugekommen war. „Hey, Schwesterchen, ich glaube, Nick will etwas von dir. Wenn du auch Gefühle für ihn hast, dann will ich euch nicht im Weg stehen." Yoshie redete Kanae sogar gut zu, mit ihrem Freund Schluss zu machen und herauszufinden, ob unsere Beziehung eine Chance hatte.

„Ich wollte wissen, was das für Gefühle waren", sagte Kanae später in Tammys Küche. „Hatte das nur geknistert oder war da wirklich das Bedürfnis nach einer richtigen Beziehung? Ich wollte mich nicht nur auf meine Gefühle verlassen. Das reichte mir nicht. Also habe ich in mich hineingehorcht und gebetet."

Gott erhörte ihre Gebete – und meine gleich mit. Der Gedanke an ein Leben mit dieser wundervollen, fürsorglichen Frau ließ all die Jahre der Enttäuschungen, Tränen und der Einsamkeit verblassen. *Danke! Wie gut, dass ich nie aufgegeben habe*, dachte ich erleichtert. Für mich hatte es sich bewahrheitet: Wenn man Gott um etwas bittet und treu bleibt, schenkt er einem noch mehr, als man überhaupt zu hoffen gewagt hat.

Manchmal gibt er einem genau das, worum man ihn gebeten hat. Manchmal aber auch nicht. Jemand hat einmal gesagt, das größere Geschenk sei oft, wenn Gott einem nicht gebe, worum man gebeten habe. Hm.

Gerade in Herzensdingen sagt sich das gar nicht so leicht. Das kann man nur nachvollziehen, wenn man davon überzeugt ist, dass Gott das Beste für einen will. Wenn er eine Tür schließt, öffnet er anderswo ein Fenster. Auf Kanae, die perfekte unperfekte Frau für mich, trifft das auf jeden Fall zu.

Klar Schiff – oder nicht?

Jetzt, wo Kanae wieder zu haben war, sahen wir uns oder telefonierten in jeder freien Minute. Wir wollten unsere Beziehung voll auskosten. Es fühlte sich einfach gut an, jetzt wo wir geduldig darauf gewartet hatten, bis die Hindernisse aus dem Weg geräumt waren. Wir waren in der Zwischenzeit Freunde geworden, eine entscheidende Basis für eine gute Beziehung.

Wir mochten einander und fühlten uns in der Gegenwart des anderen wohl. Trotzdem gingen wir es langsam an. Es hatte so viel gekostet, uns zusammenzubringen, und wir spürten beide, dass unsere Beziehung kein Zufall war. Wir wollten es nicht vermasseln.

Man sagt ja, die traditionelle Partnersuche hat ausgedient, und die Medien bestätigen das. Die Jugend von heute hat sich zum großen Teil von früheren Mustern verabschiedet. Die altmodische Methode war, dass ein Mann eine Frau ausführt – zum Essen, ins Kino, zum Bowling, zu einem Sportereignis oder sonst einer sozialen Aktivität. Heute treffen sich ganze Gruppen von Jugendlichen irgendwo, bilden Pärchen und schleppen einander ab. Sich einzeln zu verabreden ist „out", hat man mir gesagt. Das finde ich schade. Wie soll man sich denn richtig kennenlernen, wenn man gar keine Zeit mehr für sich allein hat, um sich zu unterhalten? Andererseits hat es auch sein Gutes, sich innerhalb einer Gruppe kennenzulernen. Kanae und ich haben diese Balance ganz gut hinbekommen, glaube ich, während wir unsere vollen Terminkalender wälzten.

So ganz auf die altmodische Tour lief es bei mir und Kanae natürlich auch nicht. Normalerweise lagen viele Kilometer zwischen uns, weil ich entweder auf Tour oder zu Hause in Kalifornien war. Unsere Gespräche liefen anfangs also entweder über das Telefon oder Skype. Wir redeten und redeten, erzählten uns gegenseitig aus unserem Leben, sprachen über unsere Gedanken und Gefühle.

Es dauerte nicht lange, bis wir auf ein unerwartetes Problem stießen: Wir sprachen nicht dieselbe Sprache! Oder sagen wir es so: Wir hatten zwar dieselbe Sprache, aber wir sprachen viele Wörter sehr unterschiedlich aus, schließlich hatten und haben wir ganz unterschiedliche Wurzeln. Es war nicht ganz so schlimm wie beim Turmbau zu Babel, aber immerhin ein serbo-australisch japanisch-mexikanischer Ringkampf mit der englischen Sprache.

Im persönlichen Gespräch hatten wir keinerlei Probleme, aber am Telefon war es gar nicht so leicht, einander zu verstehen!

Englisch ist Kanaes zweite Fremdsprache. Sie wuchs mit Spanisch auf, hatte von ihrem Vater aber auch etwas Japanisch beigebracht bekommen. Manchmal sind die Leute verwirrt, dass sie asiatische Gesichtszüge hat, aber Englisch mit spanischem Akzent spricht. Ich finde das süß, aber anfangs stand ich manchmal ziemlich auf dem Schlauch.

Kanae sagt zwar, dass sie meinen australischen Akzent mag, aber auch sie war während unserer Telefonate oft ratlos. Auf Tour bin ich nach meinen Vorträgen stimmlich oft angeschlagen, und morgens und abends klingt meine Stimme dann wie ein Reibeisen. Das machte die Sache nur noch komplizierter.

Oft bat sie mich, einzelne Wörter zu wiederholen. Ich sagte sie wieder und wieder. Wenn sie dann das Thema wechselte, wusste ich, dass sie immer noch nichts verstanden hatte. Es war ihr peinlich, mich nicht zu verstehen.

„Kanae, du kannst mich auch hundertmal bitten, irgendwas zu wiederholen", versuchte ich ihr klarzumachen. „Ich bin Australier, und du weißt doch, Englisch ist für uns auch eine Fremdsprache!"

Wir hatten also ein wechselseitiges Kommunikationsproblem. Kanae spricht so einige englische Wörter falsch aus. Ihr *touch* reimt sich zum Beispiel auf *roach*. Wenn sie also sagte, „Stay in *toach*", „Bis bald", fand ich das immer sehr amüsant.

Es dauerte auch ewig, bis ich begriffen hatte, was Kanae mit ‚sie finde meinen „moos-tetch" süß' meinte. Es waren die Härchen auf meiner Oberlippe, mein *moustache!* Wie sie bei der Steigerungsform von *expensive* anstatt *more expensive* „expensier" sagte, fand ich zum Schießen komisch.

Ich wollte sie nicht ständig korrigieren, weil ich ihre Fehlerchen so süß fand. Als ich ihr eines Tages dann doch die richtige Aussprache eines Wortes sagte, wurde sie prompt wütend.

„Warum hast du mir das nicht gleich beim ersten Mal gesagt?", protestierte sie.

„Weil ich deine Version so gut fand, als ich sie einmal verstanden hatte!"

Kanae sagte zu ihrer Verteidigung, dass sie nicht die Einzige wäre, die die englische Sprache hin und wieder quäle. Ich zum Beispiel bin Wiederholungstäter, was die Zeitformen der Verben angeht. Ich sage auch solche Sachen wie „Heute kommt meine Eltern".

Andererseits tut das mein Vater auch. *Euer Ehren, ich kann nichts dafür, das ist vererbt!*

Mein Vater und seine Eltern sprachen zu Hause immer Serbisch, und wenn man serbische Grammatik mit englischer Grammatik mischt, kommen die tollsten Dinge dabei heraus. Hin und wieder mussten Kanae und ich richtig lachen, wenn ich Sachen vom Stapel ließ wie: „Ich bin mehr schlau als früher."

So komisch das auch klingt, unsere Sprachpanscherei brachte uns als Paar enger zusammen. Wir hatten ständig etwas zu lachen. Auch wenn wir von ganz verschiedenen Kontinenten kamen, hatten wir doch die Erfahrung gemeinsam, sich an ein neues Land und seine Sprache und Kultur anzupassen.

Wir wussten auch beide, wie es ist, anders zu sein. Als Kind war Kanae in der Schule wegen ihres asiatischen Aussehens und ihres japanischen Namens aufgefallen. Meine fehlenden Gliedmaßen waren natürlich nicht zu übersehen, aber ich war auch noch als Sohn serbischer Immigranten in Australien aufgewachsen. Meine Eltern sprachen nur Englisch mit uns, weil sie anfangs beschimpft und sogar richtig unangenehm angegangen wurden, obwohl Australien eigentlich bekannt für seine vielen Einwanderer ist.

Kanae und ich wussten, wie es ist, als „Fremdling" niedergemacht zu werden. Also machten wir einander nicht nieder, sondern lachten viel gemeinsam und waren froh über den gleichen Hintergrund.

Funken schlagen Feuer

Nach dieser ersten Phase der Verwirrung und Missverständnisse hatten Kanae und ich eine wundervolle Beziehung, wenn auch oft viele Kilometer zwischen uns lagen.

So eine Zeit ist gut dafür, einander besser kennenzulernen. Jeder von uns besteht aus vielen Schichten und ist geprägt von seinen Erfahrungen. Meine starken körperlichen Beeinträchtigungen haben da offensichtlich tiefere Spuren hinterlassen als meine Schwierigkeiten mit der englischen Sprache. In unseren vielen Gesprächen merkte ich, dass Kanae ihre eigenen Unsicherheiten hatte: als „Chinesin" in ihrer mexikanischen Heimat, als Kind geschiedener Eltern und wegen der ärmlichen Verhältnisse, in denen sie aufgewachsen war.

Unsicherheiten können einen davon abhalten, sich jemandem zu öffnen, sie können aber auch eine noch stärkere Verbindung schaffen. Wie das geht? Kanae und ich hatten einige ähnliche Komplexe und konnten einander deswegen besonders gut verstehen. Wenn ein Partner durch sein Verhalten beim anderen Ängste auslöst und Stress verursacht, leidet die Beziehung. Wenn er stattdessen die Ängste ernst nimmt und lindert, kann sie wachsen.

Was mir relativ schnell auffiel, war Kanaes Einfühlungsvermögen. Sie hat unglaublich feine Antennen. Ich selbst habe jahrelange Erfahrung darin, anderen den Umgang mit meiner Behinderung zu erleichtern. Ich nehme mich selbst auf die Schippe oder zeige, was ich alles allein kann, aber darunter liegen noch immer jede Menge Unsicherheiten. Kanae begriff sofort, wo meine wunden Punkte waren.

Noch erstaunlicher fand ich, wie leicht und selbstverständlich sie sich auf meine körperlichen Herausforderungen einstellte. Sie tat, als wäre es das Normalste von der Welt, dass ihr Freund im Rollstuhl saß und Dinge nicht konnte, die andere für ganz selbstverständlich nehmen. Die Leute denken, ich scherze, wenn ich sage, dass Kanae mir schon den Rücken kratzt, bevor ich merke, dass es juckt, aber das stimmt!

Je besser ich sie und ihre Herkunft kennenlernte, desto besser konnte ich sie verstehen. Viele ihrer Qualitäten rühren daher, dass sie schon in jungem Alter die Verantwortung eines Erwachsenen tragen musste und sie für ihren kleinen Bruder Kenzi wie eine Mutter geworden war.

Während ich mir immer noch Gedanken machte, ob ich wegen meiner fehlenden Gliedmaßen überhaupt liebenswert war, meinte Kanae irgendwann, dass sie viel stärker auf ihre eigenen Unzulänglichkeiten schauen würde. Ihr machte es Sorgen, dass ich als Redner und Evangelist schon die Welt bereist hatte, während sie noch in der Ausbildung war und nicht wirklich wusste, was sie aus ihrem Leben machen wollte. Sie hatte Angst, mit mir nicht mithalten zu können.

„Du hast als Redner schon die halbe Welt gesehen, und ich habe noch nicht mal einen Beruf", meinte sie. Ich versuchte, dagegenzuhalten. Ich freute mich doch darauf, sie mitzunehmen und an meinen Erfahrungen und meiner Arbeit teilhaben zu lassen! Ich wollte sie so nah bei mir haben wie möglich. Gott würde uns schon den Weg zeigen, außerdem konnte sie ihre Ausbildung zur Krankenschwester später beenden.

Kanae musste aber noch eine andere Hürde überwinden: meine Familie und meine Freunde. Sie haben einen ausgeprägten Beschützerinstinkt, was mich betrifft. Jede Frau, mit der ich ausging, wurde genau begutachtet. Wenn ich mit meinem Vater über ein Mädchen sprach oder ihm ein Foto zeigte, hatte er stets etwas Negatives zu sagen. Ich wurde dann oft wütend, weil er meinte, diese oder jene sei nichts für mich oder sie würde mich nicht genug lieben.

Woher er das wissen wolle, begehrte ich dann auf, und er sagte immer nur: „Ich weiß es einfach."

Im Rückblick muss ich sagen, er hatte jedes Mal recht. Interessanterweise hatte er an Kanaes Foto überhaupt nichts auszusetzen!

Durch meine Rednertätigkeit und die vielen Klicks auf meine Videos auf YouTube und anderswo war ich bereits ziemlich bekannt geworden. Meine Eltern hatten Angst, dass sich Frauen aus den falschen Beweggründen zu mir hingezogen fühlen könnten. Nicht, weil es schlechte Menschen waren, sondern manche Frauen wollten sich „um mich kümmern", meine Rettung sein oder Gott einen Dienst erweisen, indem sie mich heirateten.

So eine Frau wollte ich natürlich auch nicht. Ich wollte eine Frau, die mich liebte. Das tut doch jeder Mann, oder? Mein Gefühl sagte mir zwar, dass ich bei Kanae richtiglag, aber es hatte mich schon öfter getrogen. Ich war mehr als einmal verletzt worden, weil ich Beweggründe falsch gedeutet hatte, Gefühle hineininterpretiert oder nicht damit gerechnet hatte, dass die andere Familie intervenieren würde, weil sie Angst vor einer zu anstrengenden Ehe hatte. Ich bin also kein Experte und habe ein hübsches Fehlerkonto in Sachen Liebe aufzuweisen.

Meine Eltern waren sehr daran interessiert, Kanae kennenzulernen, und ich wusste, dass sie sich nur sehr zögerlich auf sie einlassen würden. Aber ich war mir sicher, dass Kanaes gutes Herz sie in null Komma nichts auf ihre Seite ziehen würde, und genau so war es auch. Ein guter Freund von mir erzählte mir hinterher, dass er nach fünf Minuten schon dachte: *Das ist eine tolle Frau für Nick.*

Mir ging es nicht anders. Mich in Kanae zu verlieben war das Einfachste von der Welt. Sobald der Weg für uns frei war, gab es wenig Streit, verletzte Gefühle oder bestätigte Ängste. Wir wurden sehr schnell Freunde und Vertraute. Körperliche Anziehung spielte natürlich auch eine Rolle, und wir kuschelten ausgiebig, beschlossen aber, mit dem Sex bis zur Ehe zu warten. Davon handelt ein eigenes Kapitel in diesem Buch. Sex ist so ein mächtiger Faktor in einer Beziehung, dass es besser sein kann, ihn zunächst auszuklammern, um sich um andere Dinge wie Kommunikation, gemeinsame Interessen und eine Vertiefung der Freundschaft kümmern zu können.

Du wirst deine eigenen Entscheidungen treffen. Wir können nur über unsere Erfahrungen berichten und hoffen, dass du weise entscheidest. Kanae und ich fanden unzählige Wege, miteinander Zeit zu verbringen und an unserer Freundschaft zu bauen. Als starke Basis für unsere Liebe. Nach kurzer Zeit hatte ich schon das Bedürfnis, ihr zu sagen, dass die Sache für mich entschieden war. Ich wollte nicht nur ihr Freund sein; ich wollte sie lieben und von ihr geliebt werden. Also sagte ich zu ihr, dass ich immer für unsere Liebe kämpfen würde. Dabei war das für mich kein leichter Schritt. Ich musste mich meiner Angst, verletzt und abgelehnt zu werden, stellen.

Das Maß der Liebe

Sich zu öffnen, nachdem man verletzt worden ist, kostet Überwindung. Es gab Zeiten, da redete ich mir ein, ich sei ohne Frau doch viel besser dran. Ich errichtete eine Mauer um mein Herz. Und jetzt musste ich meine Ängste überwinden, die Mauer einreißen und der Liebe wieder eine Chance geben. In der Bibel steht, die vollkommene Liebe treibt die Furcht aus. Die meisten beziehen das auf Gottes Liebe zu uns, aber ich finde, man kann das genauso auf die Liebe zwischen Menschen beziehen.

Ist es überhaupt möglich, vollkommene Liebe zu haben? Und falls ja, was ist das? Die Bibel definiert die perfekte Liebe in 1. Korinther 13 so: „Liebe ist geduldig und freundlich. Sie ist nicht verbissen, sie prahlt nicht und schaut nicht auf andere herab. Liebe verletzt nicht den Anstand und sucht nicht den eigenen Vorteil, sie lässt sich nicht reizen und ist nicht nachtragend. Sie freut sich nicht am Unrecht, sondern freut sich, wenn die Wahrheit siegt. Liebe ist immer bereit zu verzeihen, stets vertraut sie, sie verliert nie die Hoffnung und hält durch bis zum Ende."

Für mich und Kanae ist dieser Text etwas ganz Besonderes, weil

Garry Phelps ihn in einem bewegenden Moment unserer Trauung vorgetragen hat. Garry ist einfach ein Phänomen. Er hat das Downsyndrom, sagt aber immer, dass seine spezielle Form ein Geschenk sei, weil „man alle Menschen lieb hat und nie jemandem wehtut".

Garrys Liebe kennt keine Limits, oder? Er freut sich am Leben und begegnet allen Menschen aufgeschlossen. Davon können wir uns eine Scheibe abschneiden.

Ob du nun gläubig bist oder nicht, die Definition von Liebe aus 1. Korinther 13 ist sehr nützlich, finde ich. Und sie ist kein Luftschloss. Man kann sie im echten Leben anwenden. Wenn du mit jemandem zusammen bist und dich fragst, ob die Beziehung eine Zukunft hat, mach den Liebes-Check nach dieser Definition. Stell dir dazu Fragen wie:

- Sind wir geduldig miteinander?
- Gehen wir freundlich miteinander um?
- Sind wir neidisch aufeinander oder freut sich der eine über das Glück des anderen?
- Habe ich das Gefühl, mich immer besser darstellen zu müssen, als ich bin, oder fühle ich mich angenommen?
- Gehen wir rücksichtsvoll miteinander um?
- Manipuliert bei uns einer den anderen, um zu bekommen, was er will? Fühle ich mich manipuliert?
- Gibt es bei uns Wutanfälle? Muss man Angst davor haben, dass der Partner ausrastet?
- Sind wir bei Fehlern nachtragend oder vertragen wir uns auch nach einer Meinungsverschiedenheit bald wieder?
- Stimmen unsere Moralvorstellungen überein? Haben wir einen ähnlichen Begriff von richtig oder falsch?
- Belügen wir einander? Nehmen wir es mit der Wahrheit nicht so genau oder legen wir uns die Dinge zurecht?
- Beschützen wir einander? Fühle ich mich beim anderen sicher? Würden wir im Zweifelsfall füreinander einstehen?

- Vertraue ich meinem Partner blind? Auch in Sachen Finanzen? Mit unseren Kindern? Mit unseren wertvollsten Besitztümern?
- Wenn ich an unsere Zukunft denke: Überwiegen die Hoffnung oder die Bedenken? Bin ich optimistisch und aufgeregt, oder habe ich Angst davor, was die Zukunft bringen könnte?
- Sind wir bereit, die Stürme des Lebens gemeinsam durchzustehen? Wollen wir um unsere Beziehung kämpfen, falls nötig?
- Wissen wir beide, wo wir für die Dinge Hilfe bekommen, die wir allein nicht schaffen – bei Freunden, bei Gott?

Wenn du willst, notiere dir deine Antworten. Diese sind übrigens gar nicht so leicht zu geben, wie man glaubt. Aber sie können dir helfen, deine Beziehung auf den Prüfstand zu stellen.

In jeder Beziehung gibt es Höhen und Tiefen. Es scheint nicht jeden Tag die Sonne. Und Herausforderungen gibt es wirklich genügend. Deswegen ist es umso wichtiger, die Beziehung gut einschätzen zu können, um zu wissen, ob sie auf Liebe oder auf etwas anderem fußt.

Wenn du möchtest, kannst du die Fragen auch einmal pro Jahr durchgehen. Beziehungen, Menschen, Umstände – alles ändert sich. Wenn ihr euch wirklich liebt, werdet ihr miteinander reifen und auch schwere Zeiten durchstehen. Was sich nicht ändern sollte, ist die Bereitschaft, in die Beziehung zu investieren und der Wille, dem anderen der bestmögliche Partner zu sein.

sechs

Ausgepackt

Wenn eine Beziehung noch ganz frisch ist, hat man verständlicherweise wenig Lust, sie zu analysieren. Man möchte die Verliebtheitsphase in vollen Zügen genießen! Irgendwann werden aber die ersten Gedanken kommen, ob man bereit ist für den nächsten Schritt. Ist der Partner der oder die „Richtige"? Nennen wir das die „Spaß oder Ernst"-Phase, in der die Beziehung entweder wächst oder verkümmert. In meinem Fall wurden die Gefühle für Kanae stündlich stärker. Jeder Augenblick, den ich mit ihr verbrachte, war wie eine Offenbarung für mich. Kanae war so erfrischend, so nett, liebevoll und hübsch, dass ich sie am liebsten ununterbrochen angucken und keine Sekunde von ihrer Seite weichen wollte.

Ja, ich war verknallt, oder um Disneys *Bambi* zu Wort kommen zu lassen, „schwer verknallt"! Kanae und ich denken gern an diese Phase zurück, in der wir übrigens jede Menge Spaß hatten. Wir können beide ziemlich albern sein, was gut ist, denn lieber so, als wenn der eine albern und der andere ernst ist.

Zum Glück konnten wir schon immer voreinander lockerlassen und herumkaspern. Wir hatten auch einmalige Kitzelmarathons. Wer braucht Hände, wenn er Bartstoppeln hat? Und wahrscheinlich gibt es irgendwo in den Akten der Polizei Beschwerden von anderen Fahrern über dieses Paar mit wummernder Musik im Auto, das auf der Autobahn Bon Jovi-Lieder schmettert.

Wir waren gern draußen in der Natur und machten ein Picknick am See, in den Bergen oder am Strand. Einmal fuhren wir zum Ventura Pier, obwohl es für Kalifornien ziemlich kalt war. Wir wickelten uns in eine Decke und redeten und redeten, bis wir beide einnickten und wie zwei Landstreicher am Strand schliefen. Das werde ich nie vergessen.

Wir waren da natürlich noch in der romantischen Phase: Unsere Augen strahlten, und man lachte über jeden Witz, den der andere machte. Ich bin mir nicht sicher, aber es müssen ständig Schmetterlinge um unsere Köpfe herumgeflattert sein. Wir genossen diese magische Zeit, wussten aber auch, dass unsere Beziehung irgendwann über bloße Verknalltheit hinausgehen und ein klares Bekenntnis erfordern würde.

Mein Onkel Batta ist gläubiger Christ und für mich eine Art Mentor. Alles, was er tut, tut er mit großer Leidenschaft. Er geht aus sich heraus, und manchmal gehen die Pferde mit ihm durch. Er kann zum Beispiel stundenlang inbrünstig beten. Außerdem ist er bekannt für seine Umarmungen. Wenn Onkel Batta einen umarmt, umarmt er jeden einzelnen Knochen – manchmal, bis sie stöhnen und knacken. Mir haben Leute schon gesagt, sie hatten Angst, ohnmächtig zu werden, weil sie keine Luft mehr bekamen. Onkel Batta macht eben nichts halbherzig.

Als ich anfing, mich für Mädchen zu interessieren, meinte er zu mir, es würde nicht genügen, ein Mädchen zu lieben. Was ich bräuchte, wäre eine Partnerin, die mich genauso liebte. Er nannte das „erwiderte Liebe". Nur dann könne sie grenzenlos wachsen.

Das gab mir zu denken. Er spürte wohl, wie versessen ich darauf war, verliebt zu sein. Onkel Batta wollte mich vor einer Beziehung in Schieflage schützen, wo einer viel stärkere Gefühle hat als der andere.

Idealerweise stellt man seine eigenen Bedürfnisse in einer Beziehung zurück. Das klingt vielleicht wie ein Märchen und ist wohl auch nicht jeden Tag umsetzbar, aber grundsätzlich gesprochen halte ich es für richtig, dass Mann und Frau, weil sie das Beste füreinander wollen, ihre eigenen Wünsche und Bedürfnisse dem Wohlergehen des Partners unterordnen. So, wie ich die Bibel lese, gründete Gott mit Adam und Eva die Ehe. Die beiden sollten einander so lieben, wie Gott uns liebt. Das kann man ausdrücklich so auch später in der Bibel finden: „Ihr Männer, liebt eure Frauen, wie auch Christus die Gemeinde geliebt hat und hat sich selbst für sie dahingegeben" (Epheser 5,25).

Onkel Batta hatte wohl Angst, dass mich meine Liebesbedürftigkeit an Orte führt, die mir nicht gutgetan hätten. Ich war so verzweifelt auf eine Freundin aus, dass ich bereit gewesen wäre, Kompromisse zu machen. Aber wahre Liebe ist nun mal gleich stark: Beide Partner wollen nur das Beste für den anderen. Jeder will, dass der andere glücklich ist und sich geborgen fühlt. Es wird nicht gegeneinander aufgerechnet, wer wie viel investiert.

„Was du brauchst", sagte Onkel Batta, „ist eine Frau, die dir sagt, dass sie dich liebt. Die sich berufen fühlt, dich zu lieben, und die dich immer lieben will." Weil Liebe etwas mit Haltung und Willen zu tun hat, wie ich inzwischen weiß.

Als Vater von sieben Kindern, darunter fünf Töchter, hat mein Onkel schon einige junge Leute in Sachen Beziehungen, Liebe und Heiraten beraten. Ich fühle mit den jungen Männern, die Interesse an seinen Töchtern haben. Onkel Batta lässt sie nämlich einzeln antanzen und fühlt ihnen auf den Zahn. Ganz so schlimm wie ein Polizeiverhör wird es nicht sein, aber zweifelsohne eine aufreibende, gründliche und aufregende Angelegenheit für den jeweiligen Kandidaten. Onkel Batta verriet mir die Fragen, die er seinen potenziellen Schwiegersöhnen oder -töchtern stellt ... und ich finde, vor allem einem gläubigen Paar an der Schwelle zu einer ernsten

Beziehung können sie wirklich weiterhelfen. Wenn man sie sich ernsthaft vornimmt.

1. Liebst du Gott von ganzem Herzen?
2. Liebst du diese Person, und liebt sie dich genauso?
3. Siehst du ihn/sie als Vater/Mutter eurer Kinder?
4. Kannst du dir ein Leben ohne sie/ihn vorstellen?
5. Hast du Sorgen, die du vor eurer Hochzeit unbedingt noch ausgeräumt haben willst? Gibt es Dinge, die du noch ändern willst, bevor du diese Person heiratest?
6. Versprichst du, diesen Menschen stets respektvoll zu behandeln und ihm kein Leid zuzufügen?

Glaubensdinge

Die erste Frage entspringt natürlich Onkel Battas Glauben, den er auch an seine Kinder weitergeben wollte: *Liebst du Gott von ganzem Herzen?* Onkel Batta ist davon überzeugt, dass sich Gott für Mann und Frau zueinander passende Glaubensüberzeugungen wünscht. In einer Ehe gibt es mehr als genug Herausforderungen, und Paare, die ihre Überzeugungen miteinander teilen, haben es aus seiner Sicht leichter. Hat man völlig unterschiedliche Lebenskonzepte, kann das die Sache ziemlich erschweren.

Mein Vater ist derselben Meinung wie Onkel Batta. Er sagte mal zu mir: Männer glauben bei der Hochzeit, dass ihre Frau sich nie verändern wird; Frauen hingegen hoffen, dass ihr Mann sich bald verändert. Genau das Gegenteil scheint der Fall – Männer bleiben, wie sie sind, Frauen hingegen nie! Aha, das gibt Stoff zum Nachdenken …

Mann und Frau sollen sich gegenseitig stärken und voneinander profitieren. Aber das ist gar nicht so leicht. Vorm Altar „Ja, ich will" zu sagen ist eine Sache, als Paar „eins zu werden" eine ganz andere.

Das werden wir in Kapitel zehn noch näher beleuchten. Zum Glück ist Gott dort stark, wo wir schwach sind.

Meine Eltern haben mir beigebracht, dass die Flitterwochenphase nicht ewig dauert. Um in der Ehe zu wachsen, braucht man also mehr als nur körperliche Anziehung. Man muss bereit sein, seine Wünsche hintenanzustellen. Das erfordert allerdings Weisheit und kostet Kraft. Deswegen fragt Onkel Batta seine potenziellen Schwiegerkinder, ob sie an Gott glauben. Er weiß, dass man ohne Beistand leicht in Seenot kommen kann.

Als wir ganz frisch zusammen waren, beklagte sich Kanae bei mir, ich sei ihr in Glaubensdingen so weit voraus. Schließlich sei ich christlich erzogen worden, während sie erst vor sechs Jahren einen Anfang mit Gott gemacht habe. Ich hielt dagegen. Manchmal sind nämlich die, die sich später zu Gott bekehren, die aufrichtigeren Christen, weil sie sich ganz allein für diesen Weg entschieden haben. Wer christlich erzogen wurde, wächst oft einfach hinein.

Je besser ich Kanae kennenlernte und sah, wie sie lebte und mit anderen Menschen umging, desto sicherer wurde ich mir, dass wir zueinander passten. Ich muss mich sogar anstrengen, dass ich genauso ehrlich und mitfühlend auf Menschen zugehe wie sie. Kanae ist mir zu einem richtigen Vorbild geworden.

Liebe – keine Einbahnstraße

Kommen wir zur zweiten Frage, die Onkel Batta den Anwärtern stellt: *Liebst du diese Person von ganzem Herzen? Mehr als jeden anderen Menschen? Und liebt sie dich genauso?*

Mit dieser Frage will er die wahren Intentionen des jungen Mannes herausfinden. Onkel Batta weiß, wie schnell junge Leute sich nur von körperlicher Anziehung leiten lassen und wenig Gedanken daran verschwenden, wohin die Beziehung führen soll. Ich kenne Männer, die sich Hals über Kopf verliebten, heirateten und eines Tages aufwachten und sich fragten, *Will ich überhaupt mit dieser Person den Rest meines Lebens verbringen?*

Onkel Battas Frage geht ans Eingemachte. Zuerst geht man davon aus, die Antwort ist natürlich Ja, aber wenn das immer so wäre, müsste es viel weniger Scheidungen geben. Jeder, der übers Heiraten nachdenkt, sollte sich also ehrlich fragen, ob die Beziehung auf gegenseitiger Liebe beruht oder nur auf Schwärmerei, körperlicher Anziehung oder bloßer Freundschaft.

Kein Kinderspiel: Eltern sein

Frage Nummer drei ist als eine Art Weckruf für denjenigen gedacht, der sich über die Zukunft wenig Gedanken macht: *Siehst du ihn/sie als Vater/Mutter eurer Kinder?* Onkel Batta möchte, dass die Anwärter seiner Töchter nicht nur daran denken, wie schön die Zweisamkeit nach der Hochzeit sein wird, sondern darüber hinaus. Kanae zum Beispiel hat eine ziemlich starke mütterliche Ader, wie ich bald herausfand. Das liegt wohl daran, dass sie nach der Scheidung ihrer Eltern und dem Tod ihres Vaters die Verantwortung für ihren kleinen Bruder übernehmen musste. Kanae ist sehr fürsorglich, und ich merkte schnell, dass sie eine großartige Mutter sein würde.

Ganz oder gar nicht

Die vierte Frage lautet: *Kannst du dir ein Leben ohne sie/ihn vorstellen?* Hier bohrt Onkel Batta noch tiefer. Eine Ehe braucht ein festes Fundament, und diese Frage legt offen, ob genügend Bereitschaft zur Verbindlichkeit vorhanden ist.

Würdest du jemanden heiraten, der nicht der wichtigste Mensch in deinem Leben ist? Ich hoffe nicht. Von dem Augenblick, als ich Kanae zum ersten Mal sah, konnte ich mir ein Leben ohne sie nicht mehr vorstellen. Ich wollte nicht mehr von ihrer Seite weichen. Als es dann die Missverständnisse gab und aussah, als würden wir über Freundschaft nie hinauskommen, fiel mir streckenweise das Atmen schwer. Ich hatte mich schon zu anderen Frauen hingezogen gefühlt und auch die eine oder andere geliebt, denke ich, aber so etwas wie bei Kanae hatte ich noch nie gespürt. Da war mehr als nur körperliche Anziehung; es fühlte sich an, als wäre sie schon immer ein Teil von mir und meinem Leben gewesen, und ich wusste nun genau, was Onkel Batta in seinen potenziellen Schwiegersöhnen sucht.

Ausgezweifelt

Die fünfte von Onkel Battas Fragen widmet sich der bedingungslosen Liebe: *Hast du Sorgen, die du vor eurer Hochzeit unbedingt noch ausgeräumt haben willst? Gibt es Dinge, die du noch ändern willst, bevor du diese Person heiratest?*

Wenn jemand mit dem Gedanken heiratet, dass er seinen Partner nur unter bestimmten Bedingungen lieben wird, z. B. „nur, wenn wir in einem schönen Haus oder wenigstens einer großen Wohnung leben werden" oder „nur, wenn er am Wochenende kein Fußball guckt", stehen wohl einige Probleme ins Haus. Sollten du oder deine Verlobte bestimmte Bedingungen aneinander oder an eure Familien stellen, rate ich euch, diese anzusprechen, bevor ihr vor den Traualtar tretet. Denkt an das Eheversprechen: „In guten wie in schlechten Zeiten." Es wird nicht nur Gutes geben, sondern auch Schlechtes, oder sagen wir, nicht so Gutes. Du heiratest ein Individuum mit ganz eigenem Charakter, Vorstellungen und Interessen, nicht dein geklontes Ich.

Samthandschuhe

Und schließlich die letzte Frage: *Versprichst du, diesen Menschen stets respektvoll zu behandeln und ihm kein Leid zuzufügen?* Auch hier drängt sich natürlich ein Ja auf, aber was die lieben Verwandten unter respektvollem und angemessenem Umgang verstehen, kann sich durchaus von dem unterscheiden, wie Mann oder Frau das definieren.

Manch einer wächst leider in einer Familie auf, wo häusliche Gewalt an der Tagesordnung ist. Diesen Menschen fällt es später oft schwer, den Teufelskreis zu durchbrechen, obwohl sie genau wissen, wie falsch es ist, wenn einem die Hand ausrutscht, wenn man jemanden verbal attackiert oder in irgendeiner Form zu etwas nötigt. Heirate nie jemanden, der dir in der Vergangenheit wehgetan hat, es sei denn, du bist absolut sicher, dass das nicht wieder passiert. Und ich meine wirklich absolut sicher.

Das Verheiratetsein und das Elternsein können einen bis an seine Grenzen bringen, aber Gewalt ist keine Option, und selbst bei Streit und Missverständnissen sollte man sich respektvoll behandeln.

Mein Partner, mein Rivale?

Kanae und ich treffen uns hin und wieder mit anderen Paaren, und es war bisher immer sehr interessant zu erleben, ob und wie deren Beziehung funktioniert oder nicht. Die meisten waren bisher länger zusammen als wir und hatten die Verliebtheitsphase schon hinter sich. Natürlich hält man sich mit seiner Meinung in solchen Situationen zurück, aber wir konnten vieles bei den Paaren erleben, das wir nachahmen wollten, aber auch einiges, was wir lieber nicht übernahmen.

Manche Paare ergänzten sich gegenseitig. Man konnte sehen, wie einer beim anderen die Laune hob. Ihre Zuneigung spornte sie gegenseitig an, noch bessere Menschen zu werden. Und dann erlebten wir Paare, bei denen Kriegszustände herrschten. Sie hackten aufeinander ein wie Krähen. Es war scheußlich. Bei manchen Paaren waren die Männer ihrer Freundin oder Frau gegenüber verständnisvoll und zuvorkommend. Bei anderen wurde andauernd aneinander herumgenörgelt, als wären sie im Wettstreit oder im Kampf um die Macht, was Kanae und ich keinesfalls kopieren wollten.

Meine Familie kommt aus Serbien, und dort ist traditionell der Mann das Oberhaupt der Familie. Der Mann trifft die Entscheidungen, und diese werden im Allgemeinen auch nicht infrage gestellt. So bin ich groß geworden, aber Kanae und ich kennen zum Glück einige Paare, die es uns anders vorgelebt haben. Dort sind beide Partner in den Entscheidungsprozess eingebunden, und oft stellt der Mann die Bedürfnisse seiner Frau an die erste Stelle.

Die Vorstellung, dass Mann und Frau sich gegenseitig fördern, gefällt mir viel besser, als wenn sie versuchen, sich gegenseitig zu beherrschen. Kanae hat mir in dieser Hinsicht viel beigebracht. Ich kann es sogar an einer einfachen Geste festmachen, mit der sie mein Herz endgültig eroberte. Danach war mir wieder einmal klar: Sie ist die Richtige.

Ich hatte Geburtstag, und Kanae schenkte mir ein elegantes schwarzes Jackett aus weichem und leichtem Stoff. Sie weiß, wie schnell ich ins Schwitzen komme. Ich liebte das Jackett sofort, aber noch besser gefiel mir die Verpackung.

Ich hatte es weder ihr noch sonst irgendjemandem erzählt, dass die Geschenke zu meinem Geburtstag oder zu Weihnachten mich auch immer traurig machten. Es störte mich, jemanden bitten zu müssen, der sie für mich öffnete. Es fühlte sich einfach blöd an, vor allem zu Weihnachten, wenn meine Eltern oder Geschwister ihr Auspacken unterbrechen mussten, um mir mit meinen Geschenken zu helfen. Ich wollte sie selbst auspacken, und das machte mich traurig. Du kannst dir also meine Überraschung und Dankbarkeit vorstellen, als Kanae sich eine Verpackung ausdachte, die ich ganz allein öffnen konnte.

Ich lasse meine großartige, aufmerksame und einfühlsame Frau lieber selbst zu Wort kommen.

Ich hatte Nick das Jackett besorgt und überlegte dann, wie ich es so verpacken konnte, dass er es allein aufmachen konnte. Er hatte nie darüber gesprochen, aber ich weiß einfach, wie gern er Dinge selbst tut, also dachte ich, es würde ihn bestimmt freuen, das Geschenk selbst zu öffnen.

Ich besorgte einen großen Karton, nahm den Deckel ab und schnitt die Kanten auf, damit er ganz von allein auseinanderfallen würde. Dann stellte ich die Seitenwände auf, legte das Jackett hinein und wickelte eine Schleife um den Karton. Nick sollte mit den Zähnen oder seinem Füßchen an der Schleife ziehen, und dann sollte der Karton aufklappen und seinen Inhalt offenbaren.

Es klappte wie am Schnürchen, und er freute sich wahnsinnig. Sein Blick war so voller Liebe. Ich wusste, das Geschenk würde ihm gefallen, aber seine Augen glänzten anders als sonst. Ich merkte, dass da mehr im Spiel war.

Nick erklärte mir, dass er noch nie seine Geschenke hatte selbst auspacken können. Immer musste er um Hilfe bitten. Da begriff ich. Diese kleine Geste hatte ihm mehr bedeutet als ich dachte.

Als Kanae mir zeigte, wie ich das Geschenk aufmachen konnte, war ich völlig von den Socken. Ich zog an der Schleife, und ihre kleine Erfindung klappte einwandfrei. In diesem Augenblick wurde ich geradezu übermannt von Liebe zu dieser Frau. Sie hatte sich extra für mich so viele Gedanken gemacht! Auf die Idee war noch nie jemand gekommen. Niemandem war es bisher aufgefallen, dass das eigenständige Geschenkeöffnen selbst schon ein Geschenk war.

Ich liebte Kanae natürlich schon vorher, aber in diesem Augenblick begriff ich zum ersten Mal, wie tief ihre Liebe zu mir war. All die vorherigen gescheiterten Beziehungen ließen mich umso dankbarer für diese zauberhafte und wundervolle Frau werden.

sieben

Der Antrag

Falls du gerade einen Heiratsantrag planst, verrate niemandem bis *nach* dem Antrag – wirklich niemandem –, dass du einen Verlobungsring gekauft hast. Ich konnte bei einigen Leuten meinen Mund nicht halten, und beinahe wäre die Überraschung aufgeflogen.

Sagen wir es so: Ich dachte, mein genialer Plan würde jeder dramatischen Wendung standhalten. Ich wollte auf jeden Fall ohne Hilfe auskommen, und Kanae hatte nur einen einzigen Wunsch für diesen Tag geäußert: Sie wollte nichts davon kommen sehen, weder von der Art und Weise noch vom Timing.

Am Ende war ein Windbeutel meine Rettung!

Die Vorbereitung

Bevor ich die wilde Geschichte meines Heiratsantrags erzähle, möchte ich vor dem derzeitigen Trend warnen, sich immer ausgefeiltere, teurere oder sogar gefährliche Anträge auszudenken. „Spektakulär" ist nicht das entscheidende Kriterium.

Vielleicht hast du von einigen verrückten Anträgen gehört: Ein junger Mann legte ein ordentliches Bündel Scheine auf den Tisch, um die Frage aller Fragen in einer umgebauten Boeing 727 zu stellen, in der man in fünfunddreißigtausend Fuß Höhe Schwerelosigkeit erleben kann. Und dann gab es da noch den Schauspieler, der zehntausend Dollar investierte, um mit einer Schauspieltruppe ein ganzes Stück aufzuführen, in dem es um seinen Antrag ging. Wie die Theaterkritiker das Ganze aufgenommen haben, weiß ich nicht.

Am verrücktesten fand ich aber den Freund eines Stuntmans aus Hollywood, der auf ein Gerüst kletterte, sich mit Benzin übergoss, anzündete und als „menschliche Fackel" in einen Swimmingpool sprang, um dann zu seiner Freundin zu schwimmen und zu sagen: „Du machst mich heiß. Ich will dir zeigen, wie sehr ich für dich brenne. Willst du meine Frau werden?"

Ich hoffe, er hat sich nicht die Finger verbrannt. Originalität und Kreativität sind zwei entscheidende Faktoren für unvergessliche Heiratsanträge und Hochzeiten. Aber man muss keinen Kredit aufnehmen oder schwere Verletzungen riskieren, um erinnerungswürdige Momente zu schaffen. Man muss keine Revue auf die Bühne bringen oder einen Herzinfarkt der Freundin riskieren.

Mein Tipp: weniger Show, mehr Romantik, und das mit so viel Klasse wie möglich. Du willst schließlich deinen Kindern und Enkeln noch von diesem großen Augenblick erzählen können, ohne ihnen Albträume bescheren oder das geplünderte Erbe beichten zu müssen.

Stell dir den Heiratsantrag und die Hochzeit als eine Art Tongeber für die Zeit danach vor. Ich finde, beides sollte fröhlich sein, romantisch, stilvoll, Spaß machen und sich um eure Liebe drehen. Und nicht sein wie eine Nebenvorstellung im Zirkus.

Verliebt, verlobt, versprochen

Das Timing des Heiratsantrags ist gar nicht so einfach. Ich kenne Fälle, wo sich der Mann gedrängt fühlte, einen Antrag zu machen, bevor er bereit dazu war. Wenn du dir noch nicht sicher bist, ob du mit deiner Partnerin den Rest deines Lebens verbringen willst, überstürze nichts. Auf der anderen Seite kannst du die Frau deines Herzens auch nicht ewig zappeln und in dem Glauben lassen, dass du sie liebst, aber nie den nächsten Schritt gehen. Sei ehrlich zu dir selbst und zu ihr. Bist du dir unsicher, lass es sie wissen und ihre eigene Entscheidung treffen, anstatt falsche Hoffnungen zu wecken oder sie in die Irre zu führen.

Gläubige Paare, die sich füreinander aufheben, sind oft etwa nach einem Jahr Beziehung bereit zu heiraten, vor allem, wenn die Ausbildung vorbei und eine gewisse finanzielle Sicherheit erreicht ist. Trotz allem möchte ich dir ans Herz legen, dich nicht zu verloben, „weil man das so macht" oder „weil es gerade so gut passt". Die Ehe ist eine Langzeitverpflichtung. Du solltest dir wirklich sicher sein, bevor du sie eingehst.

Es gibt einige wichtige Themen, die auf den Tisch gehören, wenn du den Hafen der Ehe ansteuerst. Zuallererst gehört dazu die Tatsache, dass es von nun an nicht mehr allein um dich geht – oder um euch als Paar.

Wenn du heiratest, heiratest du auch immer in eine Familie hinein, eine Familie mit ihrer eigenen Tradition und Kultur. Außerdem gehört zu einer Ehepartnerschaft, dass jeder den anderen mit seinen Glaubensüberzeugungen, seiner Meinung zu Politik, Finanzen und allen anderen Bereichen akzeptiert. Man muss natürlich nicht ständig einer Meinung sein, aber man muss den anderen grundsätzlich akzeptieren. Sonst wird es Konflikte geben, die es schwer machen, fröhlich zusammenzubleiben.

Erst reden, dann handeln

Als Kanae und mir bewusst wurde, dass unsere Beziehung tatsächlich ein Leben lang halten könnte, waren wir natürlich aufgeregt. Wir wussten aber auch, dass nun einige Grundsatzdiskussionen anstanden, bevor wir weitere Schritte in Angriff nahmen. Diese Gespräche sind unverzichtbar, aber ich möchte dich und deine bessere Hälfte nicht unter Druck setzen. Genießt die Romantik und die Verliebtheit, so lange ihr könnt. Lacht miteinander und habt so viel Spaß wie nur irgend möglich, während ihr euch näher kennenlernt. Und nehmt euch dann Zeit, wenn es so weit ist.

Ihr fühlt euch wahrscheinlich stark zueinander hingezogen, aber für eine Ehe braucht man noch mehr. Auf lange Sicht ist es wahrscheinlich sogar wichtiger als alle sexuelle Intimität, in vieler Hinsicht innerlich kompatibel zu sein. Über diese Themen sprachen Kanae und ich in unserem Ehevorbereitungskurs.

Manche Paare finden leider erst nach der Hochzeit heraus, dass sie eigentlich nicht gut zueinander passen. Eine frischgebackene Ehefrau aus unserem Bekanntenkreis rief eines Tages ihre Mutter an und fragte: „Ist es eigentlich normal, dass der Mann so ein Fass darüber aufmacht, wo ich den Mixer hinstelle?"

Das mag banal sein, aber wenn es bei Kleinigkeiten schon solche Schwierigkeiten gibt, was ist dann erst mit den großen Fragen? Deswegen ist es notwendig, vorher herauszufinden, ob man zueinander passt. Und wenn dann die Frage nach einer Hochzeit im Raum steht, ist es Zeit für tief gehende Gespräche zu den folgenden Themen. Denkt dabei an eine langfristige Perspektive. Eure Meinung zum Thema Kinder oder deren Anzahl kann sich beispielsweise im Lauf der Zeit ändern. Das ist ganz normal. Trotzdem solltet ihr euch einig sein, wenn ihr in die Ehe startet, wobei euch klar ist, dass über so manches ein dauerhafter Dialog vonnöten ist.

Wenn einer von euch eine Großfamilie möchte, der andere aber lieber kinderlos bleibt, solltet ihr das lieber geklärt haben, bevor ihr vor den Altar tretet.

Die Themen

Familie

Kanae und ich haben Glück. Jeder von uns kommt mit der Familie des anderen gut aus. Das soll nicht heißen, dass es nie Konflikte geben wird, aber wir sind mit vielen wohlwollenden Beziehungen in die Ehe gestartet. Familie ist uns beiden sehr wichtig.

Wir kennen Paare, die sich mit den Schwiegereltern überworfen haben. Viele Ehen halten solche Familienkonflikte aus, aber sie können auch ein stetiger Stressfaktor sein. Es wäre klug, vorher alles dafür zu tun, um potenzielle Probleme mit den Schwiegereltern auszuräumen. Zumindest solltet ihr dieses Thema ansprechen und überlegen, wie ihr als Paar damit umgehen wollt.

Die langfristigen Konsequenzen eines Familienkonflikts können eine Ehe schwer belasten. Ich kenne ein Paar, in deren Ehe es ständig Querelen gab, weil die Frau so ein enges Verhältnis zu ihren Eltern hatte. Sie wollte nie weiter als ein paar Kilometer von ihnen wegziehen. Es gab gute und hochemotionale Gründe dafür, aber du kannst dir sicher vorstellen, welche Belastung das in unserer heutigen Gesellschaft für die Ehe war, wo man oft die Arbeitsstelle wechselt und vom Arbeitgeber erwartet wird, dass man flexibel ist.

Viele frisch verheiratete Paare erleben ihren ersten großen Konflikt über der Frage, wie viel Zeit und welche Feiertage bei welcher Familie verbracht werden. Du kannst jedes beliebige Ehepaar fragen: „Es allen recht machen" ist unmöglich. Es ist nicht unbedingt notwendig, den Kalender zu zücken und die Feiertage der nächsten fünfzig Jahre durchzuplanen, aber ihr solltet über eure Erwartungen und Hoffnungen in diesem Lebensbereich sprechen. Dieses Thema wird immer wieder auftauchen, also kann es nicht schaden, ein paar faire Grundregeln festzulegen.

Glaubensdinge

Wie ich bereits erwähnte, empfiehlt die Bibel, dass Mann und Frau kompatible Glaubensüberzeugungen haben sollten. Kanae und ich sind froh, dass wir beide Christen sind, und es ist uns bewusst, dass das nicht selbstverständlich ist.

Die Bibel wurde zu einer Zeit geschrieben, als die meisten Menschen ihr Leben lang in einem Dorf oder einer Stadt wohnen blieben und innerhalb ihrer Glaubensgemeinschaft heirateten. Heutzutage machen sich Menschen jeder Glaubensrichtung überall auf der Welt auf die Suche nach einem Partner.

Man kann ganz unterschiedlich glauben und trotzdem eine gute Ehe führen, so lange jeder die Überzeugungen des anderen respektiert. Dafür muss man aber rechtzeitig darüber reden, weil der Glaube in so viele Lebensbereiche hineinspielt. Kurzfristig ist zum Beispiel die Frage zu klären, wer die Trauung durchführt und wo sie stattfindet. Langfristige Entscheidungen sind beispielsweise, ob Verhütungsmittel zum Einsatz kommen, welches die Heimatgemeinde werden soll und in welchem Glauben die Kinder erzogen werden.

Im Laufe der Zeit können sich Glaubensüberzeugungen auch ändern. Trotzdem ist man gut beraten, sich frühzeitig grundsätzliche Herangehensweisen zurechtzulegen, damit Glaubensfragen später nicht zum Keil werden, der euch auseinandertreibt.

Kanae und ich sind davon überzeugt, dass wir ohne Jesus keine gute Ehe führen könnten. Wir sehen sie als einen dreifachen Bund – Jesus und wir beide. In der Bibel steht, „eine dreifache Schnur reißt nicht leicht entzwei". Ohne ihn können wir nicht leben, ohne seine Liebe, seine Weisheit, Geduld, Führung, Gnade, und sein Opfer, seine Vergebung. Es gibt nichts Besseres für unser Leben und unsere Ehe als eine lebendige Beziehung zu Jesus und die Möglichkeit, immer wieder neu anzufangen. Auf ihn können wir hoffen, und er gibt uns jeden Tag neue Kraft.

Finanzen

Ich habe gehört, dass Paare heiraten, ohne je über ihre finanzielle Situation, über Schulden, laufende Kredite und ihre Bonität gesprochen zu haben. Natürlich ist das nicht gerade das romantischste Thema, aber ich möchte euch dringend empfehlen, es vor der Hochzeit anzugehen. Auch die meisten Finanzberater würden einen davor warnen, sich so fest aneinander zu binden, ohne die persönliche finanzielle Situation offenzulegen.

Ist das wirklich so wichtig? Ich fürchte, ja. Das liebe Geld ist Konfliktthema Nummer eins in Ehen. Jemanden zu heiraten, der bis zum Hals in Schulden steckt oder eine schlechte Bonität hat, kann deine Chance auf einen guten Arbeitsplatz, die Autofinanzierung, die Mietwohnung oder das Eigenheim verschlechtern. Natürlich könnt ihr eure finanziellen Probleme nach der Hochzeit anpacken. Viele Paare zahlen gemeinsam die Schulden des einen Partners ab. Aber man sollte vorher wissen, worauf man sich einlässt.

Dein zukünftiger Ehepartner hat das Recht zu erfahren, worin die finanziellen Herausforderungen für euch als Paar bestehen werden. Zur Ehevorbereitung gehört nun mal auch zu entscheiden, wie das Thema Geld gehandhabt werden wird. Wer verwaltet das Geld? Wer bezahlt die Rechnungen und überwacht die Konten? Werden beide Partner arbeiten? Wie wird gespart oder angelegt? Was wird für die Ausbildung der Kinder zurückgelegt und welche finanziellen Ziele gibt es?

Ich kenne Paare, die getrennte Konten haben und auch die Kosten aufteilen. Wenn das in gutem Einvernehmen funktioniert, wunderbar, aber man sollte das frühzeitig klären. Geld ist einfach ein sehr kontroverses Thema. Wenn dein Partner immer wieder abwiegelt und ablenkt, solltest du hellhörig werden.

Macht euch lieber eine klare Vorstellung davon, welchen Lebensstil ihr führen wollt und ob er angemessen ist. Vielleicht hast du auf diese Diskussion erst recht keine Lust, aber lieber jetzt als später, glaub mir!

Vor Kurzem hörte ich von einem jungen Mann, der drauf und dran war, seiner Freundin nach einem Jahr einen Antrag zu machen, bis sie ihm eröffnete, dass sie sich als „erste gemeinsame Wohnung" ein stattliches neues Haus vorstellte. Nach ihren Vorstellungen wäre das ein Haus gewesen, für das sie sich über beide Ohren hätten verschulden müssen – wenn sie einen so hohen Kredit überhaupt bekommen hätten. Das ließ ihn die Sache noch einmal gründlich überdenken. Er hatte ein gutes Einstiegsgehalt und eine vielversprechende Zukunft vor sich, aber er musste sich die Frage stellen, ob er ihrer Vorstellung vom Lebensstil je gerecht werden können würde.

Freunde und weitläufigere Verwandte von mir haben sich wegen finanzieller Streitigkeiten scheiden lassen. Das finde ich traurig. Ein Vertrauensverhältnis in der Ehe kann nur wachsen, wenn in Sachen Finanzen Offenheit herrscht. Zu einer gesunden Partnerschaft gehört Ehrlichkeit, auch und gerade beim Geld.

Expartner

Als es mit Kanae und mir wirklich ernst wurde, versprachen wir einander, keine Geheimnisse mit in die Ehe zu nehmen, die uns später schaden könnten. Das bedeutete, auch von vergangenen Beziehungen zu erzählen, von guten und schlechten Erfahrungen.

Wir halten das Gespräch über vergangene Beziehungen für sehr wichtig. Zum einen hilft es einem zu verstehen, was der andere sich von der Beziehung erwartet und was er nicht noch einmal erleben will.

Wenn man nicht ehrlich über Gutes und Schlechtes aus der Vergangenheit redet, über Verletzungen und Narben, geht man das Risiko ein, die alten Wunden plötzlich wieder aufzureißen. Wenn beispielsweise der Mann von seiner früheren Freundin mit dem besten Freund betrogen wurde, weiß die Frau, dass er diesbezüglich empfindlich und vorbelastet ist. Außerdem kann sie besser verstehen, warum er keinen Kontakt mehr zu seinem früher besten Freund will.

Manche Erinnerungen an vorherige Beziehungen brauchen ihre Zeit, um ans Licht zu kommen. Setzt euch nicht gegenseitig unter Druck. Wer kann schon behaupten, sich in Herzensdingen an alles haarklein zu erinnern? Kanae und ich redeten oft über vergangene Zeiten, und mit jedem Bericht übers Scheitern wurden wir zuversichtlicher, dass unsere Liebe eine Zukunft hatte.

Intimität

Auf die sexuelle Seite der Ehe sollte man ebenso vorbereitet sein. Sprecht im Ehevorbereitungskurs über eure Erwartungen und über Schwierigkeiten mit diesem Thema, falls vorhanden. Dazu gehört auch die Treue. Es sollte unmissverständlich klar sein, dass ihr einander in jeder Hinsicht treu sein wollt.

Die meisten Paare profitieren von einem Kurs zur Ehevorbereitung. Christliche Paare haben manchmal damit zu kämpfen, die körperliche Liebe schuldfrei genießen zu können, weil sie unter so viel Anstrengung damit bis zur Hochzeitsnacht gewartet haben. Falls das auf euch zutreffen könnte, rate ich zu klärenden Gesprächen mit einem Seelsorger, damit ihr euch einig seid, wohin ihr steuern wollt.

Auf meinen Reisen habe ich viele Begegnungen und komme manchmal tiefer ins Gespräch mit Menschen. Dabei lerne ich immer wieder Männer und Frauen kennen, die in irgendeiner Form sexuell missbraucht wurden. Weil man sich als Opfer oft schämt und schuldig fühlt, fällt es diesen Menschen sehr schwer, darüber zu reden. Das Ausmaß des psychologischen, emotionalen, mentalen und körperlichen Traumas durch sexuellen Missbrauch ist für andere Menschen schwer zu begreifen. Dass man auch seelische Narben davonträgt, brauche ich nicht zu erwähnen. Wenn du unter so etwas leiden musstest, möchte ich dir ans Herz legen, vor der Ehe therapeutische Hilfe in Anspruch zu nehmen. Wenn nicht, kommt alles wieder hoch und hinterlässt eine Spur der Verwüstung. Du schämst dich vielleicht für dieses Kapitel (obwohl du als Opfer wirklich keinen Grund dazu hast!) und möchtest es lieber geheim halten, aber wenn dein Partner dich wirklich liebt, wird er dir beistehen und helfen wollen. Auch hier ist Offenheit hilfreich, damit eure Beziehung nicht darunter leidet.

Womöglich glaubst du, alles unter Kontrolle und den Schmerz so tief vergraben zu haben, dass du nicht mehr daran denken musst. Jeder geht mit Traumata auf seine eigene Weise um, aber häufig arbeiten sich diese Dinge irgendwann doch wieder an die Oberfläche. Schütze dich und deine Beziehungszukunft, indem du dir Hilfe suchst. Hilfe in Anspruch zu nehmen ist keine Schande. Kannst du dir vorstellen, wo ich heute wäre, wenn ich zu stolz gewesen wäre, Hilfe anzunehmen?

Heiße Eisen

Mit „heißen Eisen" (manche sagen auch „Drachen") sind besonders sensible Probleme und Sorgen gemeint, die man sich nicht so recht traut anzusprechen, die es aber umso nötiger hätten. Ein Beispiel ist, wie ein Paar unterschiedlicher ethnischer Herkunft oder

Hautfarbe mit den Fragen von Freunden, Familie oder auch zukünftigen Kindern umgehen will.

Unterschiedliche politische Meinungen können auch heiße Eisen sein. So lange man verliebt ist, scheint es einem egal, ob der eigene Vater in einer konservativ-bürgerlichen Partei und der Schwiegervater in einer liberalen Partei ist. Später ist es auf einmal von Bedeutung. Ohne grundsätzliche Regeln und das Bekenntnis, die Meinung des anderen zu respektieren, können daraus ernste Probleme erwachsen. Es gibt aber auch Paare, die einigen sich, unterschiedlicher Meinung in gewissen Punkten zu sein und führen eine großartige Ehe. Wichtig ist nur, das Thema anzusprechen, damit es nicht später zum Stolperstein wird.

In meinem Fall war es am Anfang der Beziehung nicht einfach, über meine Behinderung zu sprechen. Das gilt genauso für chronische Krankheiten oder besondere Pflegebedürfnisse. Joni Eareckson Tada, meine Mentorin und gute Freundin, die sich sehr für Behinderte einsetzt, hat ausführlich und ohne ein Blatt vor den Mund zu nehmen über die Auswirkungen ihrer Behinderung und Krankheiten auf ihre Ehe geschrieben.

Joni wurde als junge Frau durch einen Unfall zur Tetraplegikerin. Fünfzehn Jahre später heiratete sie Ken Tada. Ihre chronischen Schmerzen, Brustkrebsdiagnose und Kens Depressionsanfälle belasteten die Ehe noch zusätzlich. Behindert zu sein, krank, chronisch krank oder depressiv kann einen aller Kräfte berauben und es fast unmöglich machen, noch für seinen Partner da zu sein und ihn zu fördern. Für Joni gibt es angesichts solcher Schwierigkeiten nur zwei Möglichkeiten in einer Ehe: Entweder die Liebe wird stärker oder sie stirbt. Sie und Ken haben sehr schwere Zeiten durchgemacht, hatten sich entfremdet und beinahe aufgegeben, dann aber beschlossen, an ihrer Ehe zu arbeiten. Inzwischen sind sie über dreißig Jahre verheiratet.

Kanae und ich sprachen schließlich ganz offen über meine Behinderung, bevor wir uns auf das Abenteuer Ehe einließen. Ich erklärte ihr klipp und klar, wozu ich in der Lage war und wobei ich ihre Hilfe brauchen würde. Wir diskutierten auch darüber, ob die zusätzliche Pflegekraft im Haus wohnen sollte oder in der Nähe, und welche Aufgaben Kanae selbst abdecken wollte.

Ich wollte nicht, dass sie diesbezüglich nach der Verlobung oder Hochzeit aus allen Wolken fiel. Wir redeten auch über unsere Ängste, Sorgen und Unsicherheiten, was meine fehlenden Gliedmaßen betraf. Vor allem ich machte mir große Sorgen deswegen. Wenn ich auf Tour bin oder in der Firma, begleiten mich professionelle Pflegekräfte. Ich wollte nicht, dass meine Frau diese Rolle übernahm, selbst wenn sie mir zu Hause bei irgendetwas helfen musste und sonst niemand da war. Es ist nicht leicht, die Rolle der Frau und der Pflegekraft zu trennen, aber ich will stets versuchen, darauf zu achten.

Als kleiner Junge verließ ich mich wie selbstverständlich auf meinen Bruder Aaron. Ich hätte ihn nicht so belasten dürfen, denke ich heute, aber er hat einfach ein großes Herz. Es gibt viele Familiengeschichten, über die wir heute lachen können, wo ich ihn herumkommandierte. Einmal verkündete ich, ich würde das Frühstück für alle machen und schickte dann mit großer Geste Aaron an den Herd!

Kanae hat auch ein großes Herz, und ich möchte sie niemals ausnutzen. Ich möchte, dass unsere Beziehung als Mann und Frau, als Freunde und Liebende immer intakt bleibt. Und ich kann wirklich sagen: Ich wusste gar nicht, was für eine Frau ich suchte, bis ich Kanae kennenlernte. Sie ist einfach die perfekte Frau für mich. Ohne zu zögern hilft sie mir und scheint das nie als unliebsame Aufgabe zu sehen. Sie beschwert sich nicht, sondern scheint sogar Spaß dabei zu haben. Rasieren und Anziehen haben sich als kleine Inseln der Zweisamkeit entwickelt, wo wir in Ruhe reden können. Außerdem ist sie eine erstklassige Barbierin! Habe ich schon erwähnt, wie toll meine Frau ist?

Wir redeten auch mit unseren Eltern über die Trennung von Frau und Pflegekraft. Sie sollten wissen, dass wir realistisch an die Sache herangingen.

Meine Eltern und andere Verwandte fühlten Kanae in diesen Fragen ordentlich auf den Zahn. Sie mochten sie, aber wollten wissen, ob Kanae wirklich wusste, worauf sie sich einließ. Wir nennen das heute scherzhaft „Das Familienverhör". Kanae hat ihre ganz eigene Art, auf die Fragen und Sorgen zu reagieren, und das macht mich nur noch stolzer, ihr Mann zu sein.

Das war ein Tag, sage ich dir. Nicks Eltern hatten mit ihren Fragen natürlich eine ganz andere Perspektive als ich. Heute verstehe ich, was sie alles auf sich genommen haben, um Nick großzuziehen und den Mann aus ihm zu machen, der er ist. Oft denke ich daran, wie viel sie dabei investierten, überwanden und ausprobierten, damit er ein gutes Leben haben konnte.

Als ich Nick kennenlernte, waren mir seine fehlenden Gliedmaßen egal. Ich bemerkte nichts von Schwächen oder Unzulänglichkeiten. Ich war verliebt! Und das bin ich heute noch, auch wenn Verliebtsein und Liebe unterschiedliche Dinge sind, wie ich heute weiß. Aber das nur nebenbei. Als seine Eltern mich damals fragten, warum gerade Nick und ob ich mir im Klaren sei, was uns erwarte, versuchte ich so gut ich konnte, ihnen meine Gefühle für ihn verständlich zu machen. Ich muss aber zugeben, dass ich im Stillen dachte: *Ist das euer Ernst? Seht ihr denn nicht, dass Nick überhaupt nicht behindert ist?*

Kanaes Antwort auf die Frage meiner Eltern kam für mich nicht überraschend. Sie ist eben ein liebevoller und fürsorglicher Mensch. Das spürte ich vom ersten Augenblick an, und im Laufe der Zeit konnte ich ihr großes Einfühlungsvermögen immer wieder erleben.

Sie sagte zu meinen Eltern, auch wenn wir fünf Kinder ohne Arme und Beine bekommen würden, würde sie sie genauso lieben wie mich. Wenigstens hätten unsere Kinder dann ein großes Vorbild, von dem sie lernen könnten. Meine Eltern waren schwer beeindruckt.

Kanaes Liebe mitzuerleben, war für meine Eltern eine wunderschöne Erfahrung. Meine Frau zeigt ihre Liebe mit einer solchen Leichtigkeit, dass ich mich immer wieder frage, womit ich sie verdient habe. Irgendwann ziemlich am Anfang juckte es mich einmal am unteren Rücken, einer Stelle, die ich niemals selbst erreichen konnte, selbst wenn ich mich an irgendeinem Gegenstand rieb. „Kannst du mich mal am Rücken kratzen?", bat ich Kanae. „Ich komme da nicht ran. Tut mir leid!"

Kanae legte mir die Hände ans Gesicht und sah mir tief in die Augen. „Du sollst dich nicht dafür entschuldigen, wenn ich dich kratzen oder dir sonst irgendwie helfen soll! Ich bin einfach für dich da."

Danach fragte ich mich nie wieder, wie Kanae wohl mit meiner Behinderung umgehen würde.

Kultureller Hintergrund

Es gibt noch weitere Themen, über die es sich lohnt, rechtzeitig zu sprechen. In vielen Kulturen und Familien ist es zum Beispiel immer noch üblich, dass der Mann vor dem Antrag beim Vater der Braut um ihre Hand anhält.

Ich will nicht damit sagen, dass du das unbedingt tun musst – jeder, wie er will –, aber wenn die Familie deiner Freundin aufgrund ihrer kulturellen Herkunft bestimmte Erwartungen hat, solltest du aus Respekt darauf Rücksicht nehmen. Frag die Eltern, Geschwister oder sonst eine ihr nahestehende Person, welche Familientraditionen es gibt und wie sonst die Heiratsanträge abgelaufen sind. An ihren Antworten kannst du ihre Erwartungen ablesen. Familientraditionen sollte man in Bezug auf Verlobung, Hochzeit und Ehe immer im Blick haben und dann erst entscheiden.

In eher traditionellen christlichen Familien gehört es zum Beispiel dazu, dass das Familienoberhaupt seinen Segen dazu gibt. Dahinter steckt das Einverständnis, die Rolle des Beschützers durch die Hochzeit an den Mann weiterzugeben.

Kanaes Vater war Japaner, ihre Mutter ist Mexikanerin. Beide Kulturen sind sehr unterschiedlich und komplex. Ich bat gleich zu Anfang unserer Beziehung Kanaes Mutter um ihr Einverständnis, und später gaben auch meine Eltern uns ihren Segen. Weil ihr Vater nicht mehr lebt, beschloss ich, bei Kanaes älterem Bruder Keisuke um ihre Hand anzuhalten. Aber schon der Gedanke daran machte mich nervös. Er ist sehr nett, aber weil die Familie so viel durchgemacht hat, fühlt er sich verantwortlich für Mutter und Geschwister. Wir kannten uns, seit ich mit Kanae ging, und ich hatte großen Respekt vor ihm.

Wir verabredeten uns in Houston, als ich dort einen Auftritt hatte. Ich erzählte ihm, dass ich Kanae liebte und bat um Erlaubnis, seine Schwester heiraten zu dürfen. Keisuke erwiderte, dass er mich als guten Menschen, als reif und verantwortungsbewusst erlebt hatte und dass ich Kanae sicher gut behandeln würde. Er hatte seine Bedenken bezüglich meiner vielen Reisen und was das für Kanae bedeuten würde, aber ich versicherte ihm, dass ich sie auf die meisten Reisen mitnehmen wolle und meine Reisetätigkeit generell einschränken wolle, sobald wir eine Familie gegründet hatten.

Manche jungen Männer machen den Fehler, nie die Perspektive der Familie einzunehmen, die ihre Tochter geliebt, respektiert, beschützt, ernährt und wichtig genommen sehen möchte. Viele Eltern haben große Erwartungen an den Mann ihrer Tochter, und es ist klug, diese lieber rechtzeitig in Erfahrung zu bringen.

Als gläubiger Christ nahm ich mir vor, Kanae zuallererst als Kind

Gottes, geliebte Tochter Gottes zu sehen und respektvoll zu behandeln. Darüber hinaus ist sie das Kind ihrer Mutter, eine Schwester, Cousine, Nichte und Enkelin. Wenn du in diesen Personenkreis hineinheiratest, der deine Frau schon ihr Leben lang geliebt und für sie gesorgt hat, solltest du es an Respekt nicht fehlen lassen.

Keisuke und ich hatten unser kleines Gespräch vor einer Gastpredigt, die ich in Joel Osteens Lakewood Church halten sollte, einer der größten Kirchen im Land. Ein großer Teil von Kanaes Familie war außerdem gekommen um mich zu hören, was mich noch nervöser machte. Jedenfalls ist das meine Ausrede für das riesige Fettnäpfchen, in das ich auf der Bühne tappte.

Ich war so richtig in Fahrt gekommen, und bevor ich es merkte, rutschte mir etwas heraus, was ich lange vor Kanae in meinen Vortrag immer irgendwie im Text hatte. Ich sprach gerade über das Gute in der Zukunft, worauf ich mich freute, und sagte: „Ich weiß nicht, wer einmal meine Frau werden wird …"

Kaum hatte ich es gesagt, fiel mein Blick auf Kanae, ihre Mutter, Keisuke und die anderen aus ihrer Familie. Ich fühlte mich miserabel, hatte ich doch gerade zuvor bei Keisuke um Kanaes Hand angehalten! Kanae hatte noch keinen Ring, und wir hatten noch nicht öffentlich über unsere Heiratspläne gesprochen, also merkte es sonst niemand im Publikum, aber ich hatte Sorge, Kanaes Familie würde das in den falschen Hals bekommen. Nach dem Gottesdienst gingen wir gemeinsam essen, und ich entschuldigte mich bei allen. Zum Glück lachten sie nur und meinten, sie hätten das schon richtig verstanden.

Augen auf beim Zieleinlauf

Wie für die meisten langjährigen Junggesellen bedeutete die Entscheidung zu heiraten eine ordentliche Umstellung für mich. Wenn man mit jemandem ein gemeinsames Leben beginnen will, darf man nicht mehr nur noch an sich selbst denken. Man muss Rücksicht auf den anderen und auf alle nehmen, die in Zukunft von den eigenen Entscheidungen betroffen sein werden.

Noch einmal zurück zum Antrag: Bei der Planung des Heiratsantrags sollte es dir vor allem darum gehen, deiner Zukünftigen einen Moment zu bescheren, an den sie sich für den Rest ihres Lebens gern erinnert. Manch einer aus meinem Bekanntenkreis hat sich darum nicht geschert. Einige haben die Frage aller Fragen ganz beiläufig auf einem Spaziergang im Wald oder im Stadion gestellt. Ich rate davon ab. Ihre Frauen waren ein bisschen traurig … und einige tragen den Männern die schlechte Planung und fehlende Romantik heute noch nach! Mach nicht diesen Fehler.

Denke bei der Planung nicht nur an deine eigenen Vorlieben. Was macht ihr gern gemeinsam? Welche Orte sind für euch etwas Besonderes? Welche Musik gefällt euch beiden? Diese Dinge kannst du in den Antrag integrieren, vergiss aber nicht, irgendein Überraschungselement einzubauen, denn so entstehen oft die schönsten Erinnerungen.

Und Action!

Kanae hatte irgendwoher erfahren, dass ich einen Ring für sie gekauft hatte. Sie wusste also, dass ich ihr früher oder später einen Antrag machen wollte. Ich wusste, dass sie es wusste. Und beide taten wir, als wüsste sie von nichts. So weit klar? Ich nahm mir vor, sie trotzdem zu überraschen. Der Antrag lag vielleicht in der Luft, aber sie wusste ja nicht wann, wo und wie, stimmt's?

Und so nahm die Verschwörung ihren Lauf. Habe ich schon erwähnt, dass ich nur wenige Tage Zeit hatte, um die Sache einzufädeln? Mein Reiseplan war eng gestrickt, das Zeitfenster also klein, und viele Details warteten darauf, geklärt zu werden. Zuerst musste ich Kanae und ihre Mutter dazu bringen, von ihrem Wohnort in

Dallas zu uns nach Kalifornien zu kommen. Ich wollte ihre Mutter in der Nähe haben, damit sie meine Eltern kennenlernen und die Verlobung gleich mit uns feiern konnte. Also brauchte ich eine gute Ausrede.

Da meine Eltern vor Kurzem nach Kalifornien in meine Nähe gezogen waren, sagte ich Kanae, sie und ihre Mutter seien zur Einweihungsparty für meine Eltern eingeladen. Ich wollte alle nach Kalifornien lotsen, Kanae am Samstag den Antrag machen und den Rest des Wochenendes feiern. Aber wie konnte ich dafür sorgen, dass der Antrag eine Überraschung blieb?

Am darauffolgenden Mittwoch war der Jahrestag unseres Kennenlernens im Glockenturm. Ich machte also Andeutungen, dass Kanae und ihre Mutter doch am Mittwoch zurück nach Dallas fliegen und wir zwei uns im Glockenturm einen romantischen Abend machen konnten. Ich spekulierte darauf, dass sie zum Jahrestag mit dem Antrag rechnen würde und hütete mich, diese Erwartung zu dämpfen.

Kanae schluckte den Köder. Sie erzählte ihrer Familie, sie wolle ganz überrascht tun, wenn ich ihr am Mittwoch im Glockenturm den Antrag machen würde. Jetzt musste ich nur noch den Antrag selbst planen. Normalerweise fällt es mir leicht, etwas aus dem Hut zu zaubern, aber das hier war eine harte Nuss. Ich wollte mich ja nicht schon wieder verraten, also musste es ganz spontan aussehen. Weil wir beide gern angeln, hatte ich überlegt, ein Boot zu mieten, den Ring in einem Fisch zu verstecken und von einem Taucher auf ihren Angelhaken stecken zu lassen. Aber das war ziemlich riskant. Was, wenn der Fisch vom Haken rutschte und in der Tiefe verschwand? Und wer möchte schon einen Ring tragen, der in einem Fischbauch war?

Der Windbeutel-Coup

Eine weitere Hürde war, den Ring auf ihren Finger zu bekommen. Ohne Hände konnte ich ihn ja schlecht aus der Hosentasche zaubern und ihr anstecken. Aber da kamen die Windbeutel ins Spiel. Wir lieben beide die mit Pudding gefüllten Windbeutel, die eine Bäckerei in Westlake Village ganz in der Nähe meines Büros macht. Mein Plan war, den Ring in einen Windbeutel zu tun und Kanae zu bitten, mich damit zu füttern. Langsam, wohlgemerkt. (Ich hatte von einem Kerl gehört, der den Ring in einen Hamburger schmuggelte und seine Freundin wäre beinahe daran erstickt! Das wollte ich ganz bestimmt nicht.) Der Plan war, den Ring in den Mund zu bekommen, dann so zu tun, als würde ich ihr einen Handkuss geben und ihn auf ihren Finger zu schieben.

Als Nächstes brauchte ich eine romantische Umgebung. (Zur Erinnerung: Ich sitze am Freitagmorgen, plane und hoffe, am Samstag zur Tat schreiten zu können.) Kanae und ich segeln auch gern, also überlegte ich mir, ein Segelboot in Santa Barbara zu mieten. Der Skipper sollte uns hinaus aufs Meer fahren, und dort wollte ich Kanae den Antrag machen. Dann sollte er uns zurück zum Yachthafen bringen, wo unsere Eltern warten und mit uns anstoßen würden. Nicks Windbeutelsegeltörnantragsabenteuer war auf Kurs! Ich hoffte inständig, es würde funktionieren.

Kanae und ihre Mutter kamen wie erwartet am Freitagabend aus Dallas. Ich ging zu Bett und konnte nur noch beten. Der Samstagmorgen präsentierte sich freundlich und sonnig. Ich lud Kanae und ihre Mutter auf einen kleinen Segeltörn ein. (Esmeralda, ihre Mutter, sollte Fotos machen. Sie war eingeweiht.) Sie brachte einen Fotoapparat mit, und ich instruierte sie, auf mein Signal zu warten. Wenn ich so weit war, wollte ich ihr zuzwinkern.

Ich tat so, als wäre alles rein zufällig und spontan. Kanae roch den Braten nicht; sie wartete ja auf Mittwoch. Ein Freund von mir holte früh an diesem Samstagmorgen die frischen Windbeutel von der Bäckerei ab. Der Windbeutel mit dem Ring hatte Schokoladenguss und noch einen besonderen Zuckerüberzug, damit ich ihn erkannte.

Wir fuhren mit Kanae und ihrer Mutter – und den Windbeuteln in einer roten Kühltasche – zum Hafen von Santa Barbara, wo die Segelyacht auf uns wartete. Der Skipper stand bereit und hatte den Auftrag, mit uns eine Stunde hinauszusegeln. Dann, nach dem Antrag – und hoffentlich dem gewünschten Ergebnis – wollten wir zurückkommen und meine Eltern abholen, um auf dem Wasser eine kleine Feier zu haben.

Offensichtlich hatte niemand dem Skipper gesagt, dass ich in geheimer Mission unterwegs war, denn noch vor dem Ablegen platzte er heraus: „Und in einer Stunde kommen wir zurück und sammeln noch mehr Leute ein, ja?"

Kanae sah mich an, und ich warf dem Skipper einen Blick zu, der ihn zum Schweigen brachte. Dann sagte ich betont locker: „Nein, nur wir drei."

Zum Glück beschäftigte sich Kanae damit, uns ein Plätzchen herzurichten und fragte nicht weiter nach. Auf unserem Weg aus dem Hafen schaukelte das Boot hin und her, genau wie alles in meinem Magen. Ich hatte Angst, den Ring im Windbeutel nicht zu finden, ihn beim Anstecken herunterfallen zu lassen oder noch schlimmer, ihn zu verschlucken.

Und noch ein Problem hatte ich übersehen. Während wir uns in Decken wickelten, schaukelte das Boot munter weiter. Die Kühltasche stand auf einer kleinen Bank. Wir wurden immer schneller, und beinahe hätte eine Welle die ganze Tasche über Bord gespült!

„Kanae, stellst du bitte die Kühltasche runter und legst ein Handtuch drauf?", fragte ich. Meine Stimme zitterte nervös.

Kanae sah mich irritiert an.

Angesichts der rauen See wollte ich lieber nicht zu lange warten und bat Kanae nach einer Viertelstunde, die Windbeutel aus der Kühltasche zu holen.

Ihre Mutter hielt sich an die Instruktionen und meinte, ihr wäre übel und sie müsse sich im hinteren Teil des Boots die Beine vertreten. Kanae holte die Windbeutel, und ich suchte mir den richtigen mit Schokoladenguss aus.

Sie waren ziemlich groß. „Willst du den ganzen haben?", fragte Kanae, und ich nickte. Sie steckte ihn mir in den Mund. Da begriff ich meinen Fehler.

Ich musste fast würgen. Nie und nimmer hatte ich damit gerechnet, dass die Windbeutel so groß waren! Kanae beobachtete mich argwöhnisch und überlegte wohl, ob sie den Heimlich-Griff anwenden musste. Ich suchte derweil den Ring im Windbeutel, während mir Krümel, Pudding und Puderzucker aus dem Mund regneten.

Einen Augenblick lang bekam ich Panik, weil ich den Ring nicht finden konnte, aber dann fühlte meine Zunge etwas und ich beruhigte mich. Kanae nahm sich derweil selbst einen Windbeutel. Ich brachte den Ring im Mund in Position. Immer wieder klackerte er gegen meine Zähne, aber Kanae merkte nichts. Sie sah auf den sonnigen Ozean hinaus.

„Komm mal her, Schatz", nuschelte ich. „Lass mich deine Hand küssen."

Das tat ich häufig, und Kanae dachte sich nichts dabei. Ich hatte auf ihre linke Hand gedeutet, und sie streckte sie mir hin. Ich beugte mich vor, und als ich ihr den Ring auf den Finger stecken wollte, fiel mir das nächste Problem auf. Der Diamant sollte doch nach oben zeigen!

Wahrscheinlich hast du nicht allzu viel Erfahrung damit, jemandem auf einem schaukelnden Boot einen Ring mit dem Mund richtig herum anzustecken, aber glaub mir, das ist kein Kinderspiel.

Einen Handkuss war Kanae gewohnt, aber als sie merkte, dass

ich ihren Finger in den Mund nahm, wollte sie ihn zurückziehen. Ich musste ein wenig mehr Kraft aufwenden, um den Ring bis ganz auf den Finger zu bekommen. Schließlich sollte er doch nicht ins Boot oder ins Wasser fallen!

Zuerst merkte Kanae überhaupt nicht, was ich gerade getan hatte, und sah mich nur entgeistert an. Aber dann entdeckte sie den Ring am Finger und riss erstaunt den Mund auf.

Auf die Knie gehen konnte ich schlecht, aber Kanae merkte schnell, was jetzt kam.

„Baby, ich liebe dich. Willst du mich heiraten und den Rest deines Lebens mit mir verbringen?"

„Ja, ja, ja! Ich will!", rief sie.

Ich war überglücklich, aber mindestens genauso erleichtert, dass der Überraschungsantrag geklappt und ich ihr den Ring angesteckt bekommen hatte, ohne ihn herunterzuschlucken oder ins Meer zu spucken!

Na schön, ich war völlig aus dem Häuschen. Sie hatte Ja gesagt! Die See hatte sich beruhigt, der Himmel war blau, und diese wunderschöne junge Frau – meine Verlobte! – kuschelte sich an mich. Wir ließen uns glückselig zum Hafen zurückfahren. Kanaes Mutter machte noch ein paar Fotos, um die Verlobung zu dokumentieren. Ich war mir sicher, dass das Leben nicht noch schöner werden konnte.

Auf dem Weg zum Liegeplatz fuhren wir an einigen festgemachten Booten vorbei. Auf einem stand ein Mann mit nacktem Oberkörper. Er sah aus, als würde er auf seinem Boot wohnen. Gerade, als wir vorbeifuhren, lief er auf Deck, sah Kanae und mich und rief: „Es wird noch schöner!"

Ich bekam Gänsehaut. Mir war, als würde mir der Himmel zulächeln.

Beim Anlegen rief ich meinen Eltern schon zu: „Sie hat Ja gesagt!" Sie kamen an Bord, alle hatten Tränen in den Augen, und wir fielen uns in die Arme. Unser Skipper drehte wieder um und fuhr mit seiner glücklichen Besatzung aufs offene Meer. Auf dem Weg aus dem Hafen gesellte sich eine große Möwe zu uns, flog genau über dem Boot und segelte im Wind. Wir warfen ein paar Kräcker in die Luft, aber sie hatte keinerlei Interesse an unserem Essen. Ich hatte das Gefühl, sie wollte uns unter ihre Fittiche nehmen.

„Na, so was. Das hat noch nie eine Möwe gemacht", sagte der Skipper.

Wir nahmen die gleichmütige Möwe als gutes Zeichen, dass wir auf Kurs in ein wunderbares Leben zu zweit waren.

acht

Eine Hochzeit für die Ewigkeit

Kanae und ich waren etwa ein Jahr zusammen, bevor wir uns verlobten, und ein halbes Jahr später war die Hochzeit angesetzt. Diese Wartezeit erschien uns zuerst viel zu lang, aber die Monate flogen nur so vorbei, allein schon deswegen, weil so viel vorzubereiten war. Wir brauchten auch eine gewisse Vorlaufzeit, weil wir Menschen aus aller Welt dabeihaben wollten. Das ist halt so, wenn man Freunde und Verwandte in Australien, Japan, Hongkong, Südafrika, Mexiko, Kalifornien und anderswo hat.

Bald merkten wir, was es heißt, dass das Ganze unsere Hochzeitsfeier werden würde – und dass wir die Gastgeber waren, nicht die Gäste. Die Hochzeit sollte der schönste Tag in unserem Leben werden, aber auch für unser Umfeld sollte er in die Geschichte eingehen.

Wie passt das gut zusammen? Unser Vorschlag im Rückblick ist, die ganze Planung und Vorbereitung mit dem folgenden Gedanken zu beginnen: *An diesem Tag werden wir mit allen Menschen, die uns geliebt, für uns gesorgt und uns bis zu diesem Höhepunkt begleitet haben, unsere Hochzeit feiern. Wir wollen allen Gästen gemeinsam mit uns einen unvergesslichen Tag bereiten ... und nicht „Super-Braut und Super-Bräutigam" zelebrieren.*

Mit dieser Einstellung kann man einige der Fallen umgehen, in die Paare bei der Hochzeitsplanung oft tappen. Wenn man die Hochzeit als einen Tag sieht, an dem man gemeinsam feiert und sich freut, geht man weniger Gefahr, zur Über-Braut und zum Über-Bräutigam zu mutieren. Indem man nicht nur auf sich selbst schaut, hat man viel mehr Kapazitäten, seinem Partner und dem engsten Umfeld einen schönen Tag zu bereiten. Das Ziel ist doch, entspannt zu sein und sich darauf einzulassen!

Wenn man über jedes Detail wacht, wird man diesen großen Tag niemals genießen können. Und für alle, die die perfekte Hochzeit wollen: Keine Sorge, dazu wird es nicht kommen. Weil es niemals dazu kommt ☺. Aber das macht es ja gerade interessant, oder nicht?

Auch auf deiner Hochzeit wird es Pannen geben, über die man später lachen und sie noch viele Jahre erzählen kann. Ein entspannter Umgang mit dem großen Tag wird ungeheuer wertvoll sein, wenn der verrückte Cousin stolpert und in die Hochzeitstorte fällt oder der Zimmernachbar von der Uni versehentlich die ganze Familie beleidigt. Das ist zum Glück bei unserer Hochzeit nicht passiert. Nein, unsere Hochzeit war perfekt!

Na gut, sagen wir es so: Unsere Hochzeit war vollkommen unvollkommen, so wie ich. (Und das sage ich in aller Demut.) Du glaubst mir nicht? Dann lies weiter, und ich erzähle dir, wie das falsche Hochzeitslied gespielt wurde und wir auf dem Weg in unsere Flitterwochen von der Polizei herausgefischt wurden! (Nein, Gangsterfotos gibt es leider nicht.)

Das Vorspiel

Trotz einiger ungewollt komischer Momente auf unserer Hochzeit sagten viele Gäste hinterher, es wäre eine der fröhlichsten Hochzeiten gewesen, die sie je erlebt hätten. Kanae und ich sehen das ganz genauso, und wir sind der Meinung, dass der Ton für diese Hochzeit schon ein paar Monate vor der Zeremonie entschieden wurde.

Wir haben in Kalifornien geheiratet, aber es gab schon ein Vorspiel in Plano in Texas. Das war drei Monate vor unserer Hochzeit bei Kanaes Onkel Eduardo Osuna, genannt Eddie, der ein Immobilienunternehmen in Dallas führt.

Ich komme aus einer großen fröhlichen Familie. Okay, ich sage es, wie es ist: Einige, vor allem meine Cousins, sind manchmal ganz schön laut. Das machte mir angesichts der nahenden Hochzeit etwas Sorgen, vor allem, weil Kanaes Familie zwar sehr nett, aber eher zurückhaltend ist.

Kanae hat auch gern Spaß, aber sie ist eigentlich eine ruhige Natur wie ihre Mutter, ihre Schwester und Brüder. Am Anfang war ich also etwas besorgt, dass meine ungestüme serbische Verwandtschaft sie überfordern könnte.

Die Feier bei Onkel Eddie räumte diese Sorge ein für alle Mal aus. An jenem Abend lernte ich, dass Mexikaner beim Feiern den Serben in nichts nachstehen. Onkel Eddies Feier sollte ein kleines geselliges Beisammensein von Kanaes Verwandten mütterlicherseits werden. Ich kannte bereits ihre Mutter, Brüder und natürlich ihre Schwester. Kanae wollte aber unbedingt, dass ich ihre Großmutter Loida Medellin und noch einige andere Verwandte kennenlernte.

Auf dem Weg zur Party instruierte mich Kanae. „Es wird ganz gesittet und ruhig zugehen. Wahrscheinlich sitzen wir einfach am Tisch und erzählen."

Wir fuhren auf das Haus zu, und uns beiden fiel auf, dass es völlig im Dunkeln lag, sich an den Fenstern aber lauter Gesichter zeigten.

„Ach du Schreck, sieh nur die ganzen Leute", meinte Kanae.

Wir parkten, gingen zur Haustür und klingelten.

Die Tür flog auf.

Überall gingen Lichter an.

„ÜBERRASCHUNG!", riefen Onkel Eddie und ungefähr fünfzig Leute hinter ihm. Bevor wir den Mund wieder schließen konnten, tönte auf einmal eine Trompete und eine zwölfköpfige Mariachi-Kapelle mit Geigen, Gitarren und Hörnern setzte im Wohnzimmer ein!

Meine erste mexikanische Familiensause hatte begonnen.

Kanae und ich wurden hineingezogen und von einer tanzenden Menschenmenge umarmt und regelrecht geschluckt. Ich bin schon an vielen Orten willkommen geheißen worden, aber so willkommen wie bei Onkel Eddie habe ich mich noch nie gefühlt. Keine zwei Minuten nach der Begrüßung tanzte ich schon mit Kanaes Oma.

Die Freude und Liebe waren einfach überwältigend. Kanaes Tanten, Onkel, Cousins und Cousinen kamen einer nach dem anderen vorbeigetanzt, stellten sich vor und brachten mir Teller um Teller mit leckerem mexikanischem Essen. Es war das Schlaraffenland!

Als die Band Pause machte, durfte ich mich vorstellen und ein wenig über meine Arbeit sprechen und wie ich Kanae kennengelernt hatte. Dann ergriffen Onkel Eddie und einer von Kanaes Cousins das Wort. Sie erklärten, dass sie sich seit dem Tod von Kanaes Vater für die Familie verantwortlich fühlten. Zuerst waren sie wegen des „Predigers", mit dem Kanae nun zusammen war, etwas skeptisch. Sie wollten einen guten Mann für Kanae, der für sie sorgen und sie ernähren konnte.

Onkel Eddie und noch ein paar andere gaben offen zu, dass sie anfangs Bedenken hatten. Aber nachdem sie unsere Geschichte gehört hatten, waren sie ergriffen und dankbar. Alle hatten wir feuchte Augen. Kanae und ich haben schon viele schöne Augenblicke erlebt, aber dieses Fest war definitiv einer unserer Höhepunkte. So sollte unsere Hochzeit auch werden.

Bei so vielen Verwandten von Kanae mitzuerleben, wie sehr sie ihnen am Herzen liegt, erinnerte mich daran, dass eine Hochzeit nicht nur die Eheschließung von Mann und Frau ist, sondern eine

Freudenfeier, bei der man jeweils in die Familie des anderen aufgenommen wird. Kanaes Mutter, Geschwister, Oma, Tanten, Onkel
und Cousins und Cousinen erzählten eine Familiengeschichte nach
der anderen, und ich war so dankbar, bei ihnen angenommen zu
sein.

Seine Grenzen zu überschreiten und Teil von etwas Großem zu
werden macht glücklich. Wenn man heiratet und das Abenteuer
Ehe startet, in guten wie in schlechten Tagen, tut man das. Man
wird Teil einer neuen Familie, deren Geschichte und deren
Tradition. Ich freute mich sehr darauf, weil Kanae eine sehr nette
und ehrenhafte Familie hat. Ihr ging es nicht anders, das weiß ich,
weil meine Leute sie gleich ins Herz schlossen – und auch dafür bin
ich einfach nur dankbar.

Die Planung

Nach der großen Fiesta bei Onkel Eddie wussten wir, dass auch
unsere Hochzeit ein multikulturelles Fest werden sollte. Wobei
meine größte Angst war, dass wir nicht mit seiner Party mithalten
konnten, aber letzten Endes haben wir es wohl hinbekommen.
Ziemlich gut sogar, würde ich sagen.

Es gibt Unmengen an Büchern, Blogs und Webseiten, auf denen
man Schritt für Schritt durch die Planung einer Hochzeit geführt
wird. Experten und Hochzeitsplaner plaudern überall aus dem
Nähkästchen. Egal, wo ihr euch mit Hilfestellungen versorgt,
denkt daran, dass eine Hochzeitsplanung komplexer und emotional
anstrengender ist, als die meisten Leute glauben. Sie kann sehr viel
Kraft kosten, weil unzählige Entscheidungen getroffen werden
müssen, und weil es um Menschen geht, die einem am Herzen
liegen. Schnell hat man die Gefühle von jemandem verletzt. Abgesehen davon können die Kosten einer Hochzeit ins Astronomische
wachsen, wenn man nicht aufpasst. Natürlich möchte man nur das

Allerbeste, aber wenn die Flitterwochen vorbei sind, warten zu Hause die Rechnungen.

Kanae und ich waren blutige Anfänger, was Hochzeitsplanung angeht. Wir hoffen, auch nie wieder eine Hochzeit planen zu müssen, es sei denn, eins unserer Kinder heiratet. Trotzdem möchten wir erzählen, was wir unterwegs gelernt und beobachtet haben.

Weil unsere Familien und unser Freundeskreis so groß sind, wuchs unsere Gästeliste schnell auf etwa zweihundertfünfzig Leute an. Wir überlegten uns ein Budget für die Hochzeit (blauäugig, natürlich), und suchten dann einen Ort, den wir uns leisten konnten.

Wir wollten gern in der Gegend von Los Angeles heiraten, weil ich dort wohne, arbeite und viele meiner Verwandten dort leben. Meine Verwandtschaft ist größer als Kanaes, und wir kamen überein, dass es gut wäre, wenn sie es nicht so weit hätten.

In unserer Vorstellung sahen wir einen malerischen Ort am Meer. Schnell wurde uns aber klar, dass wir in einer der teuersten Gegenden der Welt suchten. Wochenlang durchkämmten wir die Region nach dem richtigen Ort, wo alle unsere Gäste Platz haben würden und wir hinterher nicht am Hungertuch nagen mussten.

Eines Tages führte uns unsere Suche auf die Halbinsel Palos Verdes, die für ihre Golfplätze, Hotels, Hochzeitskapellen, Villen an der Steilküste, Surfstrände und wunderschöne Landschaft berühmt ist. Hier wurden viele Filme und Serien gedreht, darunter Teile aus der *Fluch der Karibik*-Saga, *O.C. California* und *Entourage*.

Kanae und ich sahen uns eine Kirche an, die sich aber als zu klein herausstellte. Danach besuchten wir ein schönes, fast luxuriöses Hotel mit allem, was man für eine Hochzeit braucht, aber es war weit über unserem Budget. Wir waren erschöpft und entmutigt. Am liebsten wollten wir einfach nach Las Vegas abhauen und von dort eine Postkarte schicken: „Sorry, wir haben es lieber wie Elvis gemacht."

Es war nachmittags um drei, und ich wollte nur noch nach Hau-

Unsere erste Begegnung im Glockenturm, als zwischen uns die Funken flogen!

Hier habe ich auf der Segeljacht gerade die Frage aller Fragen gestellt …

So sieht ein Mann am Ziel seiner Träume aus … Sie hat JA gesagt!

Ist sie nicht wunderschön?

Unsere Hochzeit – inklusive Hochzeitstanz …

Hochzeitsreise auf Hawaii – sorgenfreie Zeit!

Abenteuer Fallschirmsprung. (Danke an Skydive Deland in Florida.)

Wir werden Eltern!
Auch wenn wir so schnell nicht
damit gerechnet haben.
Willkommen, Kiyoshi!

Elternfreuden ...

Kiyoshi beim Videochat mit seinem Vater, dem Weltenbummler.

Ein halbes Jahr alt und schon so elegant!

Kiyoshis erster Geburtstag. Wenn das kein Grund zum Feiern ist!

se, aber Kanae wollte noch das Gelände und den Ballsaal des Trump National Golf Club in Palos Verdes direkt am Meer sehen. Beim Gedanken, dass wir auf einem Grundstück von Donald Trump heiraten könnten, musste ich lachen.

Wahrscheinlich könnten wir uns dort noch nicht mal die Besenkammer leisten, dachte ich.

„Ich will mir den Club nur ansehen", bettelte Kanae. „Er soll sehr schön sein."

Die Fahrt auf das Trump-Gelände ist allein schon ein Erlebnis. Man fährt auf dem sauberen Palos Verdes Drive und hat zur Linken eine atemberaubende Sicht auf den Pazifik und die Insel Santa Catalina, zur Rechten auf die großen Privatanwesen. Man fühlt sich wie im Paradies. Jeden Augenblick rechneten wir damit, vor einer Schranke zu stehen und von einem Wachmann zurück ins wahre Leben geschickt zu werden.

Wir kamen auf das Gelände und besichtigten den Grand Ballroom und die Vista Terrace, eine Außenanlage auf einem Felsvorsprung mit 180-Grad-Blick auf den Pazifik. Kanae nahm sich eine Broschüre mit ihrem Hochzeitsangebot mit, auf der „Heiratswillige hereinspaziert!" stand. Wir verstanden das so, dass man sich jederzeit Informationen über das Leistungsangebot holen konnte, nicht aber, dass man auf der Stelle heiraten konnte – auch wenn die Vorstellung sehr verlockend war.

Wir waren uns zu 99,9 Prozent sicher, dass dieser Ort weit über unserem Budget lag, aber weil er uns so beeindruckt hatte, machten wir einen Termin bei der Veranstaltungsmanagerin. Bei ihr lernten wir eine wertvolle Lektion übers Planen einer Hochzeit: Wenn man zur richtigen Jahreszeit und den richtigen Wochentag bucht, kann man ein echtes Schnäppchen machen, sogar auf Trump-Gebiet.

Wir erfuhren, dass Februar als Hochzeitstermin einerseits riskant, andererseits schlau war. Das Wetter an der Küste ist zu dieser Jahreszeit sehr unbeständig. Es ist oft kalt, windig und regnerisch. Das war der riskante Teil. Schlau war hingegen, dass im Februar keine Hochzeitssaison ist und der Ballsaal und das Außenareal deswegen zum halben Preis vermietet wurden. Wenn wir außerdem an einem Sonntag heiraten würden – ein selten gebuchter Tag für Hochzeiten in den USA –, wollte man uns noch einmal fünfzig Prozent erlassen.

Wir waren verblüfft. Das, was wir vorher besichtigt hatten, sollte mehr als das Zweieinhalbfache kosten als dieser Palast von Donald Trump!

Der Ort war perfekt. Und weil der Ballsaal Platz für dreihundert Leute bot, meinte die Veranstaltungsmanagerin, könnten wir im Falle von schlechtem Wetter die Feier einfach nach drinnen verlegen. Es ist immer gut, einen Plan B zu haben.

Wir waren begeistert!

Der Profi am Werk

Jetzt, wo der Ort für unsere Hochzeit feststand, fiel schnell eine Entscheidung nach der anderen. Ich sage *schnell*, nicht einfach. Nach ein paar Monaten der Planung wurde uns klar, dass wir professionelle Hilfe benötigten. Zum Glück fanden wir eine gute Hochzeitsplanerin, und schon nach unserem ersten Gespräch merkten wir, wie sehr wir sie tatsächlich brauchten.

Sie half uns, eine Floristin und einen DJ zu finden, die unser Budget nicht sprengten. Sie verstand auch, wie wichtig es uns war, auf die Herkunft und Traditionen unserer jeweiligen Familie Rücksicht zu nehmen. Weder war sie Serbin noch Mexikanerin – sie war Griechin –, aber sie wusste sofort, was wir meinten.

Es gibt aber ein Element, das selbst der beste Hochzeitsplaner nicht festklopfen kann, vor allem nicht an der Pazifikküste. Am Abend der Generalprobe erwischte es uns kalt. Alles hatte sich verzögert, und wir schlotterten vor Kälte, bevor die Probe vorbei war.

Am Morgen des 12. Februar 2012 war der Himmel grau und verhangen. Es waren gerade einmal zehn Grad, und an der Steilküste zerrten eisige Windböen an dem Vierhundert-Dollar-Holzpavillon, den wir gekauft hatten, weil es dreimal so teuer war, einen zu mieten. Der Pavillon steht heute bei uns im Garten, und wir können uns so immer wieder an unsere schöne Hochzeit erinnern.

Den ganzen Morgen machten wir uns Sorgen wegen des Wetters. Würde es noch stürmischer werden oder gar anfangen zu regnen? Der Ballsaal war nicht die schlimmste Alternative, aber die schönere Aussicht hatte definitiv Plan A.

Die Hochzeit war um halb vier angesetzt, also hatte die Sonne etwas Zeit, um aufzusteigen und die Luft zu erwärmen. Trotzdem waren es kaum fünfzehn Grad, immer noch bewölkt und windig, als die ersten Gäste die Stuhlreihen mit Blick auf den Ozean füllten. Ich konnte das sehr gut beobachten, weil meine Trauzeugen (mein Bruder Aaron und meine Cousins) mich auf der Terrasse für ein Foto in ihre ausgestreckten Arme fallen ließen, hochhoben und so taten, als würden sie mich ins Meer werfen.

Zum Glück kamen sie zur Besinnung, als ich damit drohte, sie würden weder das Büfett plündern noch sich Drinks an der Bar bestellen können, wenn der Bräutigam schon vor der Zeremonie in den Fluten versinkt. Endlich ließen sie mich wieder herunter, und wir machten uns auf den Weg zum grasbedeckten Felsvorsprung, wo die Zeremonie stattfinden sollte. Ich rollte mitten zwischen meinen ganzen Trauzeugen in meinem nigelnagelneuen Hochzeitsrollstuhl vor, der extra für diesen Tag gebaut worden war. Ich hatte ihn erst kürzlich gekauft, weil mein normaler Rollstuhl so oft vom Flughafenpersonal fallen gelassen worden war, dass er nicht mehr funktionierte. Ich stellte mich in den Pavillon zu Marc Schiler, unserem Pastor.

Insgeheim machte ich mir Sorgen, weil mir ein Hotelangestellter gesagt hatte, in den Wintermonaten würde der Regen oft erst nachmittags kommen. Da hörte ich ein unheimliches Geräusch und dachte, es hätte gedonnert. Aber dann fiel mir ein, dass Yoshie darum gebeten hatte, ein paar Freudentöne auf einem Widderhorn spielen zu dürfen. Das Schofar wurde hin und wieder in ihrer Gemeinde eingesetzt.

Als sie die majestätischen Töne aus biblischer Zeit zum Leben erweckte, zog der Himmel auf, der Wind ließ nach und die Sonne schien warm auf die Felsklippe herunter. Ehrlich! Auf dem Video der Trauung kann man sehen, wie die Leute ihre Tücher und Mäntel ablegen, während unsere Eltern und die Brautjungfern auf ihre Plätze gebracht werden.

Kurz darauf wurde ich geblendet, aber nicht von den Sonnenstrahlen: Meine atemberaubend schöne, dunkelhaarige Braut erschien im wallenden Hochzeitskleid. Am Arm ihres Bruders Keisuke kam sie den Gang heruntergeschritten. Ich merkte kaum, dass gar nicht wie vereinbart Eva Cassidys zauberhafte Version von Fleetwood Macs „Songbird" aus den Lautsprechern tönte. Stattdessen spielte Kenny G ein völlig anderes Lied desselben Namens auf dem Saxofon.

Ich dachte nur: *Das haben wir gar nicht ausgesucht, aber egal.* Was ich getan hätte, wenn es ein ganz und gar schreckliches Lied gewesen wäre, weiß ich nicht. Wahrscheinlich hätte auch das mich nicht gestört, denn wir waren alle vom Anblick der zum Altar gleitenden Kanae verzaubert.

Die ganze Hochzeitsgemeinde stand auf, und mein Herz schlug noch höher. Bei anderen Hochzeiten hatte ich mir komischerweise oft Sorgen über die Zukunft des Hochzeitspaars gemacht, wenn die Braut während der Zeremonie weinen musste. Hin und wieder hatte ich diesbezüglich einen Kommentar fallen lassen. Aber nun war ich es, der mit den Tränen kämpfte.

Das Bild, wie meine strahlende Braut auf der sonnenbeschienenen Klippe über dem Pazifik auf mich zukommt, wird für immer in meiner Erinnerung gespeichert bleiben. Nach so vielen Jahren der Einsamkeit und der Angst, dass ich nie eine Frau finden würde, machte mich Kanaes Anblick überglücklich. Noch nie war ich von so viel Liebe und Dankbarkeit erfüllt gewesen. Dass Gott uns zusammengeführt hatte, daran bestand für mich kein Zweifel.

Pastor Schilers Ansprache war sehr gut. Er meinte, aus zwei würde nun eins werden, aber: „Ihr bleibt trotzdem ihr selbst. Ihr werdet einander ergänzende Teile eines neuen Ganzen. … Heute reicht es, wenn ihr euch anschaut, und schon seid ihr glücklich." Eine gute Ehe, fügte er hinzu, würde immer weiter wachsen, und im Laufe eines Ehelebens wären alle Aspekte der Liebe vonnöten – auch Freundschaft und Aufopferungsbereitschaft.

„Man kann eine Liebesbeziehung haben, eine freundschaftliche Beziehung, eine Arbeitsbeziehung und eine herzliche Beziehung, alle zur selben Zeit", meinte Pastor Schiler. „Das Schönste passiert aber, wenn man den anderen glücklich machen will. Wenn jeder so an die Beziehung herangeht, werdet ihr beide glücklich sein."

Als die Zeit für das Eheversprechen gekommen war, hatten wir beide Tränen in den Augen. Ich war auch deswegen ziemlich nervös, weil wir uns vorgenommen hatten, das Eheversprechen selbst zu schreiben, aber es dann doch nicht geschafft hatten. Wo war nur der Ghostwriter, wenn man ihn brauchte?

Hinweis an alle, die noch heiraten wollen: Schiebt das Ehegelübde nicht ewig auf. Uns wurde das während der Ehevorbereitung immer wieder ans Herz gelegt, es einmal zu Papier zu bringen, was wir uns versprechen wollten. Als wir es zur Generalprobe noch nicht fertig hatten, ärgerten wir uns über uns selbst. Ich war sehr froh, dass der Pastor ein vorgefertigtes Eheversprechen dabeihatte, falls wir auch vor dem Altar noch nichts vorweisen konnten.

Nach dem Eheversprechen musste ich den Trick mit dem Ring (den mir mein Bruder heimlich in den Mund steckte) wiederholen. Dieses Mal zum Glück ohne Krümelregen.

Kanae legte mir meinen Ring, in den wir *Die Liebe siegt* gravieren ließen, mit einer Kette um den Hals, und dann reckte sie siegesgewiss ihren Brautstrauß in die Höhe, woraufhin alle applaudierten und jubelten. Ich war so glücklich wie noch nie.

Eine Feier für die Ewigkeit

Die ganze Zeremonie war sehr intensiv gewesen; Kanae und ich waren aufgekratzt und feierwütig. Das anstrengende Zwischenspiel zwischen Trauung und Feier verlangte uns dementsprechend einiges ab. Das ist die Phase, in der man dem Fotografen und dem Mann mit der Videokamera manchmal fast an die Gurgel springen möchte. Während unsere Freunde und Verwandten sich davonmachten, um die Party zu eröffnen, gaben wir uns denen in die Hände, denen wir den Auftrag gegeben hatten, die Hochzeit für die Nachwelt festzuhalten.

Seid darauf gefasst. Ihr habt sie schließlich gebucht. Sie tun nur ihre Arbeit, und wenn sie gut sind, werdet ihr euch an ihrem Kunstwerk für den Rest eures Lebens erfreuen können. Und ein Gedanke im Nachhinein: Man kann die „gestellten" Fotos ja auch am selben Tag vor der Trauung machen ... Dann kann es nach der Zeremonie gleich ans Feiern gehen.

Als wir endlich noch ganz blind vom vielen Blitzen auf der Feier ankamen, durfte unsere Hochzeitsgesellschaft wohl einer Weltpremiere beiwohnen: dem ersten Tanz eines Brautpaars auf einem motorbetriebenen Rollstuhl mit der Kraft, Wendigkeit und Schnelligkeit eines Porsche 911 Carrera! Einige Gäste hielten sehr freundliche Reden, darunter mein Bruder Aaron, meine Schwester Michelle, mein Vater Boris, Kanaes Schwester Yoshie und ihre Mutter Esmeralda.

Mein Bruder erklärte uns, dass unsere Eltern ihn nach dem biblischen Aaron benannt hatten, der seinem Bruder Mose, dem Anführer des auserwählten Volkes, eine große Stütze gewesen war.

„Mom und Dad wussten, dass Nick Hilfe brauchen würde, also nannten sie mich so", meinte Aaron. Unsere Eltern hätten so „jede Menge kostenloser Kinderarbeit" aus ihm herausgeholt, meinte er augenzwinkernd.

Er zog mich auch vor versammelter Mannschaft wegen meiner herrischen Ansprüche von damals auf. Er habe viele entscheidende Szenen in Filmen und Serien verpasst, weil ich ihn genau im falschen Augenblick um Hilfe gebeten habe. Das sei bis zur Pubertät so geblieben, als ich die ersten Auftritte als Motivationsredner in Schulen absolvierte.

Aaron beschrieb einen unserer typischen Schlagabtausche und brachte die ganze Gesellschaft zum Lachen. „Nick rief: ,Aaron, ich will duschen', und ich zurück, ,Dann dusch doch!' Er: ,Ich kann nicht!', und ich erwiderte, ,Bei deinen Auftritten hört sich das ganz anders an. Ich glaube an dich, Nick. Du kannst das!'"

Umso rührender war Aarons Bericht von meinem ersten Anruf, in dem ich ihm von Kanae erzählt hatte. „Ich weiß noch, wie glücklich er klang. Das hatte ich noch nie zuvor gehört. Er war von Kopf bis Fuß verknallt", erzählte mein Bruder. „Nicks Frau müsse schon eine Superfrau sein, habe ich immer gesagt, und ich glaube, er hat tatsächlich eine gefunden!"

Auch Yoshies Rede drehte sich um unsere Liebe. Was sie sagte, berührte uns alle. „Es gab Zeiten, da war ich mir nicht sicher, ob es wahre Liebe gibt, aber ihr beide habt mich eines Besseren belehrt", sagte sie. „Eure Liebe ist so kostbar, bedingungslos und beruht wirklich auf Gegenseitigkeit. Wisst ihr, was ich begriffen habe? Egal, wo man ist, es lohnt sich, nach Liebe zu suchen. Liebe ist es egal, was man kann und was nicht, wer man ist und wer nicht. Wahre Liebe sieht ins Herz."

Yoshie meinte das mit ihrer veränderten Sicht auf die Liebe ernst. Ein halbes Jahr nach unserer Hochzeit fand sie auch jemanden und ist mittlerweile verheiratet. Kanae und ich müssen ganz schön was ins Rollen gebracht haben, denn auch meine Schwester Michelle war auf unserer Hochzeit noch Single. Ich versicherte ihr, dass sie jemanden finden würde. Ein Jahr später war es so weit.

Eins der größten Geschenke einer Hochzeit ist es, Schwiegereltern zu bekommen. Kanaes Vater Kiyoshi habe ich leider nie kennengelernt, aber wir hielten auf der Feier eine stille Gedenkminute für ihn ab, weil er seine Kinder so geliebt hatte. Es war ein sehr emotionaler Moment.

Die Reden waren für mich wie eine Dusche aus Liebe, Besinnung, Dankbarkeit und Freude. Kein Auge blieb trocken, als man uns daran erinnerte, woher wir kamen und wie sehr wir geliebt wurden. Onkel Batta meinte, seine Frau zu ehren bedeute, ihre Familie zu ehren. Das habe ich mir ganz fest vorgenommen, aber an diesem Abend war es einfach überwältigend mitzuerleben, mit wie viel Liebe und Ehre unsere Familien uns überschütteten.

Und dann, als wir meinten, alle Freudentränen vergossen zu haben, ergriff Kanaes Mutter Esmeralda das Wort. „Denen, die nicht an Märchen glauben, will ich eine wahre Geschichte erzählen", setzte sie an. „Der Prinz mit der goldenen Stimme wartete auf den richtigen Augenblick und seine Prinzessin. Eines Abends wartete sie in einem Turm auf ihn, und kaum hatte sie seine Stimme gehört, wusste sie, dass er ihr Prinz war!" Esmeralda dankte Gott, dass er uns zusammengeführt hatte und stellte fest, wie sehr sie meine Familie jetzt schon mochte und sich von ihnen akzeptiert fühlte. Ich war von ihren Worten beeindruckt und bewegt und zugleich dankbar, sie von nun an meine Schwiegermutter nennen zu dürfen.

Mein Vater dachte über unsere Hochzeit nach und ging dann zurück bis zum Tag meiner Geburt fast dreißig Jahre zuvor: „Ich bin Gott sehr dankbar, dass er uns alle hier zusammengeführt hat. Er hatte offensichtlich schon damals einen Plan. Nur konnte ich ihn überhaupt nicht sehen. Ich kann es noch immer kaum fassen, dass Nick, mein Sohn, jetzt verheiratet ist, und nicht nur verheiratet, sondern dazu noch mit so einer hübschen jungen Frau. Ich bin sprachlos. Damals", fuhr er fort, „konnte ich mir schlichtweg nicht vorstellen, dass wir diesen Augenblick erleben würden. Ich war so deprimiert wie noch nie, sah mir meinen kleinen Jungen an und dachte nur: Was für ein Leben wird dieses Kind führen? Wird es sein Leben lang bettlägerig sein? Wird der Junge je laufen können? Wird er überhaupt irgendetwas können?

Wie falsch lag ich doch. So falsch! Manchmal geht es uns im Leben so. Wir sehen nur schwarz. Aber Gott kann selbst aus dem Schlimmsten noch etwas machen, was unsere Träume bei Weitem übersteigt. Und dafür bin ich ihm unendlich dankbar."

Die Gedanken meines Vaters und die Reden all der anderen werden für immer in meinem Gedächtnis widerhallen und uns in unserer Ehe begleiten. Kanae und ich nahmen uns jedes Wort zu Herzen.

Ich hatte das Bedürfnis, Onkel Batta um ein gemeinsames Gebet zu bitten. Er war sofort bereit und schickte noch ein paar Worte vorneweg. Gottes Plan für Kanae und mich sei ein ziemlich langfristiger Plan gewesen, weil der Boden unter der Empfangshalle hier an der Steilküste eigentlich zu instabil für ein Gebäude war – bis ein Mann, den Onkel Batta selbst ausgebildet hatte, ihn stabilisierte.

„Bevor er anfing, schwemmte das Land hier am Hügel aus, und die Leute hielten es für wertlos", erzählte Onkel Batta. „Aber er hat es stabilisiert und damit diese Veranstaltung erst möglich gemacht. Es sollte so sein." Danach ließ mein überschwänglicher Onkel und Zweitvater ein schönes – für seine Verhältnisse recht kurzes – Hochzeitsgebet folgen.

Eine weitere Besonderheit unserer Hochzeit war eine selten gehörte oder gesehene Attraktion. Es gab sowohl serbische Klänge als auch eine komplette Mariachi-Band. Ja, wir hatten einen Wettstreit der Kulturen, und ich bin froh, sagen zu können, dass das serbisch-mexikanische Verhältnis nicht gelitten hat, im Gegenteil.

Ran an die Torte!

Solltest du je eine Hochzeit geplant oder auch nur in den letzten Jahren an einer teilgenommen haben, weißt du sicher, dass es da draußen eine ganze Hochzeitsindustrie gibt. Sie besteht aus Hochzeitsplanern, Floristen, Dekorateuren, Schneidern und Designern, Saalvermietern, Fotografen und Videografen, Caterern, Limousinenservices, Musikern, DJs, Juwelieren, und je nach Ambitionen aus Tanzlehrern, Jonglierern, Eisbildhauern und Zirkusclowns.

Die Webseite theknot.com verzeichnet für eine durchschnittliche amerikanische Hochzeit Kosten in Höhe von etwa 29.000 Dollar. In Kalifornien sind es 38.000 Dollar, und in Manhattan über 86.000 Dollar. Einige Sozialkritiker sind der Meinung, das Ganze sei völlig aus dem Ruder gelaufen. Sie geben den Hochzeiten der Adligen und Promis die Schuld, weil diese den Mindesteinsatz so nach oben getrieben haben. Ich weiß nicht, ob das stimmt, aber eine gute Hochzeit macht für mich eigentlich nicht die Menge des Geldes aus. Sondern wie viel Herz man hineinsteckt.

Ich möchte euch Mut machen: Macht euer eigenes Ding aus eurer Hochzeit, anstatt etwas nachzuahmen, was sich irgendeine Kardashian oder ein Mitglied der britischen Königsfamilie geleistet hat. Sucht eure eigenen Möglichkeiten, eurer Liebe zueinander Ausdruck zu verleihen. Egal, ob das Familienfotos in der Hochzeitsdeko oder Onkel Harrys Band am Abend sind, eure persönliche Note wird für die schönsten Erinnerungen sorgen.

Wir knöpften uns die Torte vor. Genauer gesagt überlegte sich Kanae ihre eigene Version der Braut- und Bräutigamfiguren, die normalerweise auf die Hochzeitstorte kommen. Meine Frau ist eine richtige kleine Bastlerin. Wie viele andere Frauen verbrachte sie während der Hochzeitsplanung viel Zeit auf Internetseiten wie Etsy oder Pinterest, die vor kreativen Ideen nur so strotzen. Kanae wollte sich inspirieren lassen. Ich sehe nun mal nicht so aus wie der

Standardbräutigam, und sie wollte eine Figur basteln, die mir ähnlich sieht.

Sie kaufte zwei Holzstifte und Holzkugeln, klebte sie zusammen und malte sie an. Aber dann waren ihr die Holzkugeln zu groß für unsere Köpfe. (Wobei das eher auf ihren Kopf zutrifft. Ich habe schon immer einen Dickkopf gehabt – fragt meine Eltern!) Also bestellte sie kleinere Kugeln und fing von vorne an. Ich war von den Figuren begeistert. Alle waren begeistert. Sie sahen lustig aus und gaben unserer Hochzeit das gewisse Etwas. Außerdem fand ich es rührend, dass Kanae sich in dem ganzen Planungstumult noch die Zeit nahm, um etwas zu basteln.

Ich glaube, die Figuren auf unserer Hochzeitstorte wurden öfter fotografiert als die echte Braut und der Bräutigam. Also schön, Kanaes kreative Bastelei sah ja auch besser aus als der Typ, den sie geheiratet hat. Wenigstens habe ich keinen Holzkopf.

Die Krönung

Wie du mittlerweile gemerkt haben dürftest, wollten Kanae und ich unseren besonderen Tag mit magischen Augenblicken füllen. Einige konnten wir vorher planen, andere ergaben sich ganz von selbst. Ein Moment sticht dabei besonders heraus, wobei er nicht gerade magisch, sondern eher ein Schreckmoment war, aber seither konnten wir schon viel darüber reden und noch mehr darüber lachen.

Es kommt auf jeder Hochzeit der Zeitpunkt, wo das erschöpfte Brautpaar sich verabschiedet. Ich brauche dir sicher nicht zu sagen, dass es keine gute Idee ist, als Braut und Bräutigam diejenigen zu sein, die am Ende das Licht ausmachen, oder? Und als das Brautpaar, das auf seiner eigenen Hochzeit vor Erschöpfung einschläft, wollt ihr sicher auch nicht in Erinnerung bleiben.

Ach, und noch etwas. Nehmt ein Hotel für die Hochzeitsnacht, das nicht zu weit weg von der Feier liegt. Die Vorstellung, gleich am Abend noch an einen exotischen Ort zu fahren ist sehr verlockend, aber ihr werdet es viel mehr genießen können, wenn ihr in der Nähe ein Zimmer bucht und erst am nächsten oder übernächsten Tag nach Hawaii, Jamaika, Cabo San Lucas oder sonstwohin aufbrecht, nachdem ihr den Stress und die Aufregung etwas verdaut habt.

Wir hatten uns ein Hotelzimmer nur ein paar Kilometer vom Trump-Gelände gebucht. Nachdem wir uns bei allen Gästen bedankt und verabschiedet hatten, stiegen wir in ein Auto mit Chauffeur und fuhren in Richtung Hotel. Nach anderthalb Kilometern fiel Kanae auf, dass sie ihren Koffer vergessen hatte. Wir wollten nicht noch einmal zurückfahren, also versuchte Kanae ihre Mutter zu erreichen, damit sie uns den Koffer ins Hotel brachte.

Der Handyempfang war miserabel, und der Chauffeur fuhr auf der schmalen, gewundenen Straße schon einmal langsamer, falls wir doch umdrehen mussten. Aus irgendeinem Grund missfiel das einer Polizeistreife, die sofort ihr Blaulicht einschaltete und uns aus dem Verkehr zog!

Der Polizist stieg aus, und Kanae fuhr ihr Fenster herunter. Als er sah, dass sie im Hochzeitskleid war, lächelte er.

„Ich will Ihre Hochzeitsnacht nicht verderben", meinte er, „aber sagen Sie bitte Ihrem Fahrer, dass er hier nicht so langsam fahren soll. Herzlichen Glückwunsch und gute Nacht!"

Und so mussten wir unsere Hochzeitsnacht doch nicht im Gefängnis verbringen, und die erste kleine Katastrophe und Verhaftung als Mann und Frau blieb uns glücklicherweise erspart.

neun

Sex: Warum das Warten sich lohnt

Uns ist bewusst, dass das ein sensibles und persönliches Thema ist, und deswegen beschränken wir uns auf unsere eigene Erfahrung und Gedanken dazu. Weder möchten wir bei irgendjemandem Schuldgefühle wecken noch dir vorschreiben, wie du zu leben hast. Das geht uns nichts an. Wir können dir nur sagen, wie wir das sehen und was nach unseren Überzeugungen das Richtige für uns war.

Okay. Nach dieser kleinen Vorrede muss ich dir eine lustige Situation erzählen. Eine Freundin fragte Kanae, ob es uns schwer gefallen war, mit dem Sex bis nach der Hochzeit zu warten. Da meinte sie: „Na ja … es hatte schon sein Gutes, dass er keine Hände hat!"

Ich musste lachen, als ich das hörte. Deswegen liebe ich meine Frau so; sie nimmt kein Blatt vor den Mund. Kanaes schnörkellose Antwort zeigt aber auch, dass es für Paare eine echte Herausforderung sein kann, vor der Ehe die Finger voneinander zu lassen.

Liebe und Begehren sind ja auch etwas Gutes, genauso wie Sex – in der Ehe. Sich diesen Bereich für nach der Hochzeit aufzuheben ist Gottes Ideal für Paare, die als Christen leben, aber das heißt nicht, dass es einfach ist.

Idealen gerecht zu werden ist oft ein hartes Stück Arbeit, und das gilt vor allem für dieses Ideal mit all seinen Versuchungen, Trieben und dem äußeren Druck. Es ist jedermanns persönliche Entscheidung, und wir möchten niemanden verurteilen. Uns fiel es ganz gewiss schwer, aber wir waren hinterher sehr froh, uns dafür entschieden zu haben. Die lange Wartezeit ist auch ein Grund, warum wir so froh waren, nicht die Hochzeitsnacht im Gefängnis verbringen zu müssen. Es war schon schlimm genug, mit Verspätung im Hotel anzukommen. Wir waren so nah dran, und dann das!

Wenn ihr verliebt seid, eine Hochzeit plant und es euch schwer fällt zu warten, fühlt euch bitte nicht der widersprüchlichen Gefühle wegen schuldig. Ich finde es löblich, dass ihr es überhaupt versuchen wollt. Wir wollten das auch. Die Anziehungskraft zwischen uns war aber ziemlich stark, und deswegen fiel es uns zunehmend schwerer. Nachdem wir uns verlobt hatten, waren wir begeistert und aufgeregt, und die Versuchung wurde noch stärker. Wir baten Gott um Kraft. Überlegten, früher zu heiraten. Deswegen würde ich immer eine nicht zu lange Verlobungsphase empfehlen, und da bin ich nicht der Einzige.

Als Kanae und ich nach der Verlobung von Billy Graham eingeladen wurden, meinte er nur: „Heiratet schnell!" Er weiß genau um die Vor- und Nachteile des Wartens. Und er führte mir noch einmal vor Augen, was Onkel Batta schon am Anfang meiner Beziehung zu Kanae gesagt hatte. Als Christ und als Verkündiger von Gottes Wort sollte ich nicht nur andere ermutigen, danach zu leben, sondern mein eigenes Leben sollte meine Überzeugungen widerspiegeln.

Als ich frisch mit Kanae zusammen war, verhörte mich Onkel Batta regelrecht: was meine Absichten seien, was ich für sie empfinden würde und wie ich das mit dem Warten anstellen wolle. Als er merkte, wie zärtlich und verkuschelt Kanae und ich miteinander umgingen, bot er an, für uns zu beten. Ich nahm das gern in Anspruch und kann es nur weiterempfehlen.

Auf Tuchfühlung

Die Beziehung zwischen Mann und Frau wird in der Bibel mit dem Wort „erkennen" umschrieben. Zu einer gesunden Beziehung gehört, sich Zeit zu nehmen, um einander zu verstehen und zu „erkennen", bevor man miteinander in die Kiste hüpft. Viele Männer – nicht alle – sehen Sex als rein körperliche Sache, als Vergnügen. Für Frauen ist Sex eher ein Zeichen einer tiefen Bindung zum Partner.

Die Bibel vertritt hier eine klare Meinung. Ich kenne viele Paare, die vor der Hochzeit zusammengezogen und alle Intimität miteinander geteilt haben. Manche sagen, man müsse ja herausfinden, ob man auch auf dieser Ebene zueinander passt. Der Autor und Philosoph C. S. Lewis vergleicht dagegen den Sex ohne Ehe mit jemandem, der den Geschmack von Essen liebt, es aber nicht schlucken und verdauen will. Sex, so Lewis, ist ein Teil der Ehe und sollte nicht davon getrennt werden, weil sonst sowohl Sex als auch Ehe an Bedeutung verlieren.

Was Kanae zu dem Thema gesagt hat, leuchtet mir auch ein: Viele junge Leute schlafen miteinander, weil sie glauben, den Partner fürs Leben gefunden zu haben. Aber wie oft wird aus „dem Richtigen" der Falsche? Nicht wenige Jugendliche und Erwachsene bereuen es hinterher, wenn die Beziehung wieder zerbricht. Nach einer Trennung ist der Schmerz dann unendlich viel größer. Sex gibt einem das Gefühl, ohne Wenn und Aber zusammenzugehören, aber außerhalb der Ehe erweist sich das oft als Illusion.

In allem eins

In unserer heutigen Kultur wird Sex als oft als emotionaler Impuls und als reiner Trieb dargestellt, anstatt als etwas, das verheiratete Paare auf liebevolle, schöne und sinnliche Art noch enger zusammenbringt. In Filmen, vielen Liedern, im Fernsehen und in Romanen wird Sex oft völlig von Liebe getrennt und seine Bedeutung verwässert. Wer schon vor der Ehe sexuell aktiv ist, verschenkt etwas, das durch das kurzfristige Vergnügen nicht zu ersetzen ist. Ich habe letztlich viele Gründe fürs Warten gefunden und begriffen, wie vielschichtig dieses Geschenk ist.

Wenn man miteinander schläft, so die Bibel, wird man eins, und das hat Gott für die Ehe vorgesehen. Man wird eins im körperlichen, aber auch im geistlichen Sinn. Deswegen haben so viele Menschen das Gefühl, einen Teil von sich verloren zu haben, wenn sie mit jemandem schlafen und die Beziehung in die Brüche geht. Sie fühlen sich, als hätte man ihnen ein Stück von sich selbst geraubt.

Wenn dir das so geht, empfehle ich dir, von nun an strikt enthaltsam zu leben, bis du deine große Liebe gefunden hast. Triff mit deinem neuen Partner eine feste Abmachung, mit dem Sex bis nach der Hochzeit zu warten. Auch wenn man in der Vergangenheit Fehler gemacht hat, heißt das ja nicht, dass man keinen Neuanfang machen kann! Wir alle versagen hin und wieder – und oft häufiger als das. Aber wir können Gott um Vergebung und Kraft bitten, und dann dürfen wir auch uns selbst vergeben und uns fest vornehmen, das nächste Mal anders zu handeln. Wichtig ist dabei, sich mit dem neuen Partner feste Grenzen zu stecken.

Sex ohne Ehe ist aus unserer Sicht wenig authentisch, weil es an einem verbindlichen Bekenntnis zueinander fehlt. Manch einer hat das Gefühl, etwas zu verpassen, wenn er nicht mit seinem Partner intim wird, aber für den sogenannten „ungezwungenen Sex" nimmt man etwas Schönes, das als ein Abglanz von Gottes Liebe gedacht war, und verwandelt es in etwas Selbstbezogenes und Leeres.

Meiner Meinung nach sollte man die körperliche Ebene erst dann ausschöpfen, wenn man sich auf Gefühls- und Geistesebene einem Menschen verpflichtet hat. Und mit verpflichtet meine ich verheiratet.

Ich habe schon Menschen über ein Gefühl der Leere und Desorientiertheit sprechen gehört, nachdem sie leichtfertig mit jemandem ins Bett gegangen sind. Meiner Meinung nach liegt das daran, dass Sex in die feste Struktur der Ehe gehört. Leichtfertiger Sex ist wie eine gefälschte Gucci-Uhr für fünf Dollar von der Straßenecke. Sie sieht vielleicht aus wie eine Gucci und fühlt sich womöglich so an wie eine Gucci, aber man wird immer wissen, dass es eine billige Fälschung ist.

Die Desorientierung rührt auch daher, dass ein trügerisches Gefühl der Intimität entsteht. Ich kenne Männer und Frauen, die sich nicht trauen, eine schlechte Beziehung zu beenden, weil sie sich dem anderen sexuell bereits hingegeben haben. Weil dadurch eine Bindung entstanden ist, auch wenn es nicht „stimmt" in der Partnerschaft. Anderen fällt es schwer, sich auf eine neue Beziehung einzulassen, weil sie mit ihrem letzten Partner geschlafen haben, dieser sie aber später betrogen hat oder letzten Endes doch nicht bereit war, sich fest zu binden.

Unser körperliches Verlangen kann so groß sein, dass man sich einbildet, den anderen zu lieben. Die Leidenschaft am Beginn einer Beziehung ist etwas Wunderbares, aber im Lauf der Zeit lässt diese nun einmal nach. Oft merken dann die Leute, dass sie einander gar nicht lieben oder womöglich noch nicht einmal wirklich mögen.

Deswegen sollte man eine tiefere innere Verbindung schaffen und sich sicher sein, dass mehr dahintersteckt als nur körperliche Anziehung. Das geteilte Bett macht es schwerer, einzuschätzen, ob die Beziehung auch nach der rosaroten Brille noch Bestand haben wird.

K(l)eine Testfahrt

Überall hört man das Argument, man müsse ja auch herausfinden, ob man auf sexueller Ebene zueinander passt. Das klingt so lange einleuchtend, bis man merkt, dass man damit aus einer liebevollen, intimen und höchst aufregenden Erfahrung eine simple Funktionsprüfung macht. Wie viel Liebe, Spaß und Intimität bleiben bei dem „Beweis" auf der Strecke, dass man körperlich kompatibel ist? Für mich hört sich das sehr gefühlskalt an.

Dasselbe gilt, wenn Paare zusammenziehen, um herauszufinden, ob sie miteinander klarkommen. Wie aufregend ist es, zusammen zu wohnen, wenn das Ganze nur ein Test ist? Wie natürlich kann man miteinander umgehen, wenn man weiß, jede Bewegung wird analysiert und bewertet? Was, wenn man Wein auf ihrem Lieblingssofa verschüttet oder fünf Kilo zunimmt? Wird der andere das Experiment einfach abbrechen?

Ohne feste Verpflichtung zusammenzuwohnen und das Bett miteinander zu teilen kann die Beziehung auf wacklige Füße stellen. Kannst du wirklich du selbst sein, wenn du dich ständig beweisen musst? In der Ehe besteht eine grundsätzliche Akzeptanz füreinander. Man hat bewusst Ja zueinander gesagt. Man liebt sich in guten und in schlechten Zeiten, in Gesundheit und Krankheit. Man darf unvollkommen sein. Das macht für mich das Leben viel angenehmer.

Abgesehen davon gibt es bei leichtfertigem Sex immer das Risiko einer ungeplanten Schwangerschaft. Ein Kind in der Ehe ist schon Herausforderung genug, und ohne gesetzlich bindende Verpflichtung wächst die Herausforderung exponentiell an. Viele Alleinerziehende ziehen ihre Kinder in aufopferungsvoller Weise groß, aber die meisten würden wohl sagen, dass das nicht einfach ist und sie es sich für ihre Kinder anders gewünscht hätten.

Einige ungeplante Schwangerschaften werden mit einer Abtreibung beendet. Die Frauen leben ganz normal weiter, aber so eine Entscheidung und so ein Eingriff hinterlassen Spuren, die man sein Leben lang mit sich herumträgt.

Vorehelicher Geschlechtsverkehr macht verletzlich, weil das langfristige Bekenntnis zueinander fehlt. Man fühlt sich schneller hintergangen und betrogen. Das ist mit dem Kopf leichter nachzuvollziehen als mit dem Körper. Ich habe zwar keine Arme und Beine, aber deswegen doch genau die gleichen Bedürfnisse wie jeder andere Mann auch. Kanae ist eine wunderschöne Frau. Es hat mich viel Gebet, meine ganze Kraft und auch Kanaes Willen und Gottvertrauen gekostet, damit wir vor der Ehe die Finger voneinander lassen konnten.

Drei Monate nach unserer Hochzeit wurde Kanae mit Kiyoshi schwanger. Unser Erstgeborener, der ein Jahr und einen Tag nach unserer Hochzeit auf die Welt kam, war vielleicht die größte Belohnung, die wir je für unseren Entschluss zu warten bekommen haben. Wir sehen ihn als Geschenk und wissen, wir haben unser Bestes gegeben, vor der Ehe Grenzen abzustecken und sie nicht zu übertreten.

Ein Paar, ein Wort

Kanae und ich sind stolz darauf, meiner Schwester Michelle und ihrem Verlobten Daniel ein Vorbild gewesen zu sein. Die beiden verlobten sich Anfang 2014. Ein paar Monate später stellte Michelle ein Foto von sich und Daniel ins Internet, auf dem sie sich umarmten; auf ihrer Hand stand (mit abwaschbarem Stift) „Worth the Wait", also „Warten lohnt sich", um zu zeigen, dass die beiden sich füreinander aufheben wollten.

Bei Michelle und Daniel, dessen Eltern Missionare in Zimbabwe sind, war es Liebe auf den ersten Blick. Aber noch am ersten Abend legten sie ihre Grenzen fest.

Einige Ratschläge, die wir ihnen aus Erfahrung gegeben haben, möchten wir hier nennen. Noch einmal: Wir halten uns in keiner Weise für das perfekte Vorbild. Ganz im Gegenteil! Wir sehen uns als unvollkommenes Beispiel, und nicht nur, weil das stimmt, sondern weil *niemand perfekt* ist. Das ist uns bewusst.

Kaum hatten wir uns ineinander verliebt, war das unser steter Begleiter. Kanae und ich sind nun mal zärtliche und gefühlvolle Menschen. Ich habe einmal den Guinness Weltrekord für die meisten Umarmungen in einer Stunde gebrochen – mit 1749 Stück! Kanae und ich wollten immer so nah beieinander sein wie möglich. Andauernd berührten wir uns, umarmten und küssten uns. Trotzdem behielten wir unsere Grenzen im Hinterkopf, die wir ausgemacht hatten. Wir mussten uns also etwas ausdenken, wie wir auch im Eifer des Gefechts einen kühlen Kopf bewahren konnten.

Nicks und Kanaes zehn Tipps für einen kühlen Kopf

1. Her mit den Freunden! Früher wurde man von einer Anstandsdame begleitet, die dafür sorgte, dass es hinten in der Kutsche zu keiner Knutscherei kam. Da wir uns das nicht antun wollten, versuchten wir uns mit anderen Paaren zu verabreden oder in größeren Gruppen auszugehen, um die Versuchung möglichst klein zu halten. Wir verbrachten auch viel Zeit mit der Familie, wodurch sich das Verhältnis zur jeweiligen Familie des Partners vertiefen konnte.

2. Ich will Gott oder den Glauben nicht als Spielverderber hinstellen, aber es kann einem helfen, sich bewusst zu machen, dass man den Partner nicht besitzt. Jeder Mensch ist ein Kind Gottes und hat es verdient, mit Respekt behandelt zu werden. Dazu gehört auch, auf die Grenzen und (Moral-)Vorstellungen des anderen Rücksicht zu nehmen und ihn nicht in Versuchung zu führen.

3. Wenn wir doch einmal allein waren, versuchten wir, die Situation nicht noch extra durch anzügliche Filme, Serien oder Musik aufzuheizen. Stattdessen suchten wir uns bewusst positive Unterhaltung mit Mehrwert.

4. Im Zweifelsfall raus! Wir verbrachten viel Zeit im Freien: am Strand, auf einem Boot, beim Picknick, am Swimmingpool oder in Parks, wo wir Zeit für uns hatten, aber auf Umarmungen und Küsse beschränkt waren.

5. Hände weg von Alkohol und Substanzen, die Hemmungen lösen und das Urteilsvermögen beeinträchtigen. Das sollte jedem klar sein. Trinken und Drogen sind nicht gerade Freunde der Selbstbeherrschung. Ein Glas Wein hin und wieder mag in Ordnung sein, aber oft genug führt ein Glas zum nächsten, und früher oder später klopft die Versuchung an die Tür.

6. Droht die Leidenschaft aus dem Ruder zu laufen, gönnt euch eine Pause, erinnert euch an die vereinbarten Grenzen und seid stark. Eine kalte Dusche kann ich auch empfehlen, aber nicht zusammen. Tut mir leid!

7. Das Licht bleibt an! Zu meines Vaters Zeiten gab es die „beide Füße auf dem Boden"-Regel, wenn Paare in einem Zimmer allein waren. Da kann ich schlecht mithalten, aber uns half die Strategie, das Licht anzulassen und Leute um uns zu haben. Manchmal musste Kanae mich zwar mit Panzertape an einen Stuhl fesseln, aber das kam nur drei, vier oder siebzehn Mal vor. (Kleiner Scherz!)

8. Liebe kann man auch auf nichtkörperliche Art zeigen. Kanae kochte ziemlich oft für mich und hatte so bald noch mehr Nick zum Liebhaben. Ich legte fünf Kilo zu! Sie ist eine gute Köchin, und Kochen ist eine ihrer Liebessprachen. Als Gegenleistung schrieb ich ihr Gedichte und Lieder, machte Ausflüge mit ihr, überraschte sie mit Geschenken und Blumen und plante kleine Abenteuer, die wir zusammen erleben konnten.

9. Führt euch stets die kurze Zeit der Abstinenz und den langfristigen Gewinn vor Augen. Kanae und ich redeten mindestens einmal pro Woche darüber, dass wir bald verheiratet und uns endlich ganz gehören würden. Das half uns, auf Kurs zu bleiben. Wir hielten uns die positiven Aspekte des Wartens vor Augen und wie schön es sein würde, unseren Kindern erzählen zu können, dass wir uns füreinander aufgehoben hatten. Außerdem wollte ich weiterhin vor Jugendlichen für das Warten eintreten können, ohne mich als Heuchler fühlen zu müssen. Das war ein weiterer Motivationsgrund.

10. Habe ich schon kalte Duschen und Panzertape erwähnt? Ich hoffe, du konntest darüber lachen, denn Lachen ist eine weitere ungefährliche Art, die Beziehung zu vertiefen. Wenn ich an die glücklichsten Paare aus meinem Bekanntenkreis denke, sind sie fast alle ständig am Lachen und Späßchenmachen. Kanae sagt manchmal, wir hätten vor der Hochzeit mehr gelacht als hinterher. Das sehe ich auch so und finde, wir sollten daran arbeiten. Ich möchte, dass wir nie unseren Sinn für Humor verlieren. Ohne Lachen ist das Leben doch nur halb so schön.

Wir müssen reden

Es ist ein gutes Gefühl, als Paar in der Hochzeitsnacht ein neues Kapitel aufzuschlagen, ohne dass frühere Erfahrungen es trüben. Das erste Mal wird zu einem unvergesslichen Erlebnis.

Kanae und ich sind davon überzeugt, dass der Weg, den Gott sich ausgedacht hat, der richtige ist. Das heißt aber nicht, dass Gott einem nicht vergibt, wenn man es nicht schafft. Er kann vergeben und heilen, wenn man ihn darum bittet. Gott ist ein Gott der Gnade.

Und nun ans Eingemachte.

Damit meine ich nicht das Gespräch über Bienen und Blüten, das ihr vielleicht mit euren Eltern hattet. Bei meinen Recherchen über das Thema Sex vor der Ehe und in Gesprächen habe ich von einer Nachwirkung gehört, die mir Sorgen bereitet, auch wenn ich Verständnis dafür habe.

Es gibt Männer und Frauen, die nur deswegen bis zur Ehe warten können, weil sie beschließen, dass Sex etwas Schlechtes ist – etwas Schmutziges, Widerwärtiges oder gar Böses. Aber nach der Hochzeit werden sie diese Ansicht nicht mehr los, und als Ergebnis verweigern sie sich entweder ihrem Partner oder lassen es nur aus Pflichtgefühl über sich ergehen. Das ist schlimm!

Sex ist ein wunderbares Geschenk, das Mann und Frau verbindet. Es hält die Ehe gesund und schützt sie. Sex ist ein wesentlicher Bestandteil des Einswerdens und gehört unbedingt zur Ehe dazu.

Dass Mann und Frau unterschiedlich gebaut wurden, ist kein Zufall. Sex war von Anfang an zum Einswerden und zur Fortpflanzung gedacht. Wir sind nun mal sexuelle Wesen. Wenn wir heiraten und unserer Liebe durch körperliche Vereinigung Ausdruck verleihen, folgen wir damit Gottes Plan und ehren unseren Schöpfer.

Bibelwissenschaftler verstehen das Buch Salomo als Gedicht, in dem die geschlechtliche Liebe als Quelle der Freude und Intimität gepriesen wird – eben als Geschenk, das Mann und Frau näher zusammenbringt. Sex ist nichts Böses. Er ist nicht schmutzig. Und schon gar nicht widerwärtig. Sex ist so erstaunlich und wunderschön, dass man ihn für die Person aufheben sollte, mit der man sein Leben teilen will. Gott hat sich Sex für die Ehe ausgedacht, und in diesem Kontext ist der Geschlechtsakt sogar etwas Heiliges. Das ist der Grund, warum sich das Warten lohnt. Man hält sich nicht vom bösen Sex fern. Wenn ein Ehepaar miteinander schläft, erfüllt es Gottes Absicht. In der Ehe geht es bei Sex übrigens nicht um Leistung oder die große Show. Es geht darum, es miteinander gut zu haben, Intimität zuzulassen, einander zu vertrauen und die körperliche, emotionale und geistige Bindung zu genießen.

Ich möchte allen Lesern ans Herz legen, das Thema Sex nach der Hochzeit nicht einfach sich selbst zu überlassen. Es wird nämlich Zeiten geben, in denen das Bedürfnis nach körperlicher Liebe auseinander gehen wird. Probleme dieser Art lassen sich nur mit Rücksicht, Einfühlungsvermögen und Behutsamkeit ausräumen. Arbeit, Kinder und die Tücken des Alltags können das Sexleben eines Paares zusätzlich belasten. In jedem Fall kann ich nur empfehlen, liebevoll und ehrlich miteinander zu reden, um Frust und Groll gar nicht erst aufkommen zu lassen.

Sexueller Entzug als Strafe ist nie eine gute Idee. Schließlich soll das Liebesleben einen enger zusammenbringen und nicht auseinandertreiben. Geht deswegen nicht im Streit oder mit schwelenden Konflikten schlafen, wenn die mit einem Gespräch geklärt werden können. Das steht schon in der Bibel! Wenn, dann einigt euch zumindest darauf, wann ihr die Sache angeht – und so bald wie möglich.

Das körperliche Verlangen zwischen Kanae und mir stand nie infrage. Nachdem wir einander unsere Liebe gestanden hatten und Kurs auf die Ehe nahmen, war es mir ein Bedürfnis, ihr zu versichern, dass meine Manneskraft keineswegs beeinträchtigt war. Sie hatte mich zwar nicht direkt danach gefragt, aber ich wollte von vornherein ihre Zweifel ausräumen. Nicht, dass ich solche Fragen noch nie gehört hatte; im Gegenteil. Mir ist schon auf jede Art zu nahe getreten worden, die man sich vorstellen kann – und manche kann man sich gar nicht vorstellen.

Womit ich allerdings nie gerechnet hätte, war, dass man sich im Fernsehen eingehend mit diesem privaten Thema befassen würde. Es geschah während eines Live-Interviews, als Kanae schwanger war. Die Reporterin in Dallas fragte mich, wie es denn möglich sei, dass wir Kinder bekommen konnten. Ihre Frage brachte mich völlig aus der Fassung. „Nun, dafür braucht man ja keine Arme und Beine, das werden die meisten sicher wissen", versuchte ich es mit einem Lächeln.

Sie ließ nicht locker. Die Leute wären neugierig zu erfahren, wie ich denn Vater werden könnte. Sie meinte es offensichtlich ernst. Ich hätte sie nun zurückpfeifen und mich beschweren können, dass sie zu weit gegangen war. Aber ich entschied mich für eine Antwort mit einem stärkeren Schuss Humor. Also sagte ich live im Fernsehen: „Nach dem, was ich gehört habe, sind Beine doch sowieso oft nur im Weg!" Sie wechselte schnell das Thema.

Ein anderes Mal wurden Kanae und ich zusammen bei *60 Minutes Australia* von Peter Overton interviewt, mit dem ich auch befreundet bin. Respektvoll erkundigte er sich nach Problemen in Sachen Intimität.

Kanae sagte nur: „Also, Nick hat alles, was er braucht …"

Richtig so, Liebling!

zehn

Wenn zwei eins werden

Einige Monate nach unserer Hochzeit musste ich geschäftlich nach Los Angeles. Wir wohnen nur ein paar Stunden vom Hotel entfernt, wo das Treffen stattfinden sollte, und so bat ich meinen Caregiver, mich dort hinzufahren und wollte am späten Nachmittag wieder zu Hause sein.

Als ich Kanae von meinem Plan erzählte, sah sie niedergeschlagen aus. Und es gefällt mir überhaupt nicht, wenn sie traurig ist.

„Was ist los, Liebling?"

„Du hast mich überhaupt nicht gefragt, ob ich mitkommen will", erwiderte sie mit Tränen in den Augen. *Fettnäpfchenalarm!*

Komischerweise hatte ich kurz zuvor den folgenden Text in der Bibel entdeckt: „Wenn ein Mann frisch verheiratet ist, darf er nicht zum Kriegsdienst oder zu anderen Aufgaben herangezogen werden. Er soll ein Jahr lang davon befreit sein, damit er ein Zuhause schaffen und seine Frau glücklich machen kann." Diese Regel hatte mir gefallen. Sie war nicht ganz einfach umzusetzen, aber trotzdem eine gute Idee. Und dann marschierte ich los und brach sie prompt.

So schön das auch klingt: Die meisten frisch verheirateten Männer können heutzutage kein Jahr Pause einlegen, um ihre Frau glücklich zu machen. Trotzdem könnten meiner Ansicht nach alle

Paare davon profitieren, die Ehe von Anfang an als Gelegenheit zu sehen, dem anderen Glück zu bescheren.

Das hört sich sehr nobel an, oder? Vielleicht ein bisschen naiv? Nun, das hängt ganz davon ab, was man für den anderen empfindet. Wer nicht bereit ist, um der Bedürfnisse seines Partners willen Veränderungen in seinem Leben vorzunehmen, wird wohl entweder eine sehr kurze oder sehr unglückliche Ehe haben.

Als ich den Termin in Los Angeles plante, dachte ich noch wie der unverheiratete Nick. Ich kümmerte mich um meine Firma und um mich selbst, ohne Rücksicht darauf zu nehmen, dass ich gar keine Einmannshow mehr war. Das Fettnäpfchen war nicht riesengroß, aber ein frühes Warnsignal, dass ich den Prozess vom SH (Singlehaushalt) zum FH (Familienhaushalt) noch nicht abgeschlossen hatte.

Ich hatte tatsächlich in Erwägung gezogen, sie zu fragen, aber dann vermutet, dass sie sicher Besseres zu tun hatte. Dass wir die Zeit in Los Angeles nutzen und nach dem Meeting noch etwas Schönes gemeinsam machen konnten, war mir nicht eingefallen. Ihr offensichtlich schon. Ich musste lernen, sensibler für solche Gelegenheiten zu werden. Selbst wenn ich es nicht andauernd sage, möchte Kanae, dass ich zumindest denke: *Ich will so viel Zeit mit dir verbringen wie möglich.*

Das ist übrigens ein beliebter Fehler von Frischverheirateten, und zwar Männern und Frauen. Ich schätze, jeder hat in den ersten Ehemonaten schon einmal vergessen, auf die Bedürfnisse und Wünsche des Partners Rücksicht zu nehmen. Vielleicht steht deswegen auch in der Bibel, man solle seinen Partner so lieben wie sich selbst.

Geht das überhaupt? Ich glaube schon. Ich glaube, die besten Ehen sind die, in denen jeder versucht, den anderen wichtiger zu nehmen als sich selbst. Und auch das ist leichter gesagt als getan.

Ich will immer noch besser werden als Ehemann, und ich fürchte, die Lernkurve ist ziemlich lang. Kanaes Reaktion auf meine Einzelplanung war mein erster Weckruf. Aber sie war keineswegs nachtragend und meinte nur, sie wolle eben so viel Zeit mit mir verbringen wie möglich. Ihr trauriger Blick jedenfalls brachte mein Herz zum Schmelzen.

Mir wurde bewusst, dass es eine ziemliche Umstellung war, nach über fünfundzwanzig Jahren als Single nun als verheirateter Mann zu denken. Ich musste das Konzept „Wenn zwei eins werden" wohl etwas wörtlicher nehmen. Es ging nun mal nicht mehr nur um mich.

Viele verheiratete Männer aus meinem Bekanntenkreis haben mir bestätigt, dass auch sie ihre Denkmuster gründlich überarbeiten mussten, vor allem diejenigen, die einige Jahre als Junggesellen gelebt hatten. Junggesellen gehen ihre eigenen Wege und machen was sie wollen, wann sie wollen. Mit dieser Einstellung kann man aber keine glückliche Ehe führen. Man muss die Beziehung an erste Stelle setzen. Der Trick ist, so hat mir jemand einmal verraten, sich nicht weniger auf sich selbst zu konzentrieren, sondern mehr auf den Partner.

Ehe ist, wenn beide geben

Ich kenne eine Frau, die unbedingt heiraten will. Sie hat das Gefühl, in ihrem Alter würde man das von einer Frau erwarten. Schon oft hat sie mir erzählt, dass sie nach einem Mann sucht, der sie liebt, ihr finanzielle Sicherheit bietet und sie glücklich macht. Ich mag sie und kann sie verstehen, aber wenn sie erwartet, dass ihr Ehemann sie glücklich macht, dann sollte sie lieber einmal mit den Ehepaaren in ihrem Bekanntenkreis reden.

Versteh mich nicht falsch, ich bin sehr glücklich mit Kanae verheiratet. Sie und unser Sohn sind mein Ein und Alles. Dennoch bin ich nicht der Meinung, dass man mit der Erwartung an die Ehe herangehen sollte, dass einen der andere glücklich zu machen hat. Zum einen kommt wahres Glück von innen. Zum anderen bin ich fest davon überzeugt, dass eine Ehe nur dann gut wird, wenn beide sich gegenseitig fördern und unterstützen. Fromm formuliert: Geben ist seliger als nehmen.

Meine Frau glücklich zu machen macht mich natürlich auch glücklich, insofern habe ich auch etwas davon, ein guter Ehemann zu sein. Trotzdem müssen beide Partner ihre Eigeninteressen zum Wohle der Beziehung zurückstellen – wenn die Beziehung wachsen und tragfähig und schön werden soll! In 1. Korinther 13 steht: „Die Liebe ist langmütig und freundlich, die Liebe eifert nicht, die Liebe treibt nicht Mutwillen, sie bläht sich nicht auf, sie verhält sich nicht ungehörig, sie sucht nicht das Ihre."

Kanaes kleiner Weckruf an mich brachte mich zum Nachdenken und zeigte mir, dass der Übergang vom „ich" zum „wir" nicht von allein geschieht.

Kindisch war gestern

Selbstlos zu sein, fällt einem als junger Mensch oft nicht in den Schoß, und manch einer lernt es noch nicht einmal als Erwachsener. Der Text in 1. Korinther 13 erinnert uns daran, dass mit wachsender Verantwortung auch eine veränderte Lebenseinstellung einhergehen muss: „Als Kind redete, dachte und urteilte ich wie ein Kind. Jetzt bin ich ein Mann und habe das kindliche Wesen abgelegt."

Ich finde, man kann diesen Textabschnitt auch auf den Beginn einer Ehe anwenden. Wenn man diesen heiligen Bund eingeht, sollte man sein kindliches, selbstbezogenes Verhalten ablegen und eine neue Perspektive einnehmen. Man muss einerseits den Egoismus loslassen, und andererseits sollten Mann und Frau nicht aufhören, sich selbst immer besser kennenzulernen.

Unter frisch verheirateten Männern gibt es den Spruch, sie hätten ja nie gewusst, dass sie so viele Fehler haben, bis ihre Frau angefangen habe, sie auf einen nach dem anderen hinzuweisen. Zum Teil liegt das wohl daran, dass man sich eben immer umstellen muss, wenn man mit jemandem zusammenlebt. Jeder, der in einer WG oder mit einem Zimmergenossen zusammengewohnt hat, kann das bestätigen.

Und dann ist da noch das Gepäck. Die meisten Menschen bringen Gepäck mit in die Ehe – und ich meine nicht Samsonitekoffer oder Guccitaschen. Viele Männer und Frauen haben schwer an Unsicherheiten aus früheren zerbrochenen Beziehungen zu tragen. Manche sind in kaputten oder dysfunktionalen Familien aufgewachsen und haben Schwierigkeiten, zu jemandem Vertrauen aufzubauen.

Manche Gepäckstücke sind uns gar nicht bewusst, und doch schleppen wir oft Groll, Misstrauen und Empfindlichkeiten mit uns herum, die nichts mit unserem Partner zu tun haben. Kommt es dann in der Ehe zum Konflikt, gehen wir an die Decke oder teilen aus, weil wir durch eine frühere Beziehung auf irgendetwas allergisch reagieren.

Niemand gibt gern zu, durch seine Päckchen der Vergangenheit behindert zu werden, aber in Wahrheit schleppt fast jeder von uns mindestens eins mit sich herum. Als Kanae auf dem Boot Ja sagte, schwebte ich auf Wolke sieben. Meine Kanae. Und endlich war ich auch von einer meiner größten Ängste befreit. Ich hatte eine Frau gefunden!

Etwa ein Jahr nach unserer Hochzeit sprach mich ein Freund auf meine alten Ängste an und fragte, ob ich noch oft daran zurückdenken würde, jetzt, wo ich mit so einer tollen Frau verheiratet sei. Meine Antwort hatte er nicht erwartet. Er ging davon aus, ich wäre längst viel selbstsicherer geworden. Aber dem war nicht so.

„Weißt du, ich hatte mich dran gewöhnt, ein Junggeselle ohne Arme und Beine zu sein, aber daran, ein Ehemann ohne Arme und Beine zu sein, muss ich mich noch gewöhnen", antwortete ich.

Ganz der Alte

Nachdem die Aufregung wegen der Hochzeit abgeklungen und wir im Ehealltag angekommen waren, musste ich erschrocken feststellen, dass viele meiner alten Unsicherheiten zurückgekehrt waren. Ich war extrem empfindlich. Zuerst begriff ich nicht, wieso, aber dann stieg ich dahinter. Als Single konnte ich das meiste entweder selbst oder hatte Leute, die für mich arbeiteten und es mir abnahmen. Jetzt aber, wo Kanae und ich zusammenlebten, nervte es mich, wenn sie „Männersachen" im Haushalt übernehmen musste, wie z. B. den Müll rauszubringen. Es wurmte mich, dass ich ihr beim Abwasch oder beim Kochen nicht helfen konnte. Plötzlich wurde ich andauernd an meine Unzulänglichkeit erinnert. Ich dachte, das hätte ich alles längst hinter mir gelassen, aber nach der Geburt von Kiyoshi wurde es nur noch schlimmer. Wenn er weinte, konnte ich ihn nicht hochnehmen und trösten. Ich konnte Kanae keine der elterlichen Pflichten abnehmen, damit sie endlich ihre verdiente Ruhe bekam.

Anfangs war mir nicht bewusst, dass die alten Ängste für meinen Frust verantwortlich waren und mich so empfindlich machten. Wenn irgendetwas anstand und ich es nicht wie ein „normaler" Mann einfach lösen konnte, blaffte ich Kanae an, die überhaupt nicht verstehen konnte, warum ich sauer auf sie war.

Hört sich vertraut an? Das ist das alte Problem des unsichtbaren Gepäcks, und es tritt in den meisten Ehen in unterschiedlicher Form auf. Kanae hatte ein ganz ähnliches Erlebnis. Vor unserer Hochzeit bekam ich mich einmal mit Aaron in die Haare. Es war nicht weiter schlimm; wir machten nur das, was Brüder eben ab und zu machen. Aber zu meiner Bestürzung ging es Kanae hinterher überhaupt nicht gut.

Wir setzten uns hin und redeten darüber, und da wurde mir klar, dass sie durch ihre Kindheit sehr empfindlich darauf reagiert, wenn jemand laut wird. Als Kind geschiedener Eltern wusste sie, wohin ein Streit führen kann.

Wenn man unsere Hochzeitsbilder ansieht, zieht keiner von uns beiden einen Gepäckwagen hinter sich her, aber er war trotzdem da. Erst kürzlich fiel mir ein, dass ich mich nach der Trauung darüber ärgerte, Kanaes Schleppe nicht aufheben zu können, als die Leute aus Versehen darauftraten. Das war ein erstes Anzeichen dafür, dass die Ehe einen Teil der Hilflosigkeit wieder hervorholen würde, den ich eigentlich seit der Kindheit überwunden glaubte.

Jeder hat ein Päckchen zu tragen. Aber eure Ehe muss nicht damit belastet werden, wenn ihr über eure Probleme sprecht und die nötigen Gegenmaßnahmen ergreift. Es hilft schon, sich seiner Gefühle bewusst zu sein und seine Reaktionen im Zaum zu halten, damit der Partner nicht zum Sandsack wird. Auch diese innere Anpassung ist für eine Ehe nötig. Sonst kann aus dem heiligen Bund ein heiliger Krieg werden, und das möchte niemand, oder?

Eine neue Spieltaktik

Ich liebe Fußball. Als Kind war ich sozusagen der Weltmeister im Wohnzimmerfußball. Beim Fußball und bei den meisten anderen Teamsportarten gehört es dazu, dass der Trainer während des Spiels die Taktik ändert. Manchmal muss er auf die Aufstellung des Gegners oder neue offensive und defensive Strategien der gegnerischen Mannschaft reagieren. Die Trainer und Spieler, die sich auf die neuen Gegebenheiten am schnellsten einstellen können, sind meist die erfolgreichsten.

Dasselbe kann man auch auf die Ehe anwenden. Man muss seine Erwartungen und sein Verhalten an die neue Situation anpassen, vor allem in den ersten Jahren, wo man sein Miteinander absteckt und den Grundton seines Zusammenlebens findet. Soweit ich das überschauen kann, ist dieser Prozess nie abgeschlossen. Wichtig ist nur, dass man dabei immer den anderen im Blick hat und es für ihn tut – nicht weil man muss, sondern weil man will.

Viele Paare starten in die Ehe und erwarten pures Glück, Ruhe und Erfüllung, merken dann aber, dass sie im hektischen Leben von heute gar nicht so viel Zeit füreinander finden, wie sie eigentlich bräuchten. Es ist nicht leicht, angesichts der Belastung durch Arbeit und Kinder die hohen Erwartungen zu erfüllen. Laut einer Studie ist bei Paaren, die sich mindestens einmal pro Woche Zeit zum Reden oder für eine gemeinsame Aktivität nehmen, die Wahrscheinlichkeit dreieinhalb Mal so hoch, dass sie glücklich sind, wie bei Paaren, die nur selten Zeit für sich haben.

Anders ausgedrückt: Investiere keine Zeit, und du kommst nicht weit. (Ja, der ist auf meinem Mist gewachsen. In mir steckt ein kleiner Dichter, aber zum Glück muss ich meine Hand nicht dafür ins Feuer legen.) Kanae und ich haben gemerkt, dass es uns nicht guttut, wenn ich lange verreist bin. Es schleicht sich Distanz ein, selbst wenn wir jeden Tag telefonieren oder skypen. Deswegen versuche ich, entweder weniger zu verreisen oder Kanae und Kiyoshi mitzunehmen. Damit unsere Ehe läuft wie geschmiert, müssen wir einfach so viel Zeit miteinander verbringen wie möglich.

Gemeinsame Zeit

Kanae hat mir geholfen zu verstehen, wie wichtig gemeinsame Zeit ist. Das tut sie auf eine Weise, die mir nie selbst eingefallen wäre. Kanae ist für mich einfach ein Vorbild eines liebevollen Partners. Sie ist einer der selbstlosesten, freigiebigsten und fürsorglichsten Menschen, die ich kenne. Beispiele habe ich ja schon genannt: die Nickfreundliche Geschenkverpackung, ihre Ermahnung, ich solle mich niemals dafür entschuldigen, wenn ich ihre Hilfe brauche, und das selbst gebastelte Hochzeitspaar für die Hochzeitstorte.

Jeden Tag lässt mich Kanae ihre Liebe spüren. Aber sie sagt mir auch, wenn ich etwas ändern muss, damit sie nicht leer ausgeht. Was sie sich am meisten wünscht – und es geht sicher vielen Ehefrauen so –, ist meine Zeit, Aufmerksamkeit und Verständnis.

Kanae formuliert das so:

Wenn Nick und ich nicht jeden Tag miteinander reden und Zeit verbringen, leidet unsere Beziehung darunter. Nicks Kopf ist ständig am Arbeiten. Ihm fallen andauernd neue Projekte und Ideen ein. Selbst im Schlaf redet er noch davon! So ein Köpfchen zu haben ist eine tolle Sache, aber manchmal ist es auch nicht einfach, weil es ihm schwerfällt, sich auf persönlichere Themen wie unsere Beziehung zu konzentrieren, oder einfach einmal zu entspannen, zu lachen und miteinander herumzuhängen. Manchmal muss ich ihn wirklich daran erinnern, weil er so in seiner Arbeit steckt und das meiste herausholen will.

Die Beziehung im Brennpunkt

Bevor ich Kanae kennenlernte und wir heirateten, konnte ich nicht verstehen, was Ehepaare mit „Ehe ist harte Arbeit" meinten. Wieso sollte es schwer sein, mit jemandem zusammenzuleben, den man liebt? Nach der Hochzeit hatte ich es jedoch recht bald begriffen. Es geht gar nicht so sehr darum, etwas zu erledigen, sondern darum, die Beziehung im Blick zu behalten. Mein Beruf als Redner, die Bücher, Videos und all die anderen Projekte nehmen einen Großteil meiner Zeit und Aufmerksamkeit in Anspruch. Obwohl ich versucht habe, meine Reisen zu reduzieren, verbringe ich noch immer viele Stunden in Flugzeugen, Bussen, Zügen und Autos.

Leider fällt es mir selbst dann schwer, die Arbeit Arbeit sein zu lassen und mich auf meine Frau und unsere Beziehung zu konzentrieren, wenn Kanae und ich Zeit für uns haben. Es geht vielen Paaren so, vor allem, wenn beide Partner arbeiten und Kinder im Spiel sind.

Neulich saßen wir mit einem älteren Ehepaar im Restaurant. Die Frau erzählte, die beiden hätten wegen der Arbeit und der Familie schon seit vielen Jahren keinen Urlaub mehr gemacht. Mittlerweile seien sie schon an dem Punkt, dass sie nicht mehr über ihre Gefühle und die Beziehung reden konnten, selbst wenn sie allein waren.

Immerhin hatten sie versucht, diesen Teufelskreis zu durchbrechen, indem sie auf eine Freizeit für Ehepaare fuhren und eine Ehetherapie machten, aber die Distanz zwischen ihnen war so groß geworden, dass sie fast nicht mehr an ihre Ehe glaubten. Ich glaube, sie wollten uns warnen: Wenn man nicht zusammenwächst, wächst man auseinander.

Kanae und ich nahmen uns diese Warnung zu Herzen. Alle Paare sollten sich dessen bewusst sein, egal, wie lange sie schon verheiratet sind. Man darf die Beziehung nicht selbstverständlich nehmen. Es genügt nicht, seine Liebe und Dankbarkeit mit Blumen zum

Hochzeitstag, Geburtstag und Valentinstag zu zeigen. Was zählt, ist mein Verhalten, an jedem Tag neu. Man muss sich um seine Ehe genauso kümmern wie um seinen Beruf und die Kinder.

Bleibt man aufmerksam und nimmt Veränderungen vor, wenn einem Defizite auffallen oder Bedürfnisse, die vernachlässigt wurden, wird die Ehe im Lauf der Jahre wachsen und gedeihen. Überlässt man sie sich selbst und fährt stur seine Linie, wird sie leiden und am Ende verkümmern.

Meine Frau ist unglaublich weise. Manchmal glaube ich, sie ist viel älter, als sie vorgibt zu sein – ein „alter" Geist in einem jungen Körper. Als wir vor Kurzem über dieses Thema sprachen, zitierte sie aus dem Stand den Bibelvers: „Denn wo euer Schatz ist, ist auch euer Herz." Sie meint, mit „Schatz" sind die Dinge gemeint, mit denen man die meiste Zeit verbringt – Arbeit, Beziehung, Glauben, Hobbys. Am besten, sie erzählt dir das selbst, und was sie alles für Unterschiede in unserer Beziehung vor der Hochzeit und danach beobachtet hat.

Man wird so leicht durch die Arbeit und andere dringende Angelegenheiten von der Ehe und der Beziehungspflege abgelenkt! Dabei genügt es noch nicht einmal, gemeinsame Zeit freizuschaufeln, sondern man muss sich auch auf die Wünsche, Bedürfnisse und Gefühle des anderen einstellen. Eine Ehe kann sehr zerbrechlich werden, wenn man sie sich selbst überlässt, keine Kraft und Zeit investiert und nicht bereit ist, sein Verhalten anzupassen.

Ist es nicht komisch, dass Paare in einer frischen Beziehung alles richtig machen? Sie verbringen viel Zeit miteinander, um nicht zu sagen jede freie Minute, und wenn sie nicht am selben Ort sind, schreiben sie sich ständig Nachrichten, E-Mails oder hängen am Telefon. Sie interessieren sich für alles, was der andere macht und führen tief gehende Gespräche. Sogar die Zeit, wo niemand redet, ist etwas Besonderes, weil die beiden so damit beschäftigt sind, einander ihre Liebe zu zeigen und füreinander da zu sein. Sie verabreden sich und erleben Abenteuer. Sie haben romantische Rendezvous. Sie möchten einander gefallen und ihre Schokoladenseite zeigen, und zugleich geben sie sich Mühe, immer aufmerksamer zu werden.

Und dann, nach der Hochzeit, schalten viele Paare vom „Wir"- wieder in den „Ich"-Modus. Vorher ist man selbstlos, hinterher wieder egoistisch, denkt nur an seine eigenen Bedürfnisse und Wünsche und geht davon aus, dass der andere sich schon um sich selbst kümmert. Ich glaube, es tut einer Ehe gut, wenn man die einander zugewandte Einstellung aus der Verliebtheitsphase in den Ehealltag hinüberrettet – für ein „Wir" anstelle eines „Ich".

Mir ist inzwischen klar geworden, was für eine Umstellung es vom Junggesellen zum verheirateten Mann ist. In unserem Ehevorbereitungskurs hieß es unter anderem, in der Ehe gehe es um gegenseitiges Unterordnen. Mann und Frau widmen einander ihr Leben. Außereheliche Affären und Scheidungen sind heutzutage so üblich geworden, dass meiner Meinung nach viele Paare zu früh aufgeben, anstatt um ihre Ehe zu kämpfen und an ihr zu bauen. Dabei kann eine Ehe, in der jeder den anderen glücklich machen will, unglaublich bereichernd und zufriedenstellend sein. Kanae und ich beten jeden Tag zusammen, weil wir auch Gottes Hilfe brauchen, damit unsere Ehe stark bleibt.

Wir haben uns auch angewöhnt, so oft wie möglich über unsere Gefühle und Sorgen zu reden, damit wir nicht erst zu spät aufeinander reagieren. Alles oder nichts, heißt die Devise, und wir haben uns für alles entschieden und versuchen, das jeden Tag aufs Neue umzusetzen.

Prioritäten ordnen

Kanae und ich arbeiten noch daran, was „Ehearbeit" bedeutet. Wir suchen immer noch danach, wie man die Liebe stark hält und den Respekt voreinander bewahrt. Dazu gehört zu lernen, was der andere sich von unserem Zusammenleben erhofft und wünscht. Ich habe schon erwähnt, dass Kanae mich darauf angesprochen hat, wir würden nicht mehr so viel lachen wie früher. Ich dachte darüber nach und musste ihr recht geben, und das ärgerte mich.

Verheiratet zu sein und eine Familie zu haben kann schwer auf den Schultern des Mannes und der Frau lasten. Ich komme aus einer klassischen serbischen Familie, in der der Mann als Brötchenverdiener gilt. Diese Verantwortung hat mir seit der Hochzeit mehr zu schaffen gemacht, als ich zunächst dachte. Ich kann die Notwendigkeit, für meine Frau und meinen Sohn zu sorgen, nicht ignorieren, aber trotzdem muss ich die Sorgenfalten zu Hause mit dem Mantel ablegen, damit wir uns auch an den Früchten unserer Arbeit und an allem Guten erfreuen können.

Ich habe mir das hinter die Ohren geschrieben. Ich darf unsere Beziehung nicht für selbstverständlich erachten, nur weil wir verheiratet sind – oder sagen wir *vor allem* nicht, weil wir verheiratet sind. Und das rate ich dir auch, falls du schon geheiratet hast. Dein Partner ist mit seinem Ja vor dem Altar eine große Verpflichtung eingegangen, und wenn du diese nicht respektierst, indem du ihn in deiner Prioritätenliste ganz nach oben setzt, was sagt das über deine Einstellung zu eurer Ehe aus?

Kanae und ich sind noch ABC-Schützen, was das Verheiratetsein betrifft, aber wir haben uns zumindest überlegt, woraus für uns die „Arbeit" an einer Ehe besteht. Ich präsentiere:

Nick und Kanaes fünf Anfängertipps für die Ehe

1. Es gibt keinen Auto(matik)modus

Ob ihr nun nach einer kurzen, intensiven Zeit geheiratet habt oder eine Sandkastenliebe seid, nach der Hochzeit werdet ihr versucht sein, eure Beziehung erst einmal sich selbst zu überlassen. Das ist durchaus verständlich. Man hat viel Kraft und Energie investiert, um einander seine Liebe zu beweisen, und jetzt möchte man am liebsten für eine Weile den Tempomat einschalten.

Das Problem beim Tempomat ist, dass er nur hilft, wenn sich der Verkehr und die Straßensituation nicht ändern. Im Leben und auf der Straße ist das aber selten der Fall. Dazu kommt, dass man nach der Hochzeit nicht anspruchsloser wird, was die Beziehung betrifft, sondern anspruchsvoller. Man ist nun aufeinander angewiesen, von praktischen Dingen über emotionale Bedürfnisse bis hin zu den gemeinsamen Finanzen. Deswegen sollte man wachsam sein. Ist man es nicht, beschert einem der Partner oder das Leben irgendwann einen ordentlichen Weckruf.

2. Konflikte gehören dazu

Ihr mögt euch gleichen wie ein Ei dem anderen und unzertrennlich sein wie Pech und Schwefel, und trotzdem wird früher oder später das Eheglück gestört werden. Vielleicht sind die Schwiegereltern oder alte Freunde der Auslöser. Oder Umstände, die ihr nicht beeinflussen könnt. Vielleicht auch nur die Tatsache, dass du das nasse Handtuch nach dem Duschen nicht aufhängst. Bereitet euch mit folgendem Grundsatz darauf vor: *Zusammen zu sein ist wichtiger als recht zu haben.* Manchmal ist der eine die Windschutzscheibe und der andere das Insekt, manchmal ist es andersherum.

3. Anpassen muss sein

Ehekonflikte sind unausweichlich. Aber sie werden nur dann zu Ehekrisen, wenn keiner bereit ist, für eine gute Lösung Veränderungen vorzunehmen. Wenn ihr wollt, dass eure Ehe hält, akzeptiert am besten gleich von Anfang an, dass es bei Konflikten nicht darum geht, zu gewinnen. Nehmt euch vielmehr Zeit, das Problem aus beiden Perspektiven zu beleuchten, Gemeinsamkeiten zu entdecken und dann die nötigen Veränderungen vorzunehmen.

Manchmal bedeutet das, einfach zu sagen: „Es ist, was es ist", und den Groll und das Recht aufs Rechthaben loszulassen. Im Hohelied der Liebe in 1. Korinther 13 steht, dass die Liebe nicht nur geduldig und freundlich ist, sondern auch nicht nachtragend. Anders formuliert: Nehmt Konflikte nicht persönlich; nutzt sie als Gelegenheit, noch enger zusammenzuwachsen. Lasst die negativen Gefühle los und konzentriert euch lieber darauf, eure Ehe nicht bitter, sondern besser zu machen.

4. Erinnert euch daran, warum ihr geheiratet habt

Ein Freund von mir hat wie ich eine jüngere Frau geheiratet, die sehr intelligent ist, einen starken Willen hat und deutlich sagt, was sie denkt. Eines Tages war ihr Sohn im Collegealter gerade anwesend, als sie mit seinem Vater ein Hühnchen zu rupfen hatte. Hinterher drehte er sich ruhig zu seinem Sohn um, lächelte und meinte: „Das gehört nun mal dazu, wenn man eine starke Frau heiratet."

Mir gefällt diese kleine Begebenheit sehr, weil sie den Kern einer Ehe trifft. Jeder sucht sich seinen Partner aus. Mein Freund wollte eine starke Frau, und er wusste, worauf er sich einließ. Er wusste, dass sie kein Blatt vor den Mund nehmen würde, wenn sie ihm die Meinung sagte. Er liebte ihre innere Stärke, und er nahm sie an, wie sie war.

Wenn Kanae und ich zerstritten sind, hilft es mir, über den Konflikt hinaus auf die Frau zu schauen, in die ich mich verliebt habe. Und dann ermahne ich mich, dass ich geschworen habe, sie in guten und schlechten Zeiten zu lieben und zu ehren. Unsere Liebe ist größer als jede Meinungsverschiedenheit. Und unsere Beziehung wichtiger, als recht zu haben oder eine Diskussion zu gewinnen.

Ich versuche mich auch daran zu erinnern, wie einsam ich als Single war und wie viel Freude diese Frau in mein Leben gebracht hat. Diese dankbare Einstellung und eine ordentliche Portion Gebet helfen mir durch die schwierigen Phasen als Ehemann. Wer weiß, vielleicht auch dir?

5. Du bist nicht allein

Manchmal wirst du aus deinem Partner einfach nicht schlau. Du verstehst nicht, was das Problem ist, was du falsch gemacht hast oder wie ihr den Konflikt hinter euch lassen sollt. In solchen Augenblicken fühlt man sich oft alleingelassen. Schließlich ist gerade die Person, die man am meisten liebt, nicht gut auf einen zu sprechen.

Dann sollte man sich nicht zu schade sein, fremde Hilfe anzunehmen. Natürlich kommen als erste Freunde und Familie infrage, aber überlege vorher, ob du sie wirklich in alles einweihen willst. Sie werden sich verpflichtet fühlen, Partei für dich zu ergreifen, und das kann später die Sache noch verschlimmern.

Vielleicht ist es ratsam, einen Unbeteiligten mit Erfahrung in Beziehungsfragen zurate zu ziehen: einen Eheberater, Coach, Pastor, Psychologen usw.

Ich persönlich wende mich zuerst an Gott und bitte ihn um Weisheit und Kraft. Das tue ich jeden Tag und weiß: Wenn ich meine Frau nicht ändern kann – Gott kann es. Aber oft genug bin ich es, der sich ändern muss!

elf

Wir werden Eltern!

Nach der Hochzeit und den Flitterwochen machten wir uns sofort an die Planung – genauer gesagt, die Familienplanung. Wir wollten uns zwei Jahre als junges Ehepaar gönnen und anschließend eine Familie gründen. Kanae und ich freuten uns richtig auf diese zwei Jahre, vor allem auch, weil für 2013 eine große Rednertour geplant war, mit Auftritten in über zwanzig Ländern.

Nach so vielen Jahren der Soloreisen konnte ich es kaum erwarten, Kanae mitzunehmen. Okay, ich gebe es zu: Ich wollte überall mit meiner Frau angeben. Na und?

Doch dann wurde ich wieder einmal an das geflügelte Wort erinnert: „Wenn du Gott zum Lachen bringen willst, erzähl ihm von deinen Plänen."

Drei Monate nach der Hochzeit, es war Mai, waren Kanae und ich mit etwa fünfzig Schülern der Mittelstufe und ihren Betreuern auf einer Freizeit nördlich von Santa Barbara im Los Padres National Forest. Mit seinen zwei großen Holzhäusern und neunzehn Hütten auf über zwanzig Hektar ging es uns auf dem Gelände am Cachumasee richtig gut.

Meine Mitarbeiter von *Attitude is Altitude* hatten diese Freizeit im Camp Whittier für angehende Jugendleiter konzipiert. Dahinter stand die Idee, möglichst viel Zeit mit den Jugendlichen zu verbringen. Wir machten Workshops, Diskussionsrunden, Geländespiele und überlegten uns lauter Outdoor-Aktivitäten wie Klettern, Wandern oder einen Hochseilgartenbesuch.

Die Jugendlichen sollten darüber nachdenken, was zu einem guten Jugendleiter gehört und welche Leitungsfähigkeiten in ihnen schlummerten. Außerdem wollten wir sie aus der Reserve locken und ihnen Gelegenheit geben, ihren Charakter zu testen, sich selbst besser zu verstehen und Selbstvertrauen aufzubauen.

Guter Plan, oder?

Ich war der Sprecher, Motivator und Gesamtleiter dieses dreitägigen Waldabenteuers. Und ich hatte nicht die leiseste Ahnung, dass ich selbst bald meine Komfortzone verlassen und Charakterstärke beweisen musste.

Alles wird anders

Ungefähr zu dieser Zeit ließ Kanae mir gegenüber nämlich erste Kommentare fallen, dass ihre Regel einige Tage überfällig war. Wir waren viel herumgereist, hatten Workshops und Seminare veranstaltet, ich hatte Auftritte absolviert, und sie hoffte, dass ihr Rhythmus wegen der ganzen Aufregung etwas durcheinandergeraten war.

Sie harrte elf Tage aus. Als wir wieder zu Hause waren, kaufte sie sofort einen Schwangerschaftstest. Ich muss dazu sagen, dass wir nicht versucht hatten, eine Familie zu gründen. Wir hatten sozusagen versucht, *keine* Familie zu gründen, also machte sie sich nicht übermäßig Sorgen – bis das Ergebnis feststand.

„Ich starrte erst ungläubig auf die roten Streifen und platzte dann heraus: ‚Das ist doch wohl ein Scherz!‘", erinnert sich Kanae. „Da war kein zartes Rosa; da war ein tiefes Rot, also kein ‚Na ja, eventuell …‘ Es war ein klares Ja!"

Kanae kam aus dem Bad und lehnte sich an die Wand im Flur. Ich kam dazu und sah, wie sie entgeistert auf den Teststreifen starrte.

„Baby, wir kriegen ein Baby", flüsterte sie.

Zuerst überrollte mich eine Welle der Freude. Ich war sprachlos. Tränen flossen. Wir umarmten und küssten uns.

Dann wurde mir allmählich klar, was das bedeutete. Wir liefen durchs Haus wie wandelnde Leichen. Wir legten uns aufs Bett und starrten an die Decke. Zwanzig Minuten lang sagte keiner ein Wort. Ich weiß nicht, wie es Kanae ging, aber es stürmten so viele Gedanken auf mich ein, dass ich gar nichts hätte sagen können, selbst wenn ich gewollt hätte. Meine Schaltkreise waren überlastet.

Hilfe, ich werde Vater! Das ist der Wahnsinn!

Hilfe, ich habe gerade die Verträge für die viermonatige Rednertour unterschrieben, die in … acht Monaten anfängt!

Gedanken wie diese kreisten auf der Carrerabahn in meinem Kopf herum. In Kanaes Kopf war genauso der Teufel los. Ich konnte es rattern hören. Komischerweise war ihr erster Kommentar: „Du musst Karla sagen, sie soll sich beeilen. Ich habe keine Lust, alleine schwanger zu sein."

Karla Mills, die leitende Geschäftsführerin bei *Attitude Is Altitude*, hatte schon öfter erwähnt, wie toll sie es finden würde, wenn sie und Kanae „irgendwann mal" gleichzeitig schwanger sein würden. Aber es war gar kein Druck nötig. Noch am selben Tag rief ich Karla an, um einige der Auftritte zu verschieben, weil sie auf den errechneten Geburtstermin fielen. Ich sagte nicht warum, aber Karla kennt mich. Sie merkte, wie aufgewühlt ich war und roch den Braten. „Ist Kanae etwa schwanger?"

„Jep", sagte ich nur.

„Verrückt! Ich auch!"

Kein Kinderspiel

Kanae und ich wären wohl den ganzen Tag wie Zombies durchs Haus gewankt, hätten wir nicht meine Eltern und meine Schwester schon zum Abendessen eingeladen gehabt. Kanae musste dringend in die Küche und anfangen.

„Sagen wir es ihnen gleich heute?", fragte sie.

Wir hatten kaum eine Wahl. Ich bin nun mal ein offenes Buch. Alle in der Familie wissen, dass ich Geheimnisse nicht für mich behalten kann. (Wenn du also einmal eine Bank überfallen willst, weihe mich bloß nicht ein!)

Wir beschlossen, die Neuigkeit beim Abendessen zu verkünden, und Kanae ließ sofort ihre Fantasie spielen, um es auf möglichst kreative Art und Weise zu tun.

„Wir könnten doch eine Torte mit blauem und rosafarbenem Zuckerguss bestellen", schlug sie vor. „Und dann fragen wir jeden, ob er lieber ein blaues oder ein rosa Stück haben will und sehen, ob jemand darauf kommt. Was meinst du?"

Ich bestellte die Torte und holte sie am Nachmittag ab. Während ich unterwegs war, machte Kanae zur Sicherheit noch einen Schwangerschaftstest, damit unsere Neuigkeiten sich nicht als Ente herausstellen würden. Der Test war positiv, also stand unserem kleinen Tortenrätsel nichts mehr im Weg.

Kanae wollte nach dem Essen meine Mutter in die Küche schicken, um die Torte zu holen. Sie stellte sich vor, wie Mom den farbigen Zuckerguss sah, sich alles zusammenreimte und voller Begeisterung mit der Babytorte wieder ins Wohnzimmer gestürmt kam.

Für mich hörte sich das wie ein schlauer Plan an. Meine Mutter war schließlich Hebamme gewesen. Mit Sicherheit würde sie sofort begreifen, wofür die beiden Farben standen.

Aber weit gefehlt.

Nach dem Essen schickte Kanae Mom in die Küche. Sie kehrte mit der Torte zurück, stellte sie auf den Tisch und meinte: „Esst ihr mal, ich will keine. Ich gehe raus und wässere den Rasen. Der sieht so trocken aus."

Das ist meine Mom; sie kann einfach nicht still sitzen. Immer muss sie rotieren und irgendwas machen. Sie ist eine fleißige Biene, aber dafür nicht besonders aufmerksam.

Kanae warf mir einen Blick zu, der so viel sagen sollte wie: „So war das aber nicht geplant!"

Unsere Pläne gehen des Öfteren nicht besonders gut auf; vielleicht hast du das schon mitbekommen?

Weil meine Frau kurz vor der ersten Panikattacke ihrer Schwangerschaft stand, versuchte ich meine ahnungslose Mutter abzufangen. „Möchtest du wirklich nichts? Auch kein Kleines?", fragte ich mit so viel Andeutungen in der Stimme wie ich konnte.

„Nein."

Es musste eine Ansage her. Ich hatte gerade drei Tage lang junge Leiter ausgebildet; jetzt musste ich selbst einer sein. „Mom, setz dich bitte hin und fang nicht schon wieder an, herumzuwuseln. Du könntest die Torte schneiden. Das kannst du doch viel besser als ich."

Sie hörte weder den Sarkasmus heraus, noch begriff sie, was hier vor sich ging. Immerhin setzte sie sich und schnitt die Torte in Stückchen. (Mütter sind wohl froh, wenn sie irgendetwas Nützliches tun können.)

Kanae und mich schrie die Torte förmlich an. „Wir werden Eltern!" Aber niemand sonst merkte etwas. Mom teilte die Torte in gleichgroße Stücke und stand auf. Offensichtlich rief sie nur der Rasen.

Ich wusste nicht, wie ich sie noch aufhalten sollte. „Mom! Bleib hier. Wann sind wir schon mal als Familie zusammen?" Mom macht sich bei so etwas immer gern aus dem Staub.

Ich ließ eine Andeutung nach dem anderen vom Stapel – so groß wie ein Zeppelin. Die anderen machten sich nur über die Torte her. Mom weigerte sich immer noch, ein Stück zu nehmen.

„Okay, Mom, du musst ja nicht. Aber wenn, welche Farbe würdest du nehmen? Blau oder rosa?", fragte ich.

„Blau."

Schweigen.

Jeder Teller, jede Gabel voll Torte war eine Anspielung, aber niemandem fiel etwas auf.

Wir sahen Mom an.

Sie erwiderte stumm unsere Blicke.

Ich gab auf und wandte mich an Kanae. „Sollen wir es ihnen sagen?"

„Sag du", meinte Kanae.

„Nein, du." (Ich hatte Angst, vor Freude in Tränen auszubrechen, aber das würde ich natürlich niemals zugeben.)

Kanae nahm die Herausforderung an. Mein Glück. „Na ja, wir hatten gedacht, wenn wir eine Torte kaufen, wo der Zuckerguss jeweils zur Hälfte blau und rosa ist, dann merkt ihr das sofort, aber irgendwie seid ihr heute nicht die Schnellsten …"

„Du bist schwanger!", rief Mom aufgeregt. Endlich war der Groschen gefallen.

Bei meinem Vater dauerte es noch. „Was? WAS? *Du bist was?*", sagte er nur.

Meine Schwester war in null Komma nichts auf den Beinen. Sie tanzte und hüpfte vor Freude quiekend durchs Zimmer, und Mom gesellte sich mit einem serbischen Freudentänzchen dazu, wenn es so etwas gibt.

Okay, ich gebe es doch zu: Ich heulte.

Sie waren so glücklich! Wir waren so glücklich!

Ich war dabei, Vater zu werden!

Baby an Bord

Keine zehn Stunden nach dem Schwangerschaftstest verkündeten wir also der Familie die Neuigkeiten: Das erste Enkelkind war unterwegs! Es war ein Augenblick für die Ewigkeit. So viel Freude hatte ich selten gespürt. Zu sehen, wie meine Eltern und meine Schwester sich mit meiner Frau um die Wette freuen war ein Geschenk, dass ich immer in mir tragen werde.

Später, als meine Familie sich verabschiedet hatte und Kanae schon neben mir schlief, dachte ich noch einmal über meine lange Reise nach, weg von den Ängsten und Unsicherheiten, hin zur Ehe und nun zur bevorstehenden Vaterschaft. Ich weiß gar nicht mehr genau, wie alt ich war, als ich meiner Mutter zum ersten Mal sagte, dass ich später Kinder haben wollte. Ich weiß nur noch, dass meine Eltern immer sehr vorsichtig wurden, wenn wir über diesen Traum sprachen.

„Nick, wir sind nicht sicher, ob du überhaupt Kinder zeugen kannst", hatte Mom einmal gesagt.

Das hatte wehgetan, weil ich ein ganz normaler junger Mann sein wollte, mit ganz normalen Bedürfnissen, Träumen, aber auch Fähigkeiten. Ich hatte gehofft, meine Eltern würden das genauso sehen. Erst im Lauf der Jahre verstand ich ihre Vorsicht besser.

Was hatten sie bei meiner Geburt nicht für einen Schock erlitten! Meine Mutter brauchte viele Monate, um ihn zu verarbeiten. Sie hatten anfangs keine Ahnung, was sie mit mir anfangen sollten. Verzweifelt legten sie sich und ihren einzigartigen Sohn in Gottes Hand und vertrauten darauf, dass er ihnen Kraft geben würde.

In mich investierten sie dasselbe Vertrauen. Und ich konnte das gut gebrauchen, denn mein Weg war nicht gerade einfach. Als mir meine Behinderung immer bewusster wurde, ging ich durch viele dunkle Täler. Ich musste akzeptieren, dass ich viele ganz normale Dinge nie würde tun können. Gerade als Jugendlicher fiel mir das unglaublich schwer. Ich wurde gehänselt. Andere gingen mir aus dem Weg. Genau in der Phase, wo man unbedingt dazugehören und mithalten möchte, hatte ich jeden Grund, mich wie ein Außenseiter zu fühlen. Egal, wie sehr ich mich auch anstrengte, ich fiel immer auf.

Mein einsames Leben als Single schien sich für immer so hinzuschleppen, und dann kam Kanae. Die Tage verflogen nur so, unsere Liebe wuchs, und wir heirateten. Und nun, nur wenige Monate später, erwarteten wir ein Kind. Mir war, als würde ich träumen.

Ein Traum wird wahr

Ich habe gelesen, Gott schläft und schlummert nicht. Das ist gut so, denn wenn doch, dann hätten Kanae und ich ihn sowieso die ganze Nacht wach gehalten. Wir dankten ihm für das riesengroße Geschenk und flehten ihn zugleich an, dass das Kind nicht mit so viel zu kämpfen haben würde wie ich.

Als Nächstes gingen wir zum Arzt. Zu meiner Erleichterung sagte man mir, die Wahrscheinlichkeit, dass ich ein Kind ohne Arme und Beine gezeugt hatte, sei astronomisch gering. Nicht, dass es das schlimmste Schicksal der Welt gewesen wäre. Wer sollte solch ein Kind besser großziehen als ich und meine Frau? Außerdem empfinde ich die fehlenden Gliedmaßen gar nicht als Problem. Jedenfalls als kein Problem, das man nicht mit einer ordentlichen Portion Entschlossenheit, Unterstützung und Gottvertrauen lösen kann.

Kanae und ich haben schon viel darüber geredet. Ich möchte natürlich *allen* Menschen Mut machen, aber insbesondere denen mit Behinderung und mit fehlenden Gliedmaßen. Als ich geboren wurde, fielen meine Eltern in ein tiefes Loch. Sie konnten nicht damit rechnen, dass ich je ein normales Leben führen würde. Ganz im Gegenteil: Sie gingen fest davon aus, mich mein Leben lang pflegen zu müssen.

Einen anderen Weg sahen sie nicht, weil sie ja auch niemanden kannten, der so war wie ich. Auf meinen Reisen habe ich bisher insgesamt vierundzwanzig Männer, Frauen und Kinder kennengelernt, deren Körper genauso aussieht oder meinem sehr ähnlich ist. Darüber hinaus habe ich viele Kriegsveteranen oder Unfallopfer getroffen, die viele oder alle Gliedmaßen verloren haben. Nichts erfüllt mich mehr, als sie zu trösten und ihnen Mut zu machen, dass man trotzdem ein sinnvolles und gutes Leben führen kann.

Wenn meine Eltern jemanden gekannt hätten, der so ein Kind wie mich großgezogen hätte, wären sie an ihrem und meinem Schicksal nicht so verzweifelt. Hätte ich ein Vorbild gehabt, wäre mein Leben leichter gewesen. Wenn mich die Leute fragen, ob ich nicht Angst hatte, dass mein Sohn auch ohne Arme und Beine auf die Welt kommen würde, antworte ich nur: Solange er Gott kennt, ist er bestens ausgestattet. Lieber wäre mir für ihn ein Leben ohne Gliedmaßen als eins ohne Gott.

Viele, sehr viele Kinder kommen mit körperlichen und mentalen Beeinträchtigungen auf die Welt. Ich kenne nicht Gottes Gedanken für jedes von ihnen, aber ich weiß, dass sie allesamt wertvoll und wichtig sind. Ist es manchmal beängstigend, Eltern zu werden? Ja. Ist es noch beängstigender, Eltern eines behinderten oder kranken Kindes zu werden? Mit Sicherheit. Und trotzdem kann man auch viel Gutes daran entdecken. Meine Eltern, die vielleicht eines Tages ein Buch über die Herausforderungen und Freuden schreiben, ein behindertes Kind großzuziehen, hatten jedenfalls anfangs sehr zu kämpfen. Und doch hat sie die Situation vorangebracht und ihr Gottvertrauen gestärkt.

Wenn du solch ein Kind hast oder selbst mit Beeinträchtigungen leben musst, fühle ich mit dir. Genauso berührt mich das Schicksal der Paare, die erfolglos versuchen, Kinder zu bekommen. Die moderne Medizin kann zwar einige Hürden überwinden, aber manche warten trotzdem vergeblich auf das Wunder eines neuen Lebens.

In den letzten Jahren habe ich einige Paare kennengelernt, die den Weg der Adoption gewählt haben. Besonders Andie und Lee Hendrickson aus Phoenix haben mich sehr beeindruckt, weil sie drei behinderte oder potenziell behinderte Kinder adoptiert haben. Ich habe zwar schon viele Waisen- und Kinderheime besucht, aber bei den Hendricksons wurde mir noch einmal besonders bewusst, wie sehr die Welt liebevolle und fürsorgliche Eltern braucht.

Hunderttausende Kinder leben in Heimen und fühlen sich oft ungeliebt und ungewollt. Ich habe miterlebt, wie viel seelische Heilung und positive Veränderung ein Kind durch Adoptiveltern erfahren kann. Die Leute in meinem Bekanntenkreis, die ein Kind adoptiert haben, erzählen, wie sich ihr eigenes Leben verändert hat, weil sie ihr Haus und Herz einem Menschen geöffnet haben, der sonst womöglich nie ein stabiles und vertrauensvolles Fundament im Leben gehabt hätte.

Fürsorgliche Adoptiveltern sind meine Helden. Sie vertrauen auf das Gute im Menschen. Sie wissen, dass wir alle Kinder Gottes sind. Ein Kind zu adoptieren oder Pflegeeltern zu werden kann ich nur allen Paaren ans Herz legen. Ich kann zwar nicht wirklich nachempfinden, wie traurig es sein muss, keine eigenen Kinder bekommen zu können, aber zumindest habe ich die Freude derer erlebt, die für ein Kind zu Eltern geworden sind.

Jedes Leben ist ein Geschenk. Jeder Augenblick ist lebenswert. Leid gehört zum Leben dazu, aber man kann auch überall Grund zur Freude finden. Man muss nur danach suchen. Ich weiß, wie sich Finsternis anfühlt. Fast jeden Tag muss ich mich bewusst dagegen wehren und auf die Liebe der Menschen in meinem Umfeld konzentrieren. Falls ich dir dabei irgendwie behilflich sein kann, lass es mich wissen. Ich glaube sogar, dass das der Grund ist, warum es mich überhaupt gibt.

Wunder voraus

Während der Schwangerschaft von Kanae wurden wir von verschiedenen Seiten ermuntert, genetische Tests durchzuführen, aber für uns stand fest: Das Resultat würde nichts verändern. Wir wollten dieses Kind. Gott wollte dieses Kind. Kanae meinte außerdem, viele Tests würden oft falsche Ergebnisse liefern, manche sogar das ungeborene Kind gefährden. Warum sollte sie sich den Rest der Schwangerschaft unnötig unter Stress setzen? Natürlich soll das jeder für sich selbst entscheiden. Ich möchte nur allen werdenden Eltern raten, sich gut zu informieren und mit erfahrenen Müttern über alle Aspekte der Schwangerschaft zu reden, inklusive aller Pflicht- und freiwilligen Untersuchungen.

Wer Mediziner in der Familie hat, kann auch diese als Wissensquelle nutzen. Die meisten werden nur zu gern behilflich sein. Meine Mutter war uns eine enorme Hilfe, weil sie Hebamme mit jahrelanger Erfahrung war und zudem drei eigene Kinder großgezogen hat – vor allem mich, ein ganz besonderes Kind.

Während der Schwangerschaft sind Frauen oft empfindlich, weil ihr Hormonhaushalt ziemlich durcheinander ist. Deswegen empfiehlt Kanae werdenden Müttern, sich gezielt zu informieren und *nicht* alles zu verschlingen, was man über die Schwangerschaft findet.

Informiert euch gründlich, aber seid euch im Klaren darüber, dass sich viele Webseiten, Bücher und Artikel nur auf das konzentrieren, was schiefgehen kann. Lasst euch nicht verrückt machen und vermutet gleich hinter jedem kleinen Tritt etwas Schlimmes. Und selbst wenn es Probleme geben sollte, können die Ärzte meistens etwas dagegen tun und trotzdem für eine erfolgreiche Geburt sorgen. „Das wird schon" sagt sich leicht, und ich weiß, wie schnell man sich Sorgen macht. Deswegen war ich ja so froh, Nicks Mutter Dushka und seine Schwester Michelle zu haben – eine Hebamme und eine Krankenschwester. Ich konnte mich immer an sie wenden. Sie beruhigten mich und nahmen mir viele Ängste.

Unser Ziel während der Schwangerschaft war, nur das Nötigste zu machen. Wir wollten Kanae und dem Kind so wenig Stress zumuten wie möglich – und mir auch! (In manchen Dingen bin ich eben immer noch der kleine anstrengende Junge.) Immerhin gingen wir in eine Klinik für Hochrisikoschwangerschaften, um die Entwicklung des Kindes zu überwachen. Und wir machten ziemlich viele Ultraschalluntersuchungen, einige sogar in 3D. Alle Bilder sahen gut aus, und Kanae scherzte schon, sie könne daraus ein ganzes Album machen.

Aber selbst nachdem alle Pflichtuntersuchungen absolviert waren und alles gut aussah, fiel es uns schwer, die Schwangerschaft über den engen Familienkreis hinaus bekannt zu machen. Die meisten Ärzte empfehlen einem, die ersten dreizehn Wochen abzuwarten, weil danach die Wahrscheinlichkeit für eine Fehlgeburt bedeutend sinkt, vor allem bei jungen, gesunden Frauen.

Wir wurden immer aufgeregter. Schließlich machten wir es doch publik. Und sagen wir so: Manchmal sind gute Nachrichten ein noch schnelleres Lauffeuer als schlechte.

Kanae und ich konnten gut verstehen, warum sich alle so für uns freuten. Schließlich war unser Kind der erste Enkel für beide Familien. In unserem Fall ging alles gut, und auch dafür sind wir unendlich dankbar.

Anderen Paaren, die ihr erstes Kind erwarten, möchte ich dennoch ans Herz legen, behutsam mit ihrer Neuigkeit umzugehen. Man kann nicht kontrollieren, wer alles davon erfährt. Ob man sie für sich behält oder gleich herausposaunt, ist natürlich eine persönliche Entscheidung. Am liebsten möchte man es der ganzen Welt sagen, nicht wahr? Andererseits erleben viele Paare auch Komplikationen während der Schwangerschaft, und wir dürfen froh sein, dass bei uns alles so gut ablief.

Eigentlich dachte ich ja, ich könne meine Frau nicht noch mehr lieben als bei unserer Hochzeit, aber irgendwie brachte uns jeder Tag der Schwangerschaft noch enger zusammen. Es war eine ergreifende Erfahrung. Als Kanae zum ersten Mal beim Ultraschall war, waren wir so begeistert, dass noch im Behandlungszimmer die erste Party stieg.

Ich hatte höchstens mit irgendetwas Undefinierbarem gerechnet, einem schwarzen Punkt vielleicht, aber dann erschien unser Baby auf dem Bildschirm, und es war so hübsch! Ich konnte seinen Kopf sehen, kleine Arme, kleine Beine. Mir kamen die Tränen, Nick auch, und dann mussten wir vor lauter Glück einfach wie zwei Verrückte lachen. Alles andere verblasste. Nicks Mom war da, fotografierte den Bildschirm und lachte mit.

Abgesehen vom Ultraschall machten wir keine weiteren Untersuchungen. Wir hätten unseren Sohn sowieso angenommen, egal, wie er aussah. Eigentlich hatten wir uns auch wegen der Gliedmaßen keine besonderen Sorgen gemacht, aber dann waren wir doch erleichtert, als wir seine Finger und Zehen auf dem Bildschirm entdeckten. Die Freude war unbeschreiblich. Das Personal vermaß Körper und Kopf und errechnete uns dann den 12. Februar als Tag der Geburt – unseren ersten Hochzeitstag! Verrückt, oder?

Die Zeit raste nur so dahin, und wir hatten Schwierigkeiten, alles zu verdauen. Erst allmählich begriffen wir, welches Wunder da im Gange war. Und uns dämmerte, dass ich direkt nach der Geburt eine viermonatige Welttournee machen wollte.

Ein Kind hat seinen eigenen Zeitplan

Bei aller Freude seit dem positiven Schwangerschaftstest wurde uns relativ schnell bewusst, dass wir völlig unvorbereitet waren und nur wenige Monate an Erfahrung als Ehepaar hatten. Außerdem hatten wir eigentlich geplant, zusammen auf Tour zu gehen und gemeinsam die Welt zu sehen, vor allem die vierundzwanzig Länder in Südostasien und Lateinamerika, darunter auch Kanaes Heimat Mexiko.

War es kein gutes Timing, um eine Familie zu gründen? Wir wehrten uns gegen diesen Gedanken. Zum einen sahen wir dieses Kind als Geschenk, insbesondere angesichts der Paare im Bekanntenkreis, die seit Jahren versuchten, Kinder zu bekommen. Ein Kind zu wollen und es vergeblich zu versuchen ist einer der schmerzhaftesten Prozesse, die ein Paar durchmachen kann. Wir hatten also keineswegs das Recht, über schlechtes Timing zu jammern. Wir hatten vielmehr Grund, dankbar zu sein.

Erfahrene Väter sagen, dass es immer einen Grund gibt, warum das Timing nicht stimmt. Schließlich ist das Ganze eine lebensverändernde, alles auf den Kopf stellende, finanziell herausfordernde und gesundheitsgefährdende Gedulds- und Beziehungsprobe! Überleg doch mal: Ein ganz neuer Mensch hängt sich an dich und deine Frau. Diese kleine Person wird schreien, euch um euren Schlaf bringen, ständig irgendwelche Bedürfnisse haben und will immer im Mittelpunkt stehen. Ihr werdet sie ernähren müssen, anziehen und stets für sie sorgen, und das für eine lange Zeit. Achtzehn Jahre Minimum! Wann soll da bitte schön das Timing stimmen?

Ich scherze natürlich, aber ein Körnchen Wahrheit steckt auch darin. Man kann sagen: Den perfekten Zeitpunkt für ein Kind gibt es nicht. Ich drehe den Spieß einmal um: Eigentlich ist jeder Zeitpunkt für ein verheiratetes Paar perfekt. Eure Wohnung ist zu klein? Das Konto zu leer? Die Arbeit ist zu wichtig? Ihr habt keinen Kinderwagen? Fünf Treppen nach oben?

Natürlich braucht man ein gewisses finanzielles Fundament und eine sichere Umgebung für ein Kind, aber genauso braucht man etwas Vertrauen. Wartet nicht auf den perfekten Augenblick – er kommt womöglich nie. Wie die meisten „Erst"-Eltern waren Kanae und ich völlig unvorbereitet, aber nachdem wir herausgefunden hatten, dass sie schwanger war, nahmen wir die Elternrolle an und machten das Beste draus. Mit Gottes Hilfe und Kraft bereiteten wir uns auf unser kleines Geschenk vor. Und wenn wir das hingekriegt haben …

Sich auf ein ungeplantes Kind vorzubereiten kann einem ziemlich Angst machen. Und doch meistern viele Leute – Paare und Alleinstehende – diese Situation mit noch viel weniger Mitteln und weniger Unterstützung als wir. Ihr werdet Opfer bringen müssen, Pläne ändern oder über den Haufen werfen, den sportlichen Flitzer gegen eine Familienkutsche tauschen und die Männerbude in ein Kinderzimmer verwandeln müssen, aber nichts ist unmöglich. Glaubt mir.

Kanae und ich mussten auch diverse Veränderungen vornehmen. Gegen einige davon sperrten wir uns zuerst. Kurz gingen wir davon aus, dass sie und das Kind mich einfach auf der Tournee begleiten würden. Wir kauften sogar ein Reisekinderbett, einen Baby-Kindersitz fürs Auto, den man auch im Flugzeug benutzen konnte, und einige andere Ausrüstung, aber dann wurde uns klar, dass die beiden diesem Stress nicht gewachsen waren.

Als Nächstes gingen wir auf die Knie und hofften, dass ich die Tournee noch absagen konnte, obwohl die Verträge bereits unterzeichnet, Räume angemietet und Karten verkauft worden waren. Aber zu viele Leute hingen von mir ab und rechneten fest mit meinen Auftritten. Also musste ich ein Mann sein und akzeptieren, dass ich in den entscheidenden ersten Lebensmonaten unseres Kindes nur sporadisch anwesend und wir sonst auf Telefon und Skype beschränkt sein würden.

Mein Opfer war nichts im Gegensatz zu der Mehrbelastung, die Kanae erwartete, und das war uns beiden bewusst. Wir versuchten, so gut es ging, uns darauf vorzubereiten und legten den Rest Gott in die Hände. Zumindest was die Schwangerschaft anging, meinte er es sehr gut mit ihr. Das sagt sich natürlich leicht für mich. Mein Körper machte ja keine radikale Veränderung durch. Aber sie sieht das glücklicherweise ganz ähnlich.

Ich hatte eine unglaublich einfache Schwangerschaft und fühlte mich eigentlich immer gut. Das Einzige, was ich im Nachhinein anders machen würde, wäre, mir mehr Zeit zum Entspannen, Nachdenken und mich Verwöhnen zu nehmen. Die Monate zu zweit mit Nick als verheiratetes Paar habe ich sehr genossen. Idealerweise hätten wir uns unsere kompletten zwei Jahre gegönnt, aber Gott hatte andere Pläne, und ich freute mich natürlich sehr über unser Kind. Und trotzdem machte ich mir viel zu wenig bewusst, dass die Schwangerschaft für eine sehr lange Zeit das letzte Mal sein würde, wo ich Zeit für mich allein haben würde. Ist das verständlich?

Wie gesagt: Ich möchte weder an der Schwangerschaft noch am Zeitpunkt etwas ändern, aber anderen Frauen in einer ähnlichen Situation würde ich raten, sich jeden Tag oder mindestens einmal in der Woche nur Zeit für sich zu nehmen und die ungestörte Zeit in der Badewanne, Dusche, am Strand oder mit einem guten Buch oder Film wirklich zu genießen.

Ich sage das, weil es sehr wenig Gelegenheit dafür geben wird, wenn das Baby einmal da ist. Interessanterweise war ich sehr froh, mich nach der Geburt um das Baby kümmern zu können. Die Mutterinstinkte erwachten, und das Kind rückte vollkommen in den Mittelpunkt. Das ging ganz von allein. Trotzdem kann ich nur empfehlen, die stillen Momente zu genießen, so lange es geht.

Zum Glück hatte ich morgens keine Übelkeitsanfälle. Mein Akku war sogar voller als sonst. Ich werkele gern im Garten, genau wie Nicks Mutter Dushka. Eines Tages arbeiteten wir Seite an Seite mit ein paar Leuten und pflanzten neues Grün. Nick und die anderen machten sich Sorgen und meinten, ich solle nicht auf Knien im Garten herumkrabbeln und Löcher graben, aber Dushka verteidigte mich. „Wenn sie das Gefühl hat, sie schafft das, dann lasst sie doch!" Schwangere Frauen solle man nicht so verhätscheln, meinte sie. Sie seien viel zäher, als man denkt. Tja, wir Frauen eben! Wenn du also aktiv sein willst und die Ärzte nichts dagegen haben, warum nicht?

In den ersten sechs, sieben Monaten meinte mein Arzt, ich würde zu wenig zunehmen und hätte Eisenmangel, aber mir war wirklich nie nach einem Schläfchen. Ich war auch nicht überempfindlich auf irgendwelche Gerüche oder Lebensmittel wie viele andere Frauen. Den berühmten Heißhunger hatte ich auch nicht.

Andere aber schon, nicht wahr, mein lieber Ehemann?

Schuldig, euer Ehren! Gegen Ende von Kanaes Schwangerschaft konnte ich plötzlich nicht genug von meinen geliebten Schokoladen-Tim-Tams bekommen, einem Doppelbiskuit mit Schokoladencreme dazwischen. Als Kind in Australien hatte ich Tim-Tams schon geliebt, aber jetzt als Erwachsener trieb ich die Sache auf die Spitze, weil ich entdeckte, dass man beide Enden abbeißen und wie durch einen Strohhalm Milch aufsaugen konnte! Komischerweise mochte ich eigentlich Milch nie besonders. Das kam erst mit Kanaes Schwangerschaft. Selbst ohne Tim-Tams musste plötzlich andauernd Milch her. Selbst heute noch trinke ich sie gern kalt, vor allem vorm Schlafengehen. Ungelogen!

zwölf

Unser kleines Wunder

Weil Kanae im Kreißsaal die ganze Arbeit gemacht hat, darf sie auch diesen Teil unserer Geschichte erzählen.

Der 12. Februar 2013 kam – unser erster Hochzeitstag und der errechnete Geburtstermin für unser Kind. Unsere Eltern, meine Schwester und meine Großmutter waren alle in Erwartung des großen Tages angereist, aber das Baby hatte den Termin offensichtlich verschlafen. Abgesehen von einigen leichten Krämpfen und schwachen Wehen ging es mir gut.

Ich ging wie vereinbart zu meinem Arzttermin. Die Ärztin war überrascht, dass der Muttermund schon vier Zentimeter offen stand, was normalerweise heißt, dass die Frau in der Eröffnungsphase der Geburt ist. Da sich aber sonst nichts tat, stellte sie mir frei, entweder ins Krankenhaus oder nach Hause zu fahren, um mich auszuruhen. Ich hatte die Befürchtung, dass die Ärzte im Krankenhaus die Geburt mit Medikamenten einleiten könnten. Weil wir das Ganze so natürlich wie möglich über die Bühne bringen wollten, fuhr ich also nach Hause.

Ich betrat das Haus und fand einen riesigen Blumenstrauß vor, den Nick zu unserem Hochzeitstag bestellt hatte. Wir verbrachten einen entspannten Tag, feierten ein wenig und warteten darauf, dass unser Erstgeborener sich auf den Weg machte. Etwa um 18 Uhr lag ich gerade in der Badewanne, als die Wehen einsetzten. Um 23 Uhr ging ich zu Bett und hoffte, mich noch eine Nacht ausruhen zu können, bevor es dann ins Krankenhaus ging, aber an Schlaf war nicht zu denken. Die Schmerzen waren so schlimm geworden, dass ich an so gut wie gar nichts mehr denken konnte.

Nicks Mutter, die erfahrene Hebamme, war noch auf. Der Rest war ins Bett gegangen. Irgendwann mussten wir Nick und die anderen wecken, weil sie uns ins Krankenhaus begleiten wollten. Es war sehr kalt. Dushka ließ das Auto warmlaufen und stellte die Sitzheizung an, und dann fuhren wir eine Viertelstunde zum Simi Valley Adventist Hospital.

Die Ärzte untersuchten mich und stellten fest, dass es noch eine Weile dauern würde. Also schickten sie mich auf einen Spaziergang, was sicher einige Frauen kennen werden, die schon Kinder haben. Im Krankenhaushemd und mit einem Tropf bewaffnet lief ich von Mitternacht bis sechs Uhr morgens die Krankenhausflure auf und ab. Der Sinn dahinter ist, das Kind nach unten und in die richtige Lage zu bringen. Dieser Spaziergang war bei mir jedoch alles andere als ein Spaziergang. Unser Kind drückte mir auf die Lendenwirbel und verursachte Schmerzen, als würde mir jemand einen Bunsenbrenner ans Rückgrat halten.

Meine Mutter begleitete mich und massierte mir den Rücken. Nick fuhr mit dem elektrischen Rollstuhl neben mir her, und ab und zu musste ich mich bei ihm ausruhen und versuchen durchzuatmen, während der brennende Schmerz immer stärker wurde. Yoshie sah sich das Spektakel an und meinte nur: „Ich werde niemals schwanger!"

Ich machte die Atemübungen, die ich im Geburtsvorbereitungskurs gelernt hatte, aber hier halfen sie nicht. Die Familie war um mich herum, aber irgendwann wollte ich auch nicht mehr reden. Ich war nur noch im Überlebensmodus. An das hübsche Baby, das unterwegs war, dachte ich auch nicht mehr; ich wollte die Sache nur noch möglichst schnell über die Bühne bringen.

Wie viele Frauen hatte ich mit einer natürlichen Geburt ohne Schmerzmittel geliebäugelt, aber das war, bevor die Schmerzen einsetzten. Jetzt liebäugelte ich nur noch mit einer Epiduralanästhesie, und zwar je schneller, desto besser! Allen Schwangeren möchte ich empfehlen: Spielt nicht die Heldin. Ihr werdet tausend unterschiedliche Meinungen darüber hören, was das Beste ist. Die Entscheidung liegt bei euch, aber überlegt euch gut, ob ihr so starke Schmerzen aushalten wollt, dass ihr das Wunder, ein Kind auf die Welt zu bringen, gar nicht richtig miterleben könnt.

Termingeschäfte

Während der Schwangerschaft hatte ich mir eine Dokumentation über natürliche Geburtsmethoden und Wassergeburten in Begleitung von Hebammen angesehen. In dieser Dokumentation wurde den Krankenhäusern vorgeworfen, nicht mehr die Fürsorge, sondern nur noch das Geschäftliche im Auge zu haben. In Krankenhäusern würde der Geburtsprozess viel zu oft beschleunigt und unnötigerweise der Kaiserschnitt empfohlen, weil er ein relativ einfacher und für die Ärzte risikoarmer Eingriff ist. Der Film vertrat die Ansicht, dass Krankenhäuser nur noch Geld machen wollen und es nicht mehr primär darum geht, die beste Fürsorge für die Patienten zu leisten.

Viele Fachkräfte aus dem medizinischen Bereich sind sich einig, dass wegen der teuren Versicherungen gegen Kunstfehler und der häufigen Kaiserschnitte das Kinderkriegen kostspieliger geworden ist. Die meisten würden einem empfehlen, sich das Krankenhaus für die Geburt sorgfältig auszusuchen und sich im Bekanntenkreis nach Empfehlungen umzuhören. Die Entscheidung für die Art der Geburt liegt nach wie vor bei den Eltern. Viele Ärzte geben allerdings zu bedenken, dass man bei einer Hausgeburt nicht schnell genug professionelle Hilfe und Notversorgung erhält, sollte etwas anders laufen als geplant.

Im Kreißsaal

Ich machte während dieser ersten Schwangerschaft gute und schlechte Erfahrungen. Manchmal hatte ich tatsächlich das Gefühl, dass die Ärztin es ziemlich eilig hatte, aber dafür waren die Schwestern fast alle sehr einfühlsam, liebevoll und aufmerksam. Ich muss dazu sagen, dass ich Krankenhäusern und Ärzten bisher lieber aus dem Weg gegangen bin. Ich nehme noch nicht einmal Kopfschmerztabletten, so lange ich den Schmerz aushalten kann.

Wenn sich das Kind in die richtige Geburtsposition bewegt, lernt man sehr schnell seine Schmerzgrenzen kennen. Jeder ist natürlich anders, aber mein ursprünglicher Plan fing sehr schnell zu wackeln an. Manche halten die PDA-Methode für kontraproduktiv, weil man nicht mehr so gut pressen kann, aber ich beschloss, dass ich nicht mehr kategorisch medikamentöse Unterstützung verweigern würde.

Blöderweise war der Anästhesist zu Hause und brauchte eine Dreiviertelstunde bis ins Krankenhaus. Wenn ich ihm einen Hubschrauber hätte schicken können, ich hätte es sofort getan. Bis er endlich kam, riss ich mich zusammen, aber dann ließ mir schon der Gedanke an Erleichterung die Tränen aufsteigen. Kaum steckte die Nadel im Rücken, bewegte sich das Kind, und schon dadurch ging es mir viel besser. Dann setzte auch noch die Wirkung der Medikamente ein. Ich konnte mit Nick an meiner Seite sogar etwas schlafen, und etwa um 8 Uhr morgens war es dann so weit.

Nachdem die Fruchtblase geplatzt war, wurde ich in den Kreißsaal gebracht. Die Schwestern machten eine Dreiviertelstunde Pressübungen mit mir, während wir auf die Ärztin warteten. Sie waren einfach wunderbar und massierten mich mit Öl. Als die Ärztin kam, besprachen wir noch einmal, dass ich das Kind sofort nach der Geburt bei mir auf dem Bauch haben wollte. Ich hatte gelesen, dass das gut für das Kind war, und die Vorstellung gefiel mir, aber letzten Endes kam es dann doch anders.

Plötzlich ging alles ganz schnell, und um ehrlich zu sein, würde ich mir nächstes Mal weniger Leute um mich herum wünschen. Das Kind war größer als erwartet und passte nicht durch den Geburtskanal. Meine Familie wollte für mich da sein, aber beim nächsten Mal möchte ich nur meinen Mann dabeihaben. Auch wenn ich verstehen kann, dass sie die Ankunft von Kiyoshi, ihrem ersten Enkelkind, nicht verpassen wollten.

Die Geburt war nicht nur schmerzvoll, sondern auch sehr emotional, und als Kiyoshi endlich geboren wurde, konnte man kaum sagen, wer lauter heulte: mein Mann oder meine Großmutter.

In Wirklichkeit war Nick eindeutig der Stillere. Aber trotzdem kullerten auch bei ihm die Tränen, und dann gab es diesen unvergesslichen Augenblick, als die Ärztin das Kind im Arm hielt und meinte: „Das ist ja ein kleiner Riese!" In diesem Augenblick drehte sich das Baby zur Seite, machte die Augen auf und sah Nick an. Diesen Moment lasse ich lieber Nick selbst beschreiben.

Ich hatte mir oft vorgestellt, wie es sein würde, mein Kind zum ersten Mal zu sehen, und ich kann heute nur bestätigen, dass diese Erfahrung einfach unglaublich ist. Als Kanae im Kreißsaal war, waren wir allesamt schrecklich aufgeregt, zugleich aber auch besorgt um Kanae und das Kind. Wir platzten fast vor Freude, als der Kopf und die Schultern schon zu sehen waren, und meine Tränen kannten kein Halten mehr, als Kiyoshi ganz draußen war und die Ärztin die Nabelschnur trennte.

Ich habe gehört, dass Neugeborene nicht weiter sehen können als gerade einmal dreißig Zentimeter, aber ich war mindestens doppelt so weit entfernt, als unser Sohn zum ersten Mal seine unvergleichlich blauen Augen öffnete und direkt zu mir sah. Alle riefen: „Ooh, er guckt seinen Daddy an!"

Ich dachte nur: *Hilfe, er schaut mir direkt bis ins Herz.* Ich vergaß zu atmen. Die Zeit schien stillzustehen. Sein Blick war so intensiv! Es war ein unvergessliches Erlebnis, ein richtiges kleines Wunder. Die Schwester brachte ihn zum Saubermachen und Wiegen, und es dauerte viel zu lange, bis sie ihn zurückbrachte und Kanae übergab.

Auch der Augenblick, als mein Vater unseren Sohn, sein erstes Enkelkind, im Arm hielt, war einzigartig. So glücklich habe ich ihn noch nie gesehen. Mir scheint, er hat mit Kiyoshis Geburt eine ganz neue Ebene der Lebensfreude erreicht. Es ist so schön, das mitanzusehen, fast so schön, wie Vater zu werden.

Zurück zu Kanae.

Die Schwestern machten Kiyoshi sauber, wogen ihn und maßen seine Größe (3.900 Gramm, 55 Zentimeter), und mir kam es vor wie eine Ewigkeit! Weil seine Schultern während der Geburt kurz feststeckten, wollten sie ihn wohl extra gründlich untersuchen. Das gefiel mir nicht, weil ich ihn am liebsten sofort bei mir haben wollte. Als sie ihn dann endlich zurückbrachten, war er dafür so süß, nackt und hatte eine perfekte rosige Hautfarbe. Er war einfach wunderschön!

Sofort versuchten alle zu bestimmen, nach wem er nun geraten war. Das war lustig und angesichts seiner japanischen, mexikanischen und serbischen Wurzeln eine echte Herausforderung. Wir befanden, dass er meine asiatischen Augen und Nicks Kinn und Ohren hatte. Ich fand, er war zu einem Viertel Japaner, einem Viertel Mexikaner und zur Hälfte Serbe, aber Kinder verändern sich ja noch im Laufe der Zeit. Zu Beginn waren seine Augen tiefblau, aber mittlerweile sind sie schon fast dunkelbraun geworden.

Unser Sohn wird nicht nur einzigartig aussehen, auch sein Name spiegelt seine Herkunft wider. Sein Rufname ist Kiyoshi, wie mein Vater. Nick gefiel die Idee sofort, ihm den Namen meines Vaters zu geben, was mich sehr glücklich machte. Als ich meine andere Großmutter in Shizuoka in Japan anrief, um ihr die Neuigkeit zu sagen, dankte sie überschwänglich. Sie freute sich so sehr, dass sie noch am Telefon weinte.

Kiyoshis Name passt auch deswegen so gut zu ihm, weil er „Explosion der Hoffnung" bedeutet, wie wir gehört haben. Andere Freunde aus Japan interpretieren seinen Namen als „unschuldige Seele", „der den Himmel betritt" oder „schöner Baum". Sie gefallen uns alle.

Wochenbett ist keine gemütliche Woche im Bett

Was ich Müttern in spe auch empfehlen würde, ist, sich darüber zu informieren, was nach der Geburt passiert. Viele konzentrieren sich so auf die Schwangerschaft, dass sie sich völlig unvorbereitet in den harten Tagen nach der Niederkunft wiederfinden.

Ich hatte gehofft, dass die Freude über das Neugeborene mir eine Hochphase bescheren und die Tage nach der Geburt nur so verfliegen würden. Aber so war es leider nicht. Es war nicht komplizierter bei mir als bei anderen Frauen, bis ich wieder auf dem Damm war, aber wie die meisten Mütter würde ich sagen, dass das Wochenbett schlimmer war als gedacht.

Ich wusste nicht, dass man in der ersten Woche noch nicht einmal sitzen kann. Zum Glück standen mir meine Mutter und meine Schwiegermutter bei. Meine Mutter blieb gleich vier Tage. Aber selbst mit ihrer Unterstützung war es eine harte Zeit. Mein Tipp: Vergiss die Idee, die erste Supermutter der Welt zu werden, und hol dir in den ersten zwei Wochen nach dem Krankenhaus so viel Hilfe, wie du kannst.

Schmerzlich betrübt

Nach dem Hochgefühl der Geburt und dem Anblick des eigenen Kindes erleben viele Mütter die sogenannte Wochenbettdepression – emotional und körperlich. Das gehört wohl zum Gesamtpaket des Elternwerdens dazu. Die Hormone haben noch einmal einen Auftritt. Aber der geht wieder vorbei! Ein Teil von mir möchte gar nicht darüber reden, weil ich keiner schwangeren Frau die Freude auf ihr Kind verderben möchte. Trotzdem halte ich es für besser, einen Beitrag zur Aufklärung zu leisten, damit dieses Hormon-Intermezzo einen nicht so irritiert.

Ich muss zugeben, dass ich die ganzen Warnhinweise dazu beim Lesen während der Schwangerschaft übersprungen habe, weil ich mich nicht mit den Schmerzen und Qualen des Wochenbetts beschäftigen wollte. Dementsprechend hart traf es mich später.

Jede Frau erlebt diese Zeit anders, nicht zuletzt abhängig davon, ob das Kind durch eine normale Geburt oder einen Kaiserschnitt zur Welt kam, und ob es Komplikationen gab oder nicht. Bei Kiyoshis Geburt gab es nur kleinere Komplikationen, aber ich hatte nicht mit solchen Schmerzen gerechnet. Das Wochenbett war für mich definitiv keine gemütliche Woche im Bett.

Ein Kind zu bekommen ist ein natürlicher Vorgang, aber für den Körper der Frau ist das extremer Stress und Belastung. Nach der Geburt sagen einem dann die Ärzte, dass man mit weiteren Blutungen, Krämpfen, Hitzewallungen, Verstopfung, Hämorrhoiden, Erschöpfung, Rückenschmerzen, Brustschmerzen und Stillproblemen rechnen muss, ganz zu schweigen von den Schmerzen durch die bei der Geburt strapazierten oder verletzten Körperpartien.

Wöchnerinnen sollten sich auf einen sehr wunden Körper, sehr wenig Schlaf und ein sehr bedürftiges Baby gefasst machen. Dann sind sie gewappnet. Ein Neugeborenes ist nämlich keineswegs pflegeleicht. Ich hatte mich entschieden, normal zu stillen, aber auch das kann mit Schmerzen und Krämpfen verbunden sein. Obwohl ich mich riesig freute, endlich Mutter zu sein, fragte ich mich hin und wieder: *Wann ist das endlich vorbei?*

Ich dachte, ich würde den verlorenen Schlaf nie wieder aufholen. Vom „Baby-Blues" hatte ich schon gehört, aber da die Schwangerschaft so unkompliziert gewesen war, rechnete ich fest damit, ihn nicht zu bekommen. Weit gefehlt.

Ich war als Kind nie eine Heulsuse gewesen, aber mein Kind machte mich zu einer. Eine knappe Woche lang war ich ein einziges Nervenbündel. Kleine Sachen, die überhaupt nicht wichtig waren, trafen mich durch das Hormonchaos zehnmal härter als sonst.

Ich wollte Nick am liebsten den Kopf abreißen, als er mir zeigte, wie man das Baby laut unserem Neugeborenenkurs zum Stillen anlegen sollte! Der Arme, er wollte doch nur helfen. Ich glaube, ich habe ihm richtig Angst gemacht! Er kannte die verrückte Kanae noch nicht. Zum Glück wusste er, dass das Wochenbett dran schuld war, nicht ich.

Nach der Geburt sinken die Hormonwerte dramatisch, was für starke Stimmungsschwankungen und das panische Gefühl sorgt, dass man nie wieder sein normales Leben und seinen normalen Körper zurückbekommen wird. Nimmt man den Schlafmangel, die Schmerzen, das Unbehagen und obendrein den Baby-Blues, ist es ein Wunder, dass wir Mütter diese ersten Wochen überhaupt durchstehen.

Wie viele junge Mütter musste ich mich zusammenreißen und nach vorn schauen, um nicht einzugehen. Ich sagte mir immer wieder, dass das vorbeigehen würde. Zu einer Freundin meinte ihr Mann, sie müsse sich die Phase wie einen traurigen Film vorstellen, der nicht von den Coen-Brüdern gedreht worden sei, sondern von den Hormon-Schwestern Östrogen und Progesteron.

Der Gedanke gefiel mir. Ich konnte so etwas Distanz zwischen mich und die düstere Stimmung und Traurigkeit bringen. Außerdem sagte ich mir, dass alle Mütter so etwas durchmachten und es doch ein verhältnismäßig kleiner Preis sei, den ich für unseren hübschen kleinen Jungen zahlen musste.

Wie viele junge Frauen war ich es gewohnt, über meine Zeit selbst zu bestimmen. Wir gestalteten gerade das Haus und den Garten um, und ich wollte helfen. Aber ein hungriges Baby nimmt keine Rücksicht darauf, wenn seine Mutter eigentlich etwas anderes tun will.

Ich musste meine Ansprüche herunterschrauben. Es ging um das Kind, nicht darum, ob ich oder das Haus oder der Garten perfekt aussahen. Mein Glück war, dass das Kind nicht während des Studiums kam oder während ich schon arbeitete. Der innere Druck, schnell wieder einzusteigen, wäre noch größer gewesen. Frauen verlangen viel von sich selbst und legen selten einfach die Beine hoch, dabei sollte man das gerade tun, wenn man Mutter geworden ist.

Ich bin niemandem gern eine Last, aber in dieser Zeit muss man sich einfach trauen, um Hilfe zu bitten. Es nützt dem Baby nichts, wenn die Mutter völlig erschöpft ist. Nachdem meine Mutter abgereist war, war Nicks Mutter immer für mich da. Und trotzdem versuchte ich noch, das meiste allein hinzubekommen.

Während das Baby schlief, hatte ich endlich ein paar Minuten für mich, um zu duschen, E-Mails oder Facebook zu lesen oder selbst Schlaf nachzuholen. Mütter müssen eben sehen, wo sie bleiben. Selbst im Sonnenschein durch den Garten zu laufen war eine Wohltat. Ich bin keine große Esserin, musste also darauf achten, keine Mahlzeiten auszulassen und zwischendurch zu essen. Wenn man stillt, können die Blutzuckerwerte schnell in den Keller gehen.

Ich wollte natürlich alles perfekt machen. In diese Falle tappen wohl die meisten Schwangeren und Mütter. In Kalifornien wurde ich überall mit der neuesten, gesündesten und technisch raffiniertesten Babyausrüstung konfrontiert. Ich wollte die Geburt so natürlich wie möglich – wenn auch nicht auf Kosten der Sicherheit. Und dann soll man natürlich Biowindeln und schadstoffarme Kinderwagen, Babysitze usw. verwenden.

Irgendwann kommt man an den Punkt, wo man einfach den gesunden Menschenverstand und den Mutterinstinkt entscheiden lässt. Bei mir war es jedenfalls so. Die perfekte Mutter zu sein macht einem nur Druck in einer Phase, wo man sowieso schon wenig widerstandsfähig ist. Ich beschloss, mich nur darauf zu konzentrieren, dass das Kind satt, sicher und glücklich war, und Nick und ich auch.

Vater und Sohn

Eine meiner größten Freuden im Krankenhaus und zu Hause war mitzuerleben, wie unser Sohn die ersten zarten Bande mit seinem stolzen Vater knüpfte. Gleich nach der Geburt in unserem Zimmer legte sich Nick neben mich und wollte Kiyoshi auf seinem Brustkorb haben. Nicks Herz schlägt schneller als das der meisten Menschen, und weil keine Gliedmaßen Wärme vom Körper abtransportieren, ist er immer schön warm. Kiyoshi schien die Wärme auf Nicks Brust sehr gut zu gefallen.

Nick wollte Kiyoshi gar nicht mehr hergeben, auch nicht, als die Schwestern kamen, um unseren Kleinen zu baden. Nicks Beschützerinstinkt war sofort da. Er wollte auch nicht, dass Kiyoshi geimpft wurde, weil unser Sohn nicht so schnell nach der Geburt schon Schmerzen haben sollte. Ich musste ihn mit „eine Mutter weiß am besten, was für ihr Kind gut ist" überstimmen.

Wenn Nick zu Hause ist, kommt er normalerweise überhaupt nicht zur Ruhe, sondern turnt mit seinem Headset durchs Haus und telefoniert geschäftlich oder macht Skype-Konferenzen mit dem Laptop. Ständig geht es mit seinen Mitarbeitern und Beratern um neue Termine, neue Möglichkeiten und Projekte. Das änderte sich, als Kiyoshi nach Hause kam. Die nächste Welttournee stand an, und Nick wollte noch so viel Zeit wie möglich noch mit Kiyoshi und mir verbringen. Es war süß, die beiden anzusehen.

Belastungsprobe

So sehr wir uns auch darüber freuten, unser Kind endlich zu Hause zu haben, waren die ersten Wochen trotzdem eine Herausforderung. Manchmal artete es regelrecht in Stress aus. Ich möchte das nicht beschönigen. Falls ihr gerade eine Familie gründet, solltet ihr darauf vorbereitet sein und sicherstellen, dass ihr ausreichend Informationen, Hilfe und Unterstützung in Reichweite habt. Ich hatte mich fürs Stillen entschieden, weil ich das für besser hielt. Stillen hat viele Vorteile für das Baby, aber für mich war es manchmal gar nicht so einfach.

Ich fühlte mich teilweise überfordert, weil ich von der Geburt noch so erschöpft war und Schmerzen hatte. Dann vergaß ich die Bedienungsanleitung von der Milchpumpe gründlich zu lesen ... dicker Fehler! Ich bekam einen Milchstau, was sehr schmerzhaft war. Außerdem musste ich Kiyoshi jedes Mal fast anderthalb Stunden anlegen, und ich war mir nicht sicher, ob er mich einfach als Schnuller benutzte oder tatsächlich trank.

Das Schlimmste war aber, dass er drei Monate lang Koliken hatte. Er weinte und schrie die ganze Nacht, und wir wussten nicht, wie wir ihn beruhigen sollten. Die ersten Koliken bekam er mit gerade einmal vier Wochen. Wir hatten Nick nach Oregon begleitet, und jetzt machte im Hotelzimmer keiner von uns ein Auge zu. Nick war den ganzen Tag unterwegs gewesen und genauso erschöpft wie ich. In jener Nacht fühlte ich mich zum ersten Mal so richtig hilflos, weil ich nichts tun konnte.

Ich hatte von Koliken gehört, aber wusste nicht wirklich, was sie waren und wie man damit umgeht. Irgendwie weiß niemand so richtig, woher sie kommen, und sie hören sich glücklicherweise schlimmer an, als sie sind. Die meisten Leute sagen, dass die Eltern mehr darunter leiden als das Kind, und das würde ich sofort unterschreiben.

Kiyoshis Fall deckte sich mit dem, was ich darüber gelesen hatte. Etwa zwanzig Prozent aller Babys zwischen drei Wochen und drei Monaten bekommen Koliken. Kiyoshi fing nachmittags oder auch abends an zu weinen, und das ging zwei, drei Stunden so. Er schrie fast. Sein Gesicht wurde ganz rot, und er trat und krallte um sich, als hätte er große Schmerzen. Es war schlimm!

Die Ärzte empfehlen, ein Baby mit längeren Schrei- und Weinanfällen lieber untersuchen zu lassen. Es können nur Koliken sein, aber man möchte sichergehen, dass nichts anders vorliegt wie eine Infektion, ein Darm- oder Nierenverschluss oder eine andere Fehlfunktion, die man nur schwer selbst erkennen kann.

Ich habe gelesen, dass Koliken durch Gasentwicklung im Magen, Übersäuerung, Reflux oder Laktoseintoleranz verursacht werden. Manche Mütter empfehlen, auf eine sojabasierte Babynahrung umzusteigen, aber mir als stillender Mutter half das wenig. Ich konnte höchstens meine eigene Ernährung umstellen und ein Nahrungsmittel nach dem anderen vom Speiseplan streichen, um zu sehen, ob es half: Kohl, Milch, Koffein, Zwiebeln, Schokolade, Knoblauch.

Darüber hinaus gibt es unzählige Tipps, wie man Babys mit Koliken beruhigt. Manche sagen, Bewegung hilft. Ich las von einem Vater, der seinen schreienden Sohn in den Kinderwagen steckt, sich Kopfhörer aufsetzt und den Wagen so lange um den Wohnzimmertisch schiebt, bis entweder das Schreien aufhört oder er selbst vor Erschöpfung umfällt.

Einige setzen ihr Kind ins Auto und fahren mit ihm durch die Gegend, aber ich halte es für keine gute Idee, mit einem brüllenden Baby im Wagen auf andere Autofahrer losgelassen zu werden! Eine Mutter meinte zu mir, sie würde ihr Kind in den Kindersitz schnallen und dann auf den laufenden Trockner stellen. Die Vibrationen und das Geräusch helfen es zu beruhigen. Aber nicht vergessen – *auf* den Trockner, nicht *in* den Trockner!

Dauerhafte Hintergrundgeräusche können auch helfen: ein Staubsauger, ein Fön, angenehmes Rauschen aus den Lautsprechern oder sanfte Musik.

Manche wickeln ihr Baby mit Koliken auch fest in eine Decke, aber man muss aufpassen, dass ihm nicht zu warm wird.

Das Verrückte war, dass Kiyoshi stundenlang ohrenbetäubend weinte und dann von einer Sekunde auf die andere aufhörte, als wäre nichts gewesen. Das ist typisch für Koliken, aber es verblüffte mich immer wieder. Eben noch schrie er wie am Spieß, und dann war er auf einmal still.

Der Stress und der Schlafmangel machten mir schwer zu schaffen. Ich habe schon als junges Mädchen einiges durchmachen müssen: Ich verlor meinen Vater, musste unser Geschäft leiten, mich um meine Brüder kümmern. Eigentlich dachte ich, mich könne nichts so schnell aus der Bahn werfen. Aber als Kiyoshi Koliken bekam, brachte mich das an meine Grenzen, psychisch und körperlich. Irgendwann kommt man an den Punkt, wo man nur noch weglaufen und seine Ruhe haben will, weil das Kind schreit und schreit und man ihm nicht helfen kann. Man kann ja schlecht mit ihm vernünftig reden und es fragen, wo der Schuh drückt. Mein Mutterinstinkt sagte mir, ich müsse doch meinem armen, sich quälenden Kind helfen, aber nichts half.

Glücklicherweise sind die Koliken nach ein paar Stunden vorbei und hören irgendwann ganz auf. Das hilft einem aber nachts um drei schrecklich wenig, wenn man völlig am Ende ist und auch der Papi das Geschrei nicht mehr aushält. Am liebsten möchte man hinter sich die Tür ins Schloss werfen und ein tiefes Loch suchen. Und trotzdem möchte ich dir Mut machen, falls dich das betrifft: Es geht vorbei!

Versuch wenigstens, etwas Schlaf aufzuholen, wenn das Baby döst, damit du innere Reserven hast, um ein weinendes Kind auszuhalten. Die Hausarbeit oder der Job müssen eben warten. Ohne Schlaf wirst du weder als Mutter noch als Ehefrau, Hausfrau oder Berufstätige funktionieren. Vielleicht müsst ihr euch auch einen geduldigen und erfahrenen Babysitter suchen, damit du wenigstens ab und zu aus dem Haus kommst, auftanken, Luft schnappen und etwas mit deinen Freundinnen unternehmen kannst.

Ich kenne Paare, bei denen die Koliken ihres Kindes zu ernsten Krisen geführt haben. Der andauernde Stress macht einem das Leben schwer. Deswegen sollte man einander entlasten, wo es nur geht. Babys mit Koliken gibt es, seit Menschen Kinder kriegen, aber das ist wahrscheinlich keine große Hilfe.

Nick war in den ersten sechs Monaten ziemlich oft verreist, und weil wir umgezogen waren, kannte ich nur wenige andere junge Mütter. Wenn es dir geht wie mir, höre dich in der Nachbarschaft um oder frage den Kinderarzt nach Mütter- oder Spielgruppen. Geteiltes Leid ist halbes Leid, hätte ich fast gesagt, obwohl ja der größte Teil am Muttersein einfach wundervoll ist. Aber es kann hilfreich sein, sich mit anderen Müttern zu unterhalten, deren Kinder auch mit Koliken zu kämpfen hatten. Man kann sich austauschen, gegenseitig Mut machen oder eine Kolikenselbsthilfegruppe gründen.

Das Gute überwiegt

Ich hoffe, meine Schauergeschichten verderben euch nicht die Familiengründung. Unser Sohn hatte irgendwann die Koliken überwunden, und Nick und ich waren nun umso dankbarer, jetzt ein stilles, glückliches Baby zu haben. Immerhin, diese Zeit hat uns auf die nächsten Phasen vorbereitet, in denen äußere Umstände unsere Geduld und Kraft auf die Probe stellen werden. Sich überfordert zu fühlen und am Ende seiner Kräfte zu sein gehört leider zum Elternsein dazu, aber zum Glück überwiegt das Gute bei Weitem.

Wir haben schon so viele schöne Augenblicke mit unserem Sohn erlebt. Ihn zu haben, lieben und gemeinsam erziehen zu dürfen, bereichert unser Leben enorm und hat eine neue Qualität in unsere Beziehung gebracht. Man lernt als Eltern wirklich Geduld und bedingungslose Liebe, und das hat uns auch geduldiger und liebevoller miteinander gemacht, glaube ich.

Wenn Nick auf der Bühne erzählt, wie viel Angst er als junger Mann davor hatte, niemals eine Frau zu finden, weil er sie nicht umarmen oder die Kinder nicht hochnehmen kann, geht mir das jedes Mal nahe. Mich hat es noch nie gestört, dass er mich nicht „normal" umarmen kann. Dafür kann er es doch so gut auf seine Art!

Als ich schwanger war, brachte er das Thema trotzdem zur Sprache. Ich merkte, dass es ihm sehr zu schaffen machte, sein Kind nicht wie andere Väter auf dem Arm halten zu können. Du kannst dir sicher vorstellen, wie froh ich war, als seine Eltern ein Tragetuch fanden, das Nick sich um die Schultern hängen konnte. Als Kiyoshi noch klein war, steckten wir ihn in das Tragetuch und hingen es Nick um. Beim ersten Mal war er gerade einmal neun Tage alt. Zuerst hatte Nick Angst, dass unser großes Baby herausfallen oder das Tragetuch herunterrutschen könnte, aber es klappte eine Zeit lang sehr gut. Irgendwann war unser Kleiner dann dafür zu groß.

Nie werde ich den Anblick von Nick und Kiyoshi vergessen, die sich gegenseitig anstrahlten und im wahrsten Sinne des Wortes auf Tuchfühlung gingen. Ich bin unendlich stolz, dass mein Mann sich so an unserem Kind erfreut und unser Kind so einen tollen Vater hat. Der vielleicht schönste Augenblick für mich als Mutter war, als Nick Kiyoshi im Tragetuch hatte, mich ansah und meinte: „Ich kann es nicht fassen, dass ich Vater bin. Ich kann meinen eigenen Sohn halten! Ein Traum geht in Erfüllung. Ich kann mir mein Leben ohne euch zwei gar nicht mehr vorstellen."

Das Muttersein ist oft gar nicht so leicht, aber für solche Worte wie die von Nick lohnt sich der Aufwand doch allemal.

dreizehn

Hauptsache wir

Im ersten Kapitel habe ich dir von meinem Heimwehanfall im Flugzeug erzählt. Das war am Ende meiner viermonatigen Welttournee, die kurz nach Kiyoshis Geburt begonnen hatte.

Vier lange Monate! Anfangs hatte ich noch gehofft, die Tournee für einige längere Aufenthalte zu Hause zu unterbrechen, aber das hatte nicht funktioniert. Ich konnte immer nur auf Stippvisite bei meiner Frau und meinem Sohn vorbeischauen. Darüber hinaus mussten wir uns auf Skype und das Telefon beschränken.

Auf der Tournee trat ich auf der Bühne und im Fernsehen vor Millionen von Menschen auf. Aber trotzdem erlebte ich Phasen der Einsamkeit und wurde ziemlich krank. Meine Familie fehlte mir schrecklich. Auf dem Heimflug war ich daher überglücklich, sie bald, bald wiederzusehen. Außerdem hatte ich Schuldgefühle, Kanae und unseren Sohn so bald nach der Geburt allein gelassen zu haben, zumal Kanae sich noch davon erholen und in die neue Mutterrolle einfinden musste.

All diese Gedanken und Gefühle stürmten auf mich ein, und ich weinte still auf meinem Sitz und hoffte, dass niemand es merkte. Ich stellte mir vor, wie ich die Haustür aufmachte, meinen Sohn umarmte und in den Armen meiner Frau erschöpft zusammenbrach. Die Tournee war erstaunlich erfolgreich und eine großartige Erfahrung gewesen, aber ich war am Ende meiner Kräfte und brauchte dringend eine Pause.

Was ich dabei nicht bedacht hatte, war, dass Kanae auch am Ende ihrer Kräfte war und dringend eine Pause brauchte. Ich hatte Kanae nicht nur vermisst, sondern auch die herausfordernden ersten Monate verpasst, die Zeit der großen Veränderungen, wenn ein Neugeborenes nach Hause kommt, vor allem, wenn es das erste Kind eines Paares ist.

Kanae und ich hatten geglaubt, wir seien gut für Kiyoshis Ankunft in unserem Leben und unserem Zuhause gerüstet: Wir gestalteten ein Kinderzimmer mit einer Wiege, einem Wickeltisch, Kleiderschrank, Babyfon und all den anderen Einrichtungsgegenständen für Neugeborene. Allerdings waren wir nicht auf die dramatischen Veränderungen vorbereitet, die unser Sohn in unseren Haushalt, unser Alltagsleben und unsere Beziehung brachte.

Mir war natürlich bewusst, dass vor allem Kanae mehr leisten musste, und ich fühlte mich dementsprechend schuldig. Aber dass ein winziges Menschlein so viel Arbeit und Chaos verursachen kann, hatte ich nicht gedacht.

Wenn du schon Kinder hast, schüttelst du wahrscheinlich gerade den Kopf über meine Naivität. Man muss es wohl selbst erlebt haben, um wirklich zu verstehen, wie sehr sich mit dem ersten Kind das Leben ändert und wie leicht es in der Partnerschaft zu Spannungen kommt.

Kanae und ich sind gewiss nicht die Einzigen, die nur eine kurze Zeit als Ehepaar für sich hatten, bevor der Nachwuchs kam. Der Wechsel vom frischgebackenen Ehepaar zur Familie verlangte uns dementsprechend einiges ab.

Keiner von uns ahnte, wie viel Zeit es in Anspruch nimmt, sich um ein Neugeborenes zu kümmern, selbst wenn es ganz normal und gesund ist. Der Schlafmangel, vor allem während Kiyoshis

Kolikenphase, machte mir und Kanae natürlich auch sehr zu schaffen. Wir spürten die Last der zusätzlichen und auch finanziellen Verantwortung.

Bevor wir Eltern wurden, gab es fast nie Streit oder ernste Meinungsverschiedenheiten. Aber auch das änderte sich, als der Elternstress einsetzte und alles veränderte – auch unser Liebesleben.

Meine monatelange Abwesenheit blieb nicht ohne Spuren, wobei das Gefühl der Distanz zwischen uns hauptsächlich durch den Druck der neuen Elternrolle und die mangelnde Zeit zum Reden und Austausch entstand. Man kann als Eltern einfach nicht mehr tun und lassen, was man will. Das Kind mit seinen Bedürfnissen steht immer im Vordergrund. Irgendwo habe ich gelesen, dass die Zeit für Zweisamkeit sich um ein Drittel reduziert, wenn man Eltern wird. Und das halte ich für eine sehr vorsichtige Schätzung.

Kanae musste die ersten Wochen leider ohne mich überstehen, und das machte es nur noch schlimmer. Mir war nicht bewusst, was sie alles leistete, bis ich nach Hause kam.

Als ich mit meinem ganzen Gepäck ins Haus trat, hieß mich meine Frau willkommen und tröstete mich, wollte aber selbst auch getröstet werden, weil aus ihrer Sicht meine Reise eine reine Kaffeefahrt war, verglichen mit dem, was sie durchgemacht hatte.

Lustig, wie jeder aus seiner Ecke kommt, nicht wahr?

Lustig ist vielleicht das falsche Wort, aber erhellend ist es allemal.

„Schatz, ich bin wieder da ...“

Wie viele Ehemänner sind im Lauf der Menschheitsgeschichte schon nach Hause gekommen, nachdem sie Kriege geführt, Feinde besiegt, Geschäfte besiegelt, Großes erreicht und sich die Hacken abgelaufen haben, und wurden auf der Schwelle von einer Frau begrüßt, die nicht minder erschöpft war und sich nach Unterstützung sehnte?

Der Mann erwartet, mit Küssen übersät zu werden, die Pantoffeln gereicht zu bekommen und ins Schlafzimmer geführt zu werden, wo auf einem Beistelltisch schon die Weingläser bereitstehen. Stattdessen bekommt er brühwarm die „Kriegsnachrichten" des Tages erzählt, die von anstrengenden Kindern und einem unschaffbaren Arbeitspensum handeln, kriegt das Fläschchen und die Windeln in die Hand gedrückt und die Frau verschwindet in den Feierabend mit ihren Freundinnen.

Ganz so war es bei uns natürlich nicht, aber ich wage zu behaupten, dass die Geschichte des müden Kriegers und der erschöpften Ehefrau, die nun irgendwie wieder zusammenfinden müssen, sich schon unzählige Male wiederholt hat. Irgendwann wird es eine Studie geben, laut der mehr Männer von ihren abgekämpften Ehefrauen verletzt wurden als auf dem Schlachtfeld.

Anders als die alten Krieger aus der Schlacht kehrte ich von der Arbeitswelt heim, von einer langen, anstrengenden Tour. Als ich endlich zu Hause war, wollte ich nur noch meiner Frau und meinem Kind einen Kuss geben, ins Bett fallen und einige Tage durchschlafen, während sich Kanae und Kiyoshi an mich kuscheln.

Meine Frau … hatte andere Erwartungen. Sie hatte sich vier Monate lang wie eine alleinerziehende Mutter gefühlt. Ich war *ihre* Ablösung, nachdem sie sich sieben Tage pro Woche rund um die Uhr um unseren Haushalt und unser Neugeborenes gekümmert hatte!

Zum Glück tischte Kanae mir das nicht sofort auf, als ich hereinkam. Sie umarmte und küsste mich ausgiebig, genau wie ich es mir im Flugzeug und schon seit Wochen erträumt hatte. Sie sagte sogar, sie sei stolz auf das Opfer, dass ich gebracht hatte, um viele Menschen zu erreichen.

Ich hingegen bat um Entschuldigung dafür, dass ich sie so lange allein gelassen hatte. Nie wieder wollte ich eine derart lange Zeit von ihr getrennt sein. Ich wollte noch viel mehr sagen, aber da merkte ich plötzlich, wie sich eine Distanz zwischen uns eingeschlichen hatte, die noch nie zuvor dagewesen war. Dieses Gefühl wurde noch stärker, als sie Kiyoshi brachte und er fremdelte. Er wollte lieber zurück zu seiner Mutter. Irgendwann ließ er sich dann doch bei mir hinlegen, aber nach ein paar Minuten wurde er quengelig. Kanae legte ihn sich an die Schulter, und er spähte darüber und lächelte mich an. In mir tobten die Gefühle. Ich war dankbar dafür, endlich wieder zu Hause zu sein, und zugleich tat es mir um jede verpasste Minute leid.

Später interpretierte Kanae diesen Augenblick so: Es warteten viele Zwiebelschichten an Gefühlen darauf, freigelegt und ausdiskutiert zu werden, aber wir schafften nur die ersten zwei. Wir hatten es beide satt, unsere Last allein zu schultern.

Neustart

Ich glaube, Mütter schalten in solchen Situationen in den Überlebensmodus, und ich kann ihnen das nicht verdenken. Ihr Mutterinstinkt übernimmt die Führung, und wenn dann der Ehemann heimkommt, fällt es ihnen schwer, wieder umzuschalten. Inzwischen weiß ich das. Mir war damals nicht klar gewesen, wie erschöpft Kanae wirklich war, wohl auch deswegen, weil sie nie jammert. Kanae beißt sich einfach immer durch. Sie macht ihre Arbeit und lässt selten durchblicken, wenn sie überfordert oder am Ende ihrer Kräfte ist.

Wie meinten mein Bruder und Caregiver Aaron auf unserer Hochzeit? Meine spätere Frau müsse eine Superfrau sein. Und er hat recht behalten. Kanae gefällt es nicht, wenn ich das sage, weil sie so bescheiden ist, aber es stimmt.

Ich merkte nicht, wie einsam und ausgelaugt sie war, und verstand dementsprechend nicht, wieso meine Heimkehr nicht so schön war, wie ich sie mir erträumt hatte. Es dauerte einige Wochen, bis wir uns wieder als Mann und Frau und als Familie zusammengerauft hatten.

Einerseits tat es weh, dass Kiyoshi nicht gleich warm mit mir wurde, aber andererseits war ich aus seiner Perspektive ja den größten Teil seines Lebens weg gewesen. Dieser Gedanke machte mich traurig. Ich war sein Vater, war bei seiner Geburt dabei gewesen und hatte in jeder freien Minute mit ihm über Skype telefoniert, aber für ihn war ich ein Fremder.

Es reicht eben nicht, der Mann, Vater und Ernährer zu sein; man muss auch *anwesend* sein. Wobei ich sicher nicht der erste frischgebackene Vater bin, der einen kleinen Tritt in den Allerwertesten braucht, um das zu begreifen. Wie oft hast du schon gehört, wie ein Mann im Film, Buch oder im echten Leben sagt: „Ich ackere von früh bis spät für meine Familie. Reicht das nicht?"

Die Antwort ist immer nein. Es reicht nicht.

So gern ich das nächste Kapitel mit „Und sie lebten glücklich bis an ihr Lebensende" überschreiben würde, wäre das wohl weder ehrlich noch realistisch. Damit will ich keinesfalls sagen, dass Kanae und ich nicht glücklich verheiratet und wir keine fröhliche Familie sind. Wir sind so glücklich, wie es nur geht, aber wir sind auch nur Menschen – und ich kann genauso dickköpfig oder blind sein wie jeder andere Mann, wenn es darum geht, zu sehen, was seine Frau braucht.

Lebensschule

In der Bibel werden Paare aufgefordert, sich einander unterzuordnen, um Gott zu ehren. Als Kanae und ich frisch zusammen waren, begriff ich, dass sie zuallererst meine Schwester im Glauben ist. Sie ist ein Kind Gottes, und ich muss sie auch als solches respektieren. Unsere Beziehung wurde immer inniger, und in mir wuchs die Überzeugung, dass Gott uns tatsächlich zusammengebracht hatte. Wir wollten einander so lieben wie er uns.

Aber nur, weil wir meiner Meinung nach füreinander bestimmt sind, heißt das noch lange nicht, dass wir eine perfekte Beziehung führen oder die perfekten Eltern sind. Gottes Plan für uns ist, dass wir zusammenbleiben, und das geht nicht von selbst. Dafür müssen wir etwas tun: nämlich unseren Egoismus aufgeben, aufhören, uns gehen zu lassen und dieses „Hauptsache ich"-Denken ablegen. In der Liebe geht es nämlich nicht ums Nehmen, sondern darum, für seinen Partner und die Familie da zu sein. Es geht um die Bereitschaft, immer für seinen Partner da zu sein und ihm zu helfen, sich zu entfalten.

Dafür muss man sich entscheiden, liebevoll, barmherzig, geduldig, fürsorglich, vergebungsbereit, einfühlsam und manchmal sogar telepathisch begabt zu sein, um die Bedürfnisse des anderen zu spüren und zu erkennen. Ich fürchte, Kanae ist mir darin schon ein großes Stück voraus, aber sie legt sowieso die Messlatte in allem ziemlich hoch. Bis ich sie eingeholt habe, wird wohl noch einige Zeit vergehen.

Zu heiraten und Kinder zu bekommen sind gewaltige Umbrüche im Leben. Vom Junggesellen zum Familienvater, da bleibt kein Stein auf dem anderen.

Perspektivwechsel

Warum ich das sage? Weil sich das Referenzsystem für das eigene Leben völlig umkrempelt. Ich war die ersten neunundzwanzig Jahre meines Lebens im Wesentlichen Single. Mit dreiundzwanzig zog ich von zu Hause aus, lebte also sechs Jahre allein. Während dieser

Zeit bereiste ich als Motivationscoach und Redner die Welt. Ich hatte viel Verantwortung zu tragen, aber im Grunde tat ich, was ich wollte, wann ich es wollte und hatte tagaus, tagein nur meine Arbeit und meine Ziele im Blick. Ich war davon überzeugt, an Gottes Sache zu arbeiten und seine Vorstellungen für mein Leben zu erfüllen. Und trotzdem lebte ich hauptsächlich wie ein Egoist. Und das störte ja auch niemanden!

Nur leider war ich einsam und oft tief betrübt. Dann lernte ich Kanae kennen, und meine Einsamkeit hatte ein Ende. Mein Herz schwappte über vor Freude. Als wir heirateten und wenige Monate später klar wurde, dass Kanae schwanger war, war die Freude komplett. Manchmal begreife ich heute noch nicht, womit ich so eine Frau und einen Sohn verdient habe. Und jetzt kommt's: An Kanae und Kiyoshi kann ich nämlich auch ablesen, wie fehlerhaft und egoistisch ich oft bin.

Das gefiel mir zuerst überhaupt nicht. Wer bekommt das schon gern gespiegelt? Die Erwartung, nach meiner anstrengenden Tournee von meiner Frau gehätschelt und gepflegt zu werden, war schlichtweg egoistisch. Das konnte ich sofort am Blick meiner Frau erkennen. Dann gab sie mir Kiyoshi, und er wollte lieber zurück zu Mama (kleiner Bildvorschlag: Nick mit traurigem Gesicht). Auch das zeigte mir etwas an mir, was ich so noch nie gesehen hatte. Es war kein schönes Gefühl, aber notwendig, damit ich endlich der Mann, Vater und Familienmensch werde, der ich eigentlich sein will.

Wie viele Männer ging ich davon aus, dass es meiner Familie als Liebesbeweis genügte, wenn ich hart für sie arbeitete, um sie zu versorgen. Aber das genügt nicht. Obwohl ich nicht um des Geldes willen arbeite. Manchmal fühlt es sich gar nicht wie Arbeit an, weil es mir so viel Spaß macht. Aber nichtsdestoweniger ist es gefährlich, die Rolle des Ernährers mit der des selbstlosen Ehemanns und Vaters zu verwechseln, der seine Liebe zur Familie zum Ausdruck bringt.

Männer wollen Ernährer und Beschützer sein. Das kommt ganz natürlich. Und wenn wir diese Aufgabe gut erfüllen, nehmen wir an, dass unsere Liebespflicht damit erfüllt ist. Unsere Frauen und Kinder nehmen das zu einem gewissen Grad sogar wahr, aber sie brauchen mehr. Sie wollen, dass wir da sind, dass wir uns einbringen und ihre Gefühle und Sorgen verstehen.

Alles eine Frage der Zeit

Als ich in den Spiegel sah, den mir Kanae und Kiyoshi vorhielten, begriff ich, dass es noch um etwas anderes geht.

Ich hatte doch tatsächlich zu Kanae gesagt, ich hätte Angst, sie würde nach Kiyoshis Geburt nicht mehr so viel Zeit für mich haben. Meine Eltern hatten schließlich fünf Jahre als Paar, bevor die ersten Kinder kamen! Viele Männer haben diese Sorge, wenn das erste Kind unterwegs ist, aber eigentlich war der Gedanke allein doch schon ein Signal dafür, dass ich noch ein gutes Stück erwachsen werden musste.

Mein Gejammer setzte Kanae noch zusätzlich unter Druck, und das konnte sie überhaupt nicht gebrauchen. Sogar während der Schwangerschaft beklagte ich mich noch bei ihr, das Baby würde später viel wichtiger sein als ich. Das war nicht in Ordnung. Ich musste dringend Geduld und Verständnis lernen.

Im nächsten Kapitel geht es um unsere ersten Erfahrungen als Eltern.

vierzehn

Aus eins mach drei

Nach unserer Hochzeit hatten Kanae und ich ja nur wenige Monate, um „eins" zu werden, bevor wir merkten, dass wir geradewegs auf die „drei" zusteuerten. Dabei hatten wir noch die Stützräder an unserer Ehe. Eigentlich waren wir noch im Flitterwochenmodus und ziemlich erstaunt, wie schnell die nächsten neun Monate verflogen.

Es kam uns so vor, als wären wir von der Trauung direkt in den Kreißsaal gefahren. Irgendwie hatte jemand unser Leben auf Schnelldurchlauf geschaltet. Wir versuchten uns so gut es ging auf Kiyoshi einzustellen, aber auf das erste Kind ist man nie vorbereitet.

Das gesamte Leben als Individuen und als Paar wird auf den Kopf gestellt, wenn ein Kind kommt. Zum Beispiel braucht man keinen Wecker mehr. Babys schlafen nie, jedenfalls hat man manchmal den Eindruck.

Ich wünschte, eine Familie zu werden wäre so einfach wie eins plus eins plus eins, aber es ist leider etwas komplizierter. Kanae und ich sind immer noch nicht damit fertig, uns aufs Elternsein einzustellen. Deswegen dachten wir, es könnte vielleicht dem einen oder anderen helfen, wenn wir von unseren anfänglichen Erkenntnissen berichten. Erfahrene Eltern werden wahrscheinlich darüber schmunzeln oder sich an die Zeit erinnern, in der man versucht, alles gleich beim ersten Mal richtig zu machen.

Hier sind jedenfalls unsere …

Zehn Überlebenstipps für das erste Elternjahr

1. Lebt, was ihr glaubt

Wenn man mich als Jugendlichen hänselte oder einen großen Bogen um mich machte, ging ich nach Hause und las in der Bibel. Das tröstete mich und half mir oft auch weiter. Wer meine Geschichte kennt, weiß, dass mich damals ein Bibelvers weg von den Selbstmordgedanken und auf Kurs in ein unverschämt gutes Leben brachte.

Meine Eltern hatten mich als Christen erzogen, aber erst mit fünfzehn machte ich mit Gott ernst, nachdem ich über einen Text aus dem Johannesevangelium, Johannes 9, gestolpert war. Jesus lernt darin einen Mann kennen, der schon von Geburt an blind ist. Aus der Menschenmenge, die Jesus umgibt, fragt jemand nach dem Grund für diesen Geburtsfehler.

„An ihm soll die Macht Gottes sichtbar werden", erwidert Jesus. Als ich diesen Text las, spürte ich inneren Frieden wie nie zuvor. Als hätte man mir neues Leben eingehaucht. Dieser Satz war für mich die Antwort auf meine verzweifelte Frage an Gott: *Warum hast du mich so gemacht?* Ich machte eine Kehrtwende durch. Obwohl ich weiterhin um Arme und Beine betete, wusste ich nun, dass Gott mich auch ohne gebrauchen konnte.

Die Bibel, kann man sagen, hat meinem Leben einen Sinn gegeben. Deswegen lese ich so gern darin. Geschichten aus der Bibel zu lesen beruhigt mich noch heute, und das gilt auch für Kanae und Kiyoshi. Schon vor unserer Hochzeit verbrachten Kanae und ich

Zeit mit diesem Buch und beteten gemeinsam. Diese Stunden möchte ich nicht mehr missen. Manchmal lasen wir sogar am Telefon ein paar Verse und tauschten uns darüber aus. Nach der Hochzeit wurden wir zunächst vom Alltag geschluckt, aber dann merkten wir, dass uns etwas fehlte. Wir hungerten nach geistlicher Nahrung.

Kanae und mir wurde klar, dass unser gemeinsamer Glaube für die neuen Herausforderungen des Elternseins eigentlich unser größter Pluspunkt war. Wir haben es uns angewöhnt, so oft wie möglich vor dem Aufstehen zwanzig Minuten bis zu einer Dreiviertelstunde lang gemeinsam Geschichten aus der Bibel zu lesen. Das hat uns enorm geholfen. Kiyoshi ist morgens oft im Bett dabei, und wir genießen diese Zeit zu dritt.

Dabei lesen wir oft aus einer Kinderbibel, die Kanae früher beim Babysitten entdeckte. Die Kapitel sind sehr unterhaltsam geschrieben und trotzdem textgetreu. Wir kennen einige Erwachsene, die ebenfalls gern darin lesen. Um ehrlich zu sein, lerne ich daraus oft mehr als aus mancher Predigt.

Kanae und ich merkten, dass unsere Beziehung nach der Geburt von Kiyoshi nicht so stark war, wie wir erhofft hatten, und versuchten es deswegen mit der gemeinsamen Lesezeit. Wenn wir es schaffen, fängt der Tag viel besser an. Durch Kiyoshi sind wir oft noch vor dem Morgengrauen wach, und gemeinsam zu lesen ist viel schöner, als den Computer einzuschalten und geschäftliche E-Mails abzurufen. Wenn wir uns die Zeit nehmen, ist es wie eine kleine Meditation. Wir nehmen ein paar Verse mit und versuchen sie im Alltag umzusetzen. Auch das gemeinsame Gebet mit meiner Frau macht Spaß. Unser Akku wird dadurch kräftig aufgeladen. Kiyoshi spielt derweil mit irgendetwas und klettert auf uns herum. Es ist einfach schön! Und wir gehen viel dankbarer in den Tag, weil wir uns bewusst machen, wie viel Gott uns geschenkt hat.

2. Sei zu Hause nicht nur anwesend, sondern mit Kopf und Herz dabei

Das hört sich ein wenig nach Zen-Weisheit an. Was ich damit meine, ist, sich auf seine Familie zu konzentrieren, wenn man sie um sich hat. Ich zum Beispiel habe zwar ein Büro, arbeite aber oft auch von zu Hause aus. Seit wir ein Kind haben, bin ich mir oft nicht sicher, ob das so gut ist. Denn wenn ich schon zu Hause bin, möchte ich die Zeit auch mit ihnen verbringen und nicht am Telefon, mit E-Mails, Kurznachrichten und all den anderen Ablenkungen unseres modernen Lebens.

Seit der Tournee kurz nach Kiyoshis Geburt achte ich darauf, möglichst oft daheim und nicht mehr so lange am Stück unterwegs zu sein. Noch wichtiger ist mir aber, viel Zeit mit Kiyoshi zu verbringen und mitzuerleben, wie er heranwächst. Kanae achtet darauf, dass ich mich daran halte. Wenn sie das Gefühl hat, ich kümmere mich nicht genug um Kiyoshi, erinnert sie mich freundlich daran, dass die Vater-Sohn-Beziehung gerade in den ersten Jahren geformt wird. Sie hat mir sogar Studien gezeigt, die besagen, dass Kinder selbstsicherer sind, wenn sie eine enge Verbindung zu ihren Eltern haben.

Im Trubel des Alltags vergessen wir nämlich oft, dass unsere Kinder uns sehr genau beobachten. Als Eltern sind wir ihre Vorbilder und ihr moralischer Kompass. Geht ein Ehepaar respekt- und liebevoll miteinander um, schauen sich das die Kinder ab.

Ich möchte natürlich nicht zu den sogenannten „Helikopter"-Eltern gehören und immer über meinen Kindern kreisen und sie überbehüten. Sie sollen ihre eigenen Erfahrungen machen und ihre Fantasie benutzen. Trotzdem halte ich es für wichtig, immer da zu sein, wenn sie Trost brauchen, ihnen Mut zu machen und stets ein offenes Ohr für ein Gespräch oder eine Frage zu haben.

Erst nach und nach geht mir der Familienvater ins Blut über.

Leider kann ich ganz gut alles um mich herum vergessen, wenn ich über ein Projekt oder irgendeine Gelegenheit nachdenke, die sich auftut. Als Kanae und ich frisch zusammen und dann später frisch verheiratet waren, fiel es mir irgendwie leichter, abzuschalten und ihr meine ganze Aufmerksamkeit zu schenken.

Ich musste in letzter Zeit wirklich daran arbeiten, klarere Grenzen zwischen Arbeit und Familie zu ziehen. Jeden Augenblick, den ich mit meiner Frau und meinem Sohn verbringe, möchte ich bewusst erleben. Deswegen schalte ich inzwischen auch mein Smartphone immer wieder aus. Interessanterweise profitiert sogar meine Arbeit davon, denn wenn ich ins Büro zurückkehre, bin ich erfrischt und zufrieden.

3. Übe, dankbar zu sein

Letztens kam ich ins Wohnzimmer und sah, wie Kanae mit Kiyoshi herumalberte. Dankbarkeit stieg in mir auf. In der Vergangenheit hätte ich das für mich behalten, aber inzwischen möchte ich, dass meine Familie weiß, was ich für sie empfinde.

„Womit habe ich euch nur verdient?", fragte ich.

„Nein, Schatz", erwiderte Kanae, „womit haben wir *dich* verdient?"

Das hatte wohl Onkel Batta damit gemeint, ich müsse eine Frau finden, deren Liebe genauso stark ist wie meine. (Du hattest wieder mal recht, Onkel Batta!) Ganz wichtig: Wenn man dankbar ist, sollte man das auch zum Ausdruck bringen.

Egal, ob man sich über etwas freut, was jemand für einen getan hat, oder generell dankbar ist für die Menschen um einen herum. Das trifft insbesondere auf die eigene Familie zu.

Es ist doch so: Wenn Liebe erwidert wird, nimmt man sich gegenseitig an, wie man ist. Jeder weiß, dass der andere nicht vollkommen ist. Wir alle brauchen Verständnis, Vergebung und Dankbarkeit und sollten sie auch unserem jeweiligen Partner entgegenbringen. Als Kanae und ich nach meiner Tournee Anlaufschwierigkeiten hatten, wollte ich mit ihr intim werden, bevor wir uns wieder ganz aneinander gewöhnt hatten. Kanae war die meiste Zeit mit dem Baby allein gewesen und hatte sich zusätzlich noch um die Renovierung und anderes gekümmert. Und nun fühlte sie sich wie eine alleinerziehende Mutter und wollte, dass ich ihre Gefühle ernst nahm, bevor wir unser Liebesleben wieder auffrischten.

Als Mann fiel der Groschen bei mir ziemlich langsam. Interessant, wie schnell man sich wieder um sich selbst dreht. Ich dachte nur, *Ich habe so hart gearbeitet. Ich habe gegeben und gegeben, und jetzt, wo ich zu Hause bin, möchte ich auch mal etwas bekommen.*

Nicht wenige Paare finden nach der Geburt eines Kindes – und vor allem nach dem ersten Kind – so schnell nicht mehr in ihr normales Liebesleben zurück. Die Spontaneität ist verschwunden. Der Schlafmangel, finanzielle Bürden, der unplanbare „Terminkalender" des Kindes und die körperliche Genesungszeit der Frau nach der Geburt sind alles erschwerende Faktoren. Aber auch, wenn fast alle Paare das erleben, es braucht jedes Mal Geduld, Güte und Rücksicht, um diese Phase zu überstehen.

Ich hatte nach meiner Rückkehr versäumt, ihr wirklich für all das zu danken, was sie in meiner Abwesenheit geschultert hatte. Stattdessen sah ich nur auf meine Erfolge und meine Bedürfnisse. Im Nachhinein bin ich nicht besonders stolz darauf.

Eins werden ist ein Gesamtpaket für Mann und Frau, für das man etwas tun muss – und tun kann! Wenn es funktioniert, ist das Leben von gegenseitiger Rücksichtnahme und Dankbarkeit füreinander geprägt. Zu heiraten ist dabei der leichteste Teil. Im Alltag eins zu sein, das ist die Herausforderung. Vor jeder Entscheidung, ob groß oder klein, sollte man Rücksprache halten und bedenken, was sie für den anderen bedeutet.

Die arme Kanae muss mit meinen vielen Schwächen klarkommen. Zum Glück lernen wir alle dazu und entdecken uns Stück für Stück selbst. Mir ist nun klar geworden, dass ich öfter meine Dankbarkeit zeigen muss. Als Kind habe ich beispielsweise nie gelernt, „bitte" und „danke" zu sagen. Ich war das behinderte Kind und gewöhnte mich allzu schnell daran, dass andere etwas für mich taten. Vielleicht war ich auch der Meinung, die Welt schulde mir etwas, weil ich schließlich keine Arme und Beine hatte. Wenn ich etwas wollte, „fragte" ich direkt: „Hol mir ein Glas Wasser."

Dass ich an meiner Höflichkeit arbeiten musste, fiel mir zum ersten Mal auf, als ich Daniels Familie besuchte. Daniel sieht eigentlich aus wie ich. Aber seine Eltern haben ihm beigebracht, „bitte" und „danke" zu sagen. Das hat mich beeindruckt. Heute passe ich auf, mich bei anderen zu bedanken, vor allem in meinem engsten Umfeld, weil ich die Menschen um mich herum nie als selbstverständlich sehen möchte.

4. Lass dir helfen

Seit Kiyoshi auf der Welt ist, ist das Thema Glauben bei uns aktueller denn je. Warum auch nicht? Warum sollte man Hilfe ausschlagen, wenn man welche braucht?

Anfangs fiel es mir nach der Tournee ziemlich schwer, geduldig und verständnisvoll zu sein. Aber irgendwann begriff ich, dass ich nur Verhalten einfordern konnte, von dem ich selbst bereit war, es an den Tag zu legen.

Oft weiß ich nicht, wie ich Kanae mit unserem Sohn helfen soll. Ich kann ihn ihr nicht abnehmen, ihn nicht füttern, die Windeln wechseln oder baden, damit sie sich einmal ausruhen kann. Das frustriert mich und macht mich wütend. Wenn meine Frau ein Problem hat, möchte ich es als Mann doch lösen! Es tut weh, dass ich das oft nicht kann. In diesen Situationen bete ich. Und auch sonst bete ich den ganzen Tag über, egal wobei. Ich bete um Weisheit, um Kraft, Geduld und inneren Frieden. Ich bitte Gott bei Entscheidungen um Hilfe und dabei, ein besserer Ehemann und Vater zu werden. Warum ich so viel bete? Weil ich bei fast allem seine Hilfe brauche. Das ist eine ernüchternde Erkenntnis, aber für mich meist auch eine befreiende.

Es gehört Demut dazu, Gott um Hilfe zu bitten, vor allem, wenn die Gefühle mit einem durchgehen, alte Unsicherheiten erwachen und sich bereits verletzende Worte im Mund formen. Es ist jedes Mal eine gute Erfahrung zu merken: Gott kann diese zerstörerischen Feuer in einem löschen.

5. Elternsein ist Teamarbeit

Wie viele Menschen mit Beeinträchtigungen musste ich lernen, andere konkret um Hilfe zu bitten, selbst wenn es völlig Fremde waren. Ich versuche mittlerweile, stets freundlich zu bleiben und anderen nicht zu viel abzuverlangen, aber manche Dinge schaffe ich nun mal nicht allein.

Mittlerweile habe ich kein Problem mehr mit fremder Hilfe. Problematisch wird es nur, wenn ich mich dabei wie General Nick aufführe und allen Leuten um mich herum Befehle erteile. Normalerweise passiert das nur im Arbeitsleben und in Hektik, etwa auf einer Tournee. Ich muss häufig das Zepter in die Hand nehmen, wenn es um Absprachen zu einem Auftritt geht. Auch am Flughafen ist es oft notwendig, etwa wenn ich den Gepäckträgern erklären muss, was am Schalter aufgegeben werden muss (Koffer und so) und was ins Handgepäck gehört (ich und so).

Gefährlich wird es auch dann, wenn ich lange unterwegs war und diesen Kommandoton mit nach Hause bringe. Hinterher tut es mir jedes Mal leid. Kanae hat inzwischen gelernt, einzuschreiten und den General wegtreten zu lassen. Zum Glück macht sie das auf sehr nette Art. „Da ist aber jemand wieder knurrig heute", sagt sie dann.

Was sie in Wirklichkeit sagen will: „Du bist hier nicht der Oberbefehlshaber. Du bist mein Mann. Wir sind ein Team und machen das hier gemeinsam. Also sei ein bisschen netter."

Sie macht das super! Und hat natürlich auch recht. Ehe und Familie sind Teamsportarten. Man braucht einander, um zu überleben. Teammitglieder haben ein Auge füreinander und kümmern sich darum, dass es allen gut geht. Sie verteilen auch die Aufgaben den Talenten entsprechend. Jeder trägt etwas bei und macht den Teamsieg zum eigenen Erfolg.

Wie viele Männer musste auch ich in der Ehe einiges darüber lernen, was es heißt, in einem Team zu arbeiten. Ich musste akzeptieren, dass „Gemeinsam geht es leichter" der bessere Ansatz ist, um den Alltag zu bewältigen.

6. Langsam ist das neue Schnell

Eine der härtesten Lektionen für einen neuen Familienvater ist, dass er ab sofort ein neues Tempo einlegen muss – Familientempo. Das ergibt sich ganz natürlich durch die zusätzliche Vorbereitung und die ganze Ausrüstung, die ein Baby mit sich bringt. Ein Freund beklagte sich neulich bei mir, dass er, seit er Kinder habe, nicht mehr einfach so aus einer Laune heraus mit seiner Frau wegfahren könne. „Jedes Mal, wenn wir mit Kind und Kegel irgendwo hinwollen, kommt es mir vor, als würde die Armee einen Auslandseinsatz vorbereiten", ächzte er. „Kinderwagen, Spielzeug, Schnuller, Windeln, Fläschchen und Pulver, Feuchttücher, Hausapotheke, Essen, Schnabeltasse … Irgendwann wurde uns sogar die Familienkutsche zu klein! Wir brauchten einen Umzugswagen, wenn wir zum Fußball fuhren."

Genau dieser Freund gab mir den folgenden Rat, als er hörte, dass ich Vater wurde: „Nick, jetzt wird es höchste Eisenbahn, dass du mal Geduld lernst." Ich dachte erst, das war als Scherz gemeint. Heute weiß ich, was er damit meinte.

Wegen meines Rollstuhls ist das Auto sowieso schon halb voll, aber ich hatte ein ziemlich gutes System ausgetüftelt, wie ich mit meinem ganzen Kram ohne langes Hin und Her losfahren kann. Dass man mit einem Baby ein ganz anderes Tempo an den Tag legt, musste ich aber ziemlich schnell einsehen. Kanae hat mit meinen Sachen und dem Kindersitz alle Hände voll zu tun, sobald wir das Haus gemeinsam verlassen. Ich kann ihr ja leider nichts abnehmen!

Etwa eine Woche nach der Tournee fuhren wir zum ersten Mal mit Kiyoshi zum Sonntagsgottesdienst und brachten Kiyoshi zur Krabbelgruppe. Den Kinderwagen wollten wir gleich dort lassen, aber die Windeltasche mit Kanaes Portemonnaie hing am Kinderwagen. Eine Betreuerin hatte Kanae darauf hingewiesen, keine Wertsachen im Kinderwagen zu lassen, aber Kanae stand unschlüssig herum – vermutlich am Überlegen, was mitnehmen und was dalassen. Ich wurde langsam unruhig, weil der Gottesdienst schon angefangen hatte.

Irgendwann meinte ich genervt, sie solle die blöde Windeltasche hängen lassen und nur ihr Portemonnaie mitnehmen. Mein Ton war nicht gerade nett, und sie war verletzt. Mir war überhaupt nicht klar, dass es gerade um etwas ganz anderes ging! Später erklärte sie mir, bei der Übergabe von Kiyoshi an die Kinderbetreuung habe sie der Gedanke wie ein Schlag getroffen, dass sie ihn noch nie irgendwo allein gelassen hatte. Sie habe kurz Panik bekommen: „Es ging mir überhaupt nicht ums Portemonnaie. Ich hatte plötzlich Angst, unseren Sohn bei irgendjemand anderem zu lassen!"

Kanae hat einen ziemlich starken Mutterinstinkt. Dafür sollte ich dankbar sein. Anstatt ungehalten zu werden und mich darüber aufzuregen, wie lange sie für diese winzige Entscheidung brauchte, hätte ich die Situation anders bewerten müssen. Dazu hätte ein einfacher Perspektivwechsel genügt. Wenn man darauf achtet, durch welche Augen man die Dinge sieht und wie der eigene Blick durch frühere Erfahrungen, Gefühle und Gedanken geprägt ist, ist so ein Perspektivwechsel gar nicht so schwer.

Ein Bekannter erzählte mir folgendes Beispiel: Er kam nach einem harten Arbeitstag nach Hause und hatte sich halbwegs damit abgefunden, dass noch der Rasen gemäht werden musste, bevor er sich endlich ausruhen konnte. Als er den Rasenmäher hinters Haus schob, war der ganze Garten voller Kinderspielzeug. Seine Kinder und offensichtlich die gesamte Kinderschar der Nachbarschaft hatten ihre Bälle, Baseballschläger, Dreiräder, Puppen, Fahrräder und ihr ganzes Sammelsurium an Spielzeug auf dem Rasen verstreut. Als mein Bekannter noch so dastand und allmählich begriff, wie viel Aufräumarbeit ihn nun zusätzlich erwartete, blieb ein älterer Nachbar stehen und meinte: „Sehen Sie es mal so: Bevor Sie es merken, sind sie alle erwachsen und ausgeflogen, und dann werden sie Ihnen fehlen. Glauben Sie mir."

Sofort hatte sich die Perspektive meines Bekannten verändert. Er war nicht mehr sauer, weil überall das Spielzeug herumlag und er nicht den Rasen mähen konnte, sondern dankbar dafür, seine Kinder noch einige Jahre zu Hause erleben zu dürfen.

Ein neuer Blickwinkel kann ein echtes Geschenk sein. Mein Bekannter hatte es sozusagen mit seiner Geschichte an mich weitergereicht, und ich hätte es in jener Situation in der Kirche gut gebrauchen können. Anstatt mich über meine Frau, die Unentschlossene, zu ärgern, hätte ich die besorgte Mutter sehen sollen, die ihren Sohn ungern in fremde Hände gibt, weil sie ihn so liebt. Die Mutter-Kind-Bindung ist oft so stark, dass es selbst dem verständnisvollsten Vater schwerfällt, sie nachzuvollziehen. Ich habe Frauen schon sagen gehört: Wenn mein Kind sich verletzt, spüre ich den Schmerz. Gemessen an dem, was ich bei Kanae und Kiyoshi miterlebe, halte ich das durchaus für möglich. Und deshalb werde ich in Zukunft versuchen, meinen Blickwinkel nicht starr werden zu lassen.

7. Du kannst nicht alle Probleme lösen!

Hallo, ich bin Nick, und ich möchte etwas beichten: *Ich halte es nicht aus, wenn unser Kind schreit!* Ganz im Ernst. Wenn Kiyoshi auch nur etwas länger weint, muss ich das Zimmer oder das Haus verlassen. Wenn wir im Auto unterwegs sind, muss ich aussteigen. Ich bin nicht besonders stolz darauf. Glaub mir, ich habe es mit Kopfhörern und Musik versucht, aber nichts scheint zu helfen.

Es liegt wohl auch daran, dass ich nicht zu ihm gehen und ihn hochnehmen kann, und das frustriert mich jedes Mal. Es ist doch so: Wenn ein Mann auf ein Problem stößt, möchte er es lösen. Aber ich kann Kiyoshis Weinen nicht „lösen"!

Manchmal, haben wir gelernt, muss man das Kind auch schreien lassen, bis es müde wird und einschläft. Wenn Kiyoshi zum Beispiel in seinem Kinderbett schlafen soll, schreit er oft aus Protest, aber man hat uns geraten, ihn dort zu lassen, solange ihm nichts fehlt. Er soll sich daran gewöhnen, dort zu schlafen.

Kanae geht dann zu Kiyoshi, beugt sich übers Bett und spricht beruhigend auf ihn ein. Manchmal hilft das schon. Bei mir klappt das irgendwie nie – dabei will ich nur, dass er aufhört. Das war besonders frustrierend, als er seine Koliken hatte und stundenlang weinte. Das war natürlich nicht nur für mich belastend, sondern auch für Kanae.

Ich musste lernen, Kiyoshis Mama einfach machen zu lassen, wenn ich irgendein Problem mit unserem Sohn nicht lösen konnte. Das war eine Erfahrung, die einen demütig werden lässt, aber wie heißt es: Selig sind die Sanftmütigen, nicht wahr? Ein paar meiner Freunde sagen, ich solle doch froh sein, weil ich meinem Sohn nie die Sachen hinterherräumen oder abwaschen muss. Aber ich würde Kanae lieber viel mehr im Haushalt helfen. Ehrlich!

8. Reden ist Gold

Manchmal lade ich Leute ein und informiere Kanae erst in letzter Sekunde. „Äh, Liebling, heute Abend kommen ein paar Leute zu Besuch. In etwa einer halben Stunde." Autsch!

Meine Frau ist sehr nachsichtig, aber nach dem dritten oder vierten Großalarm im Haus und am Herd meinte sie zu mir, Kommunikation sei doch besser als *Ex*-kommunikation, genau wie eine Frau besser sei als eine *Ex*-Frau.

Wenn ich ohne Absprache mit Kanae Leute einlade, übergehe ich sie nicht nur, sondern zwinge sie dazu, durchs Haus zu wirbeln und unter Zeitdruck ein Essen auf den Tisch zu zaubern. Egal, was sie eigentlich vorgehabt hatte. Das ist ziemlich rücksichtslos von mir. Ich konnte es ihr kaum verübeln, als sie meinte, ich würde sie manchmal wie eine Angestellte behandeln und nicht wie meine Frau. Ich machte mir zu wenig Kopf um die zusätzliche Arbeit, die sie hatte, und versetzte mich nicht in ihre Lage. Meine Rücksichtslosigkeit tat ihr weh, und ich hätte das viel schneller merken sollen.

Ich bin Redner von Beruf. Ich verdiene mein Geld mit Kommunikation. Bezogen auf meine spontane Geselligkeit war meine Kommunikation mit Kanae aber alles andere als glänzend. Oft trage ich vor lauter Projekten und Plänen Dinge einfach in meinen Terminkalender, vergesse sie und entdecke sie erst kurz vorher wieder. Also mussten wir eine Familienbesprechung einberaumen, und ich versprach, genauso viel Kraft in die Kommunikation zu Hause wie in die Kommunikation auf der Arbeit zu investieren. Geholfen hat uns auch, unsere Online-Kalender miteinander zu verknüpfen, sodass Kanae gleich sieht, wenn ich etwas eintrage oder ändere.

Hin und wieder weist mich Kanae darauf hin, dass ich zwar ein begnadeter Redner sei, im Zuhören aber noch dazulernen könne. Im Ehevorbereitungskurs riet man uns, am allermeisten darauf zu achten, dass die Verbindung zueinander stimmt. Ein guter Rat, oder?

9. Erteilt Mobbing Hausverbot

Als aktiver Mobbinggegner höre ich Mobbinggeschichten aus der ganzen Welt, entweder im persönlichen Gespräch nach Veranstaltungen oder per E-Mail oder über Facebook. Die meisten Menschen vermuten Mobbing an der Schule, auf Spielplätzen oder im Büro. Dabei spielen die traurigsten und grausamsten Mobbinggeschichten zu Hause in der Familie.

Als Ehemann und Vater trifft es mich besonders hart, wenn ich höre, wie Mobbing unter Partnern und unter Eltern und Kindern grassiert. Auch auf Feiern und in der Öffentlichkeit habe ich das schon miterlebt. Ein Partner macht sich vor allen über den anderen lustig, kritisiert ihn und macht ihn schlecht. Was das bringen soll, begreife ich nicht. Ich stand einmal daneben, als ein Mann seine Frau niedermachte, und ihr Blick brach mir das Herz. Der Mann wiegelte später ab, aber am Gesicht seiner Frau konnte man ihren Schmerz ablesen. Sie sah aus, als hätte sie gerade ihren besten Freund verloren.

Eigentlich sollen wir unsere bessere Hälfte lieben und loben, nicht niedermachen. Manchmal ist es anfangs nur ein gelegentliches Sticheln, aber je tiefer die Stiche gehen, desto schmerzhafter wird es. Eine Frau schrieb mir, dass ihr Mann nur noch an ihr herumkritisierte, weil sie nach der Schwangerschaft ihr ursprüngliches Gewicht nicht wieder erreicht hatte. Sogar vor Freunden und Verwandten ließ er sich darüber aus. Genauso kenne ich Männer, die nicht mehr ganz in Form sind und dafür nur Hohn und Spott von ihrer Frau ernten.

Manch einer glaubt, mit entsprechenden Kommentaren dem Partner zu helfen, endlich mit dem Abspecken anzufangen, aber ich sehe das anders. Für mich grenzt das an Unmenschlichkeit und verbale Misshandlung. Oft scheint auch ein Kontrollproblem dahinterzustecken, wo einer sich nur dann besser fühlt, wenn er jemand anderen niedermacht. Ich kann mir nicht vorstellen, dass irgendjemand das lange aushält.

Noch trauriger sind Fälle, wo Eltern in der Öffentlichkeit auf den Fehlern ihrer Kinder herumhacken. Manche Eltern kommandieren ihre Kinder auch vor anderen mit einer Härte herum, bei der ich mir nicht vorstellen möchte, wie es erst bei ihnen zu Hause abläuft. „Ziehst du dir die Hosen hoch! Kämm die Haare! Du siehst vielleicht aus! Mach jetzt deine Schuhe zu! Und mach deine Hausaufgaben, du faules Kind!" Diese und andere Kommandos hört man immer wieder. Ich möchte mir gar nicht ausmalen, was aus diesen Kindern einmal wird. Wenn ich so ein Verhalten sehe, bestärkt es mich nur noch mehr darin, ein liebevoller und trotzdem konsequenter Vater und Ehemann sein zu wollen, der andere aufbaut, statt sie niederzumachen.

10. Geht Probleme und Missverständnisse am besten gleich an

Wir als junge Familie haben gelernt, dass es nichts bringt, Probleme in der Partnerschaft oder im Familienleben totzuschweigen. Verdrängte Konflikte stehen nämlich oft während eines Streits oder unter hoher Belastung auf einmal wieder auf der Matte.

Die Zunge kann mit ihren Worten verletzen oder heilen. Diese Entscheidung hat jeder Mensch. Ein verheiratetes Paar, das sich mit einem kleinen Kind ins Leben einzufinden versucht, sollte besonders genau und sensibel auf seine Kommunikation achten. Das betrifft das Was, aber vor allem auch das Wie. Die zusätzliche Belastung, sich um ein Kind kümmern zu müssen und eine größere Familie über Wasser zu halten, macht die Sache doppelt heikel. Zum einen ist man oft am Ende seiner Kräfte und achtet nicht mehr so sehr darauf, was man sagt oder wie der andere sich fühlt. Zum anderen ist man dadurch auch viel dünnhäutiger. Diese zwei Faktoren schaffen ein ziemlich instabiles Umfeld.

Ich bin ganz bestimmt nicht der erste Ehemann und Vater, der sich manchmal einen Rückgängig-Knopf für seine Äußerungen gewünscht hat. Eine der unschönen Erinnerungen an meine Kindheit ist ein Streitgespräch meiner Eltern, das ich als Siebenjähriger mithörte. Ich war im Bad, und sie wussten nicht, dass ich sie hören konnte. Eigentlich brauchte ich kurz Hilfe, aber sie fingen an zu streiten, und ich wartete und wartete, während die Diskussion immer hitziger wurde. Irgendwann fing ich an, nach ihnen zu rufen, aber sie schienen mich nicht zu hören.

Ich trage ihnen das nicht nach. Schon damals war mir bewusst, dass sie unter enormem Druck standen. Außerdem muss jedes Paar hin und wieder Dampf ablassen. Und trotzdem bin ich mir sicher, sie würden diese Erinnerung gern in meinem Kopf löschen, wenn sie könnten.

Irgendwann während ihres Streits wurde ihnen bewusst, dass ich im Bad wartete. „Dein Sohn braucht dich im Bad", sagte Mom.

„Es ist auch *dein* Sohn!", erwiderte mein Vater.

Es war nicht ihre Absicht, aber ihre Worte taten mir weh. Ich reagierte sehr empfindlich auf das Gefühl, meiner Familie eine Last zu sein. In Wirklichkeit hatte ihr Streit mit mir überhaupt nichts zu tun. Heute weiß ich das, aber ich weiß auch, wie viel Schaden unbedachte Worte anrichten können. Das versuche ich mir als Vater und Ehemann hinter die Ohren zu schreiben. Meine Kinder sollen nie Kollateralschäden davontragen, wenn Kanae und ich streiten.

Leider kann man Worte nicht zurücknehmen, aber man kann um Verzeihung bitten und über seine Gefühle sprechen. Das ist allemal besser, als sie herunterzuschlucken und vor sich hingären zu lassen. Wir alle wollen geliebt und verstanden werden; das sollte man sich auch dann vor Augen halten, wenn man auf seinen Partner wütend ist. Anstatt es ihm oder ihr heimzuzahlen, wegen einer (vermeintlichen) Kränkung auszurasten und auf Abstand zu gehen, sollte man mit tröstenden Worten und zärtlichen Berührungen eine Brücke in Richtung Neuanfang schlagen.

Ungelöste Konflikte brechen immer wieder auf und sind wie der Keil im Baumstamm: Jedes Mal, wenn man ihm einen Schlag versetzt, wird der Spalt größer und schwerer zu schließen. Kanae und ich versuchen deswegen, unsere Konflikte nicht mit ins Bett zu nehmen. Nicht mit Wut im Bauch abends das Licht auszumachen wirkt Wunder für unseren Schlaf, und für das Liebesleben auch. Es macht nämlich wenig Spaß, neben einem brodelnden Vulkan einzuschlafen. Ausdiskutieren ist fast immer die bessere Lösung. Man kann sich ja sogar darin einig werden, uneins zu sein oder die Sache am Morgen wieder aufzugreifen – so lange man sich wirklich Mühe gibt, den anderen zu verstehen.

Eine der befreiendsten Erfahrungen, die ich gemacht habe, ist übrigens, nicht mehr unbedingt recht haben zu müssen. Ich weiß nicht, wie es dir geht, aber letzten Endes möchte ich viel lieber kuscheln als recht haben!

fünfzehn

Unser Zuhause

Wir waren mitten in den Flitterwochen, als mein Vater mir eine Nachricht auf dem mobilen Anrufbeantworter hinterließ. Er meinte, es gäbe da ein Problem mit unserem neuen Haus. Wir hatten uns vor der Hochzeit dafür entschieden und sollten nach den Flitterwochen dort einziehen.

„Nick, schlechte Nachrichten wegen eures Hauses, aber keine Angst, ich habe schon ein neues für euch gefunden", meinte er. „Es ist perfekt für euch, glaub mir. Aber ihr müsst schnell handeln."

Ich konnte nur die Augen verdrehen. *Dad, wir sind in den Flitterwochen!*

Mein Vater hat eine heimliche Leidenschaft: Immobilien. Ich habe meine halbe Kindheit damit verbracht, mit ihm durch die Gegend zu fahren und fremde Häuser anzugucken. Aber Dad ist kein Sammler, eher ein Jäger. Er redete ständig über Häuser, auch heute noch. Ich glaube, das liegt in den Genen. In unserer Verwandtschaft hier in Kalifornien gibt es einige Leute im Immobiliengeschäft. Ein bisschen habe ich das wohl geerbt, jedenfalls schaue ich mir auch gern Häuser an. Dad scheint so etwas wie ein Immobilienhellseher zu sein, jedenfalls hörte sich das so an, als ich ihn aus Hawaii zurückrief. „Du, ich hatte bei eurem Haus irgendwie kein gutes Gefühl. Aber jetzt habe ich eins gefunden, das leer steht und zwangsversteigert wird, und es entspricht absolut euren Anforderungen", frohlockte er.

Unsere Ansprüche waren, dass es rollstuhlgerecht und kontogerecht sein musste. Das war mein erstes eigenes Haus und das erste Haus für uns als Paar. Ich hatte hart gearbeitet und lange darauf hingespart. Der Immobilienmarkt in Kalifornien, der normalerweise weit außerhalb meiner Reichweite lag, erlebte gerade eine Flaute. Plötzlich gab es erschwingliche Häuser, aber sie waren dünn gesät und wurden entweder zwangsversteigert oder waren nur sehr kurz auf dem Markt.

Das Haus, das wir ursprünglich im Auge hatten, war nicht hundertprozentig rollstuhlgerecht, aber uns gefielen der Ort und die Aussicht. Bei der Besichtigung waren meinem Vater jedoch ein paar Sachen aufgefallen, und er hatte sich sofort wieder auf die Suche gemacht. Unter uns: Mein Vater ist ein kleiner Hauskaufverrückter, weswegen mir sein Anruf doch einige Sorgen bereitete. Das muss er gemerkt haben, denn kurz darauf schickten Mom und er uns fast dreihundert Bilder vom fraglichen neuen Haus. Sie fragten, ob meine Cousinen Natalie und Lara von Prime Realty, einer Immobilienfirma, eine virtuelle Videotour durchs Haus erstellen sollten.

Ich musste zugeben, das Haus und das Grundstück waren beeindruckend. Innen war es etwas chaotisch, weil das Haus schon einige Zeit leer stand. Es sah aus, als würde hinten noch einiges fehlen, aber trotzdem war das Haus einmalig und hatte eine kilometerweite Aussicht. Es war einstöckig und hatte breite Flure, durch die mein Rollstuhl mit Leichtigkeit passen würde. Das Sahnehäubchen war ein großer Pool mit Rutsche und Wasserfall. Auch wenn er eine Bauruine war, konnte man sein Potenzial sofort erkennen. Kanae und ich sind richtige Wasserratten, und das andere Haus hatte „natürlich" keinen Pool.

Mein Vater war der Meinung, wir sollten sofort ein Gebot abgeben. Er faxte einen Vertrag ins Hotel. Kanae und ich waren beeindruckt von seiner gründlichen Vorarbeit. Wir sprangen über unseren Schatten und schickten ihm den unterschriebenen Vertrag zurück. „Wir geben also mal eben ein Gebot für ein Haus ab, das wir noch nie gesehen haben", fasste ich die Sache für meine Frau zusammen. Insgeheim dachte ich nur: *Nicht im Traum hätte ich jemals so was gemacht!*

Kanae lächelte und drückte mich. Ich kann mir vorstellen, was in ihrem Kopf vorging. *Also so läuft das bei uns in der Ehe …*

Ganz ehrlich: Wir machten uns trotzdem keine großen Sorgen. Ich vertraue der Expertise meines Vaters in Sachen Immobilien, und außerdem waren ja noch Onkel Battas Töchter Natalie und Lara an Bord. Außerdem wussten wir, dass wir auch in einer winzigen Hütte glücklich zusammenleben würden (und erst recht mit einem Pool!). Wenn das innere Haus ein gutes Fundament hat, ist das äußere Haus nicht mehr so entscheidend.

Vor der Hochzeit hatten Kanae und ich darüber geredet, dass in unserem Zuhause Frieden und Liebe herrschen sollte. Wir wollten einen Rückzugsort von der Hektik des Alltags schaffen. Unser Heim sollte unser kleiner Zufluchtsort werden.

So hat sich das Gott übrigens auch gedacht. Die übliche Begrüßungsformel in der Bibel lautete: „Friede sei mit dir und deinem Hause und mit allem, was du hast!"

Der finanzielle, emotionale und körperliche Stress unseres heutigen Lebens kann sich schnell auf Beziehungen auswirken. Viele Ehen leiden unter dem äußeren Druck. Und genau das wollten wir von Anfang an vermeiden. Wir wollten unsere Ehe und unser Heim als ein Bollwerk gegen die Stürme des Lebens.

Zu Hause ist, wo dein Herz ist

Zurück aus den Flitterwochen waren wir natürlich sehr begierig, unser neues Haus zu besichtigen. Dad und der Makler hatten uns über alles Vertragliche auf dem Laufenden gehalten und eine Checkliste der Arbeiten erstellt, die vor einem Einzug noch gemacht werden mussten.

Das Haus war nach Kundenwünschen gebaut worden und hatte einige Extras vorgesehen, darunter eine große Veranda und eine Art Außenküche mit eingebautem Grill, Kühltruhe und Waschbecken. Man konnte es nur erahnen, weil im Augenblick dort nur Löcher waren. Wir brauchten genauere Auskünfte des Vorbesitzers, um die passenden Geräte zu besorgen.

Es gab noch weitere offene Fragen zum Haus, also suchten wir die Telefonnummer des Vorbesitzers heraus. So richtig wohl war mir nicht, ihn anzurufen. Schließlich war das Haus zwangsversteigert worden, und beim Verlust seines Hauses sind oft starke Emotionen im Spiel.

Ich hinterließ eine Nachricht auf Band, dass wir sie nicht belästigen wollten, aber ein paar Fragen hätten. Dabei versuchte ich möglichst diplomatisch vorzugehen, weil ich die Geschichte dahinter ja nicht kannte. Ein paar Tage später rief der Vorbesitzer zurück. Er war zum Glück sehr nett und hilfsbereit. Er und seine Frau hatten hier ihr Traumhaus gebaut und gehofft, viele Jahre hier wohnen zu können, aber dann kam die Wirtschaftskrise und er verlor seine Arbeit. Die finanziellen Probleme hatten sich noch verschärft, als seine Frau Rückenbeschwerden bekam und operiert werden musste. Es hatte auch noch Komplikationen gegeben, und sie hatte ihren Friseurladen aufgeben müssen. Zur Krönung des Ganzen war einer der Bauunternehmer mit seinem Geld getürmt und hatte die Arbeit nie fertiggestellt. Der Mann und die Frau taten mir unheimlich leid.

„Es tut mir leid, Sie belästigt zu haben", meinte ich. „Wir werden sehr gut auf das schöne Haus aufpassen und es in Ehren halten. Sie haben wirklich viel Liebe hier hineingesteckt. Für uns ist es ein echter Traum, in so einem wunderbaren Haus leben zu dürfen."

Er dankte mir, und ich fragte ihn spontan, ob ich für ihn und seine Familie beten dürfte. Ich sei Motivationsredner und Christ, erklärte ich. Mit seiner Antwort rechnete ich allerdings nicht.

„Herr Vujicic, ich weiß genau, wer Sie sind, und es wäre uns eine Freude, wenn Sie für uns beteten", sagte er. „Als vor vier Jahren alles über uns hereinbrach, ging es uns sehr schlecht. Wir wollten unser schönes Haus nicht aufgeben. Als ganze Familie haben wir getrauert. Zugleich waren wir aber auch dankbar für unsere Freunde und Familie, die Kraft gaben."

Er erzählte, dass er in seiner Verzweiflung im Internet herumgesucht hatte und über meine Videos gestolpert war. Damals wussten sie natürlich nicht, dass Kanae und ich eines Tages ihr Haus kaufen würden.

„Wir haben als Familie Ihre Videos angeschaut und mussten manchmal richtig weinen. Sie haben uns gezeigt, dass wir diese harte Zeit durchstehen werden. So wie Sie Ihre auch", sagte der Vorbesitzer.

Er hatte nicht gewusst, dass wir die Käufer waren, bis der ganze Papierkram erledigt war und er Unterlageneinsicht hatte. „Da habe ich alle zusammengerufen und ihnen gesagt, dass sie niemals glauben würden, wer unser Haus gekauft hat – der junge Mann ohne Arme und Beine, der uns auf YouTube so weitergeholfen hat! Er wohnt jetzt in unserem Haus, und mir fällt niemand Besseres ein, der dort wohnen sollte."

Ich hatte mich vor einem unangenehmen und schmerzvollen Gespräch mit dem Vorbesitzer gefürchtet und letzten Endes einen wunderbaren Austausch erlebt. Konnte das Zufall sein?

Jedenfalls haben meine Frau und ich auch einiges daraus gelernt. Die Vorbesitzer hatten mit den allerbesten Absichten ein Haus für sich gebaut. Und dann hatte eine schreckliche Serie von Ereignissen, auf die sie keinen Einfluss hatten, es ihnen wieder genommen. Sie waren verständlicherweise sehr traurig gewesen, aber dann hatten sie sich darauf besonnen, dass sie immerhin noch sich hatten. Ihre gegenseitige Liebe und ihr Gottvertrauen hatten sie durch die schwere Krise getragen.

Die dreifache Schnur

Der positive Tonfall des Vorbesitzers ließ mich nicht mehr los. Obwohl er viel durchgemacht hatte, klang er so, als hätte er seinen Frieden mit der Welt. Seine Geschichte gab uns zu denken. Sie war eine Mahnung für uns, dass es nicht darauf ankommt, wie schön das Haus ist, in dem man wohnt. Man kann über kurz oder lang alles verlieren. Was wirklich zählt, ist, wie stark die Liebe zueinander und das Gottvertrauen sind.

In der Bibel steht, dass ein Einzelner leicht angegriffen und besiegt werden kann, aber zwei – wie beispielsweise ein Ehepaar – sich Rücken an Rücken stellen und verteidigen können. Und drei sind noch stärker. Wenn Gott in eurem Leben Raum hat, habt ihr eine dreifache Schnur, die man nicht mehr so leicht zerreißen kann. Euer Haus mag aus dem härtesten Stein gebaut sein; und doch sind Familie und Glaube die einzige echte Zuflucht vor Unglück, Not und der Grausamkeit unserer Welt.

Unser eigentliches Zuhause auf dieser Erde ist unser Herz. Zuhause, das ist ein Ort ohne Vorurteile, ohne Erwartungsdruck der anderen. Früher war ich immer froh, wenn ich nach der Schule nach Hause kam. Hier wurde ich nicht gehänselt und gemieden. Hier gehörte ich ganz natürlich dazu, musste nicht auf jede meiner Bewegungen achten und wurde nicht angestarrt oder ausgelacht, weil ich anders war.

Heute ist mein Zuhause bei Kanae und Kiyoshi, und es ist noch schöner als früher. Kanae und ich wollen kontinuierlich daran arbeiten, dass unsere Verbindung stärker wird. Das geht natürlich gut in unserem hübschen Zuhause, aber die Liebe hegen und pflegen, das kann man überall.

Wir haben uns vorgenommen, immer auf unsere Prioritäten zu achten: zuerst Gott, dann der Partner, dann die Familie. Für uns gilt das so, weil Gott das Fundament für unser Leben ist. Ohne ihn hätten wir einander nicht gefunden, und ohne ihn gäbe es auch unseren Sohn nicht.

Vollständig

Kanae meinte letztens zu mir, sie liebe unser Haus, aber erst, wenn ich da bin, werde es zu unserem Zuhause. Mir geht es genauso. Ohne Kiyoshi und Kanae ist es nur ein schönes Haus.

Die Herausforderung, der wir uns alle stellen sollten, ist, nicht immer größere Häuser zu bauen. Sondern immer bessere Beziehungen zwischen uns und unserem Partner, den Eltern und Kindern und ihren Freunden und Verwandten. Kanae und ich haben uns vorgenommen, gemeinsam ein Umfeld zu schaffen, in dem jeder den anderen begleitet und fördert.

Eine Sache unterscheidet unsere Ehe von vielen. Zusätzlich zu den normalen Pflichten einer Mutter und Frau hilft mir Kanae bei allem, was ich allein nicht kann. Ich wünschte, es wäre anders, aber für den Moment haben wir beschlossen, ohne Pflegekräfte auszukommen.

Das bedeutet für Kanae eine große Extraportion Arbeit, und ich bin mir dessen stets bewusst. Das geht meiner guten Freundin Joni Eareckson Tada nicht anders. Joni benötigt noch mehr Hilfe als ich, der ich immerhin einigermaßen mobil bin, aber trotzdem muss Kanae mich bei vielem unterstützen. Bei wie vielen alltäglichen Dingen braucht man normalerweise Hände? Das reicht vom Essenmachen und Löffelhalten übers Aufräumen, Baden bis hin zum Kratzen am Kopf. Ich habe für schätzungsweise zwei Drittel dieser Tätigkeiten meine Tricks. Aber trotzdem gibt es Dinge, die ich nur unter großen Anstrengungen tun kann, mit irgendwelchen genialen Konstruktionen oder unter erhöhter Verletzungsgefahr für meinen Nacken, der sowieso schon mehr aushalten muss als andere.

Wie selbstverständlich Kanae mir hilft, macht mich jeden Tag aufs Neue sprachlos. Oft sagt sie sogar zu anderen, es sei kaum ein Thema für sie, dass mir die Gliedmaßen fehlen. Würde sie das nicht tagtäglich ausleben, fiele es mir schwer, das zu glauben. Aber sie hilft mir gekonnt und ohne Seufzen.

Leider kann ich Kanae weniger unterstützen als andere Männer ihre Frauen. Eigentlich ist es ganz normal, dass der Mann das Baby nimmt, wenn die Frau eine Pause braucht oder irgendetwas erledigen muss, aber ich kann höchstens versuchen, Kiyoshi zu beschäftigen und abzulenken. Er spielt dann Fangen mit mir oder fährt in meinem Rollstuhl mit. Das macht mir natürlich auch Spaß. Schöner fände ich es aber, wenn ich ihm auch die Windeln wechseln, ihn baden und abends ins Bett bringen und morgens anziehen könnte.

Kein Zweifel: Kanae muss mehr leisten als viele andere Frauen, aber sie tut das mit einer Geduld, die mich immer wieder neu beeindruckt. Inzwischen suche ich nach Wegen, sie um Hilfe zu bitten, ohne dass es nach einer Forderung klingt oder ihr noch mehr Stress bereitet. Das gelingt mir nicht immer, aber mein Ziel ist, möglichst „wartungsarm" zu sein und stattdessen ihr zu helfen und auf möglichst viele Arten meine Liebe zu zeigen.

Kleine Geste, große Wirkung

Sucht man nach dem besten Beispiel für Selbstlosigkeit, landet man bei Jesus. Er starb für unsere Verfehlungen, unsere Schuld am Kreuz. Damit wir Vergebung erleben können. Gibt es größere Liebe? Wenn man eine persönliche Beziehung zu Jesus aufbauen will, gehört dazu, die eigenen Ziele ehrlich zu hinterfragen und ihn fortan in alle Entscheidungen des Lebens einzubeziehen. Dasselbe passiert, wenn man heiratet. Man gibt sein selbstbezogenes Ich auf, um ein selbstloses Wir zu werden. Familie und Ehe steigen in der Prioritätenliste über die eigenen Wünsche und Bedürfnisse.

Und wie funktioniert das konkret? Erstens: Wer mit der Erwartung heiratet, der Partner müsse ihm zu Diensten sein, wird scheitern. Wer hingegen mit der Erwartung heiratet, selbst dem Partner zu dienen, dessen Ehe wird funktionieren. Das klingt furchtbar idealistisch, naiv und im Alltag nicht umsetzbar, ich weiß. Aber wenn ich mir die besten Ehen vor Augen halte, die ich erlebt habe, gehen Mann und Frau genau so miteinander um, und zwar scheinbar instinktiv. Ich weiß nicht, ob sie das vierundzwanzig Stunden am Tag durchhalten, aber offensichtlich haben sie es zu ihrer Routine gemacht.

Meine Vorbilder für eine Langzeitehe sind Victor und Elsie Schlatter, die seit fast sechzig Jahren verheiratet sind. Sie sind Freunde der Familie und arbeiten bei South Pacific Island Ministries als Missionare. Die Schlatters sind über achtzig und haben jahrzehntelang in Papua-Neuguinea ihren Dienst getan. Victor ist auch Autor und hat die Bibel in die verschiedenen Sprachen Neuguineas übersetzt.

Ich kenne die Schlatters, seit ich sechs war. Damals fuhr ich auf eine ihrer Kirchenfreizeiten und wurde aufs Wärmste von ihnen empfangen. Das meine ich wortwörtlich, denn ich durfte Victor immer beim Feuermachen helfen. Im ersten Jahr platzte einmal wegen des kalten, trockenen Wetters die Ferse meines kleinen Füßchens auf, und Elsie merkte, wie weh mir das tat. Ich flunkerte sie an und meinte, das wäre eine Skateboardverletzung, und schämte mich sofort dafür, weil Elsie so lieb zu mir war. (Entschuldige!) Sie machte eine Lotion darauf und verband das Füßchen, und ich glaube, sie wusste, dass es einfach aufgeplatzt war, aber trotzdem tat sie, als wäre ich der große Skateboardheld.

Elsie und Victor wurden für mich so etwas wie Heilige. Wir hielten all die Jahre über Kontakt. Wie oft haben sie mich ermutigt! Als viele Leute bezweifelten, dass meine Unternehmensidee für eine internationale Umsetzung taugte, standen Elsie und Victor fest hinter mir.

Kanae und ich haben uns Elsie und Victor als Vorbild genommen. Ihre Liebe füreinander scheint unendlich zu sein. Sie reisen gemeinsam um die Welt, und manches Mal haben wir uns irgendwo verabredet. Sie loben sich ständig gegenseitig, lachen und sind fröhlich und versuchen einander immer das Gefühl zu geben, geliebt zu sein.

Keine Tricks

Victor und Elsies Ehe zu beschreiben ist gar nicht so einfach. Eigentlich möchte ich sagen, dass sie hart daran arbeiten, aber es sieht bei ihnen so leicht aus. Ihre Zuneigung ist einfach echt! Ich habe Onkel Vic einmal nach ihrem Geheimnis gefragt, und er meinte: „Da gibt's kein Geheimnis. Wir wissen uns in Gottes Hand und vertrauen auf die dreifache Schnur."

Victor studierte Kerntechnik im dritten Studienjahr an der amerikanischen Purdue University, als er Elsie kennenlernte. Er bereitete gerade seinen Karriereinstieg bei General Electric vor. Elsie war streng gläubig erzogen worden. „Ich nahm das alles nicht so ernst", erinnerte sich Victor, „aber ich glaubte zumindest daran, dass es Gott gibt. Eigentlich war ich auf der Suche nach einem schönen Leben. Ich fuhr gern Fischen und hatte viele Hobbys."

Bei ihrer ersten Verabredung gab Elsie Victor zu verstehen, dass sie ihr Leben nach Gottes Willen ausrichten wolle. Als angehender Ingenieur kam ihm das eher wie Zeitverschwendung vor.

Victor mochte Elsie, aber die Verabredung war ein Reinfall. Abends im Bett dachte Victor darüber nach und beschloss schließlich, Gott doch ins Boot zu holen. „Herr", betete er, „wenn du mir schon mit so einer jungen Frau den Weg zeigen musst, dann bitte, hier bin ich."

Victor scherzt oft, er sei ein oberflächlicher Mensch gewesen, bis Elsie in sein Leben trat. Aber Fakt ist, dass Elsie irgendwas in ihrem Leben hatte, was ihm fehlte. „Sie sah toll aus, aber davon gibt es viele", meinte er. „Da war noch mehr; sie hatte dieses Temperament, diese Tatkraft. Ich war Wissenschaftler und Mathematiker, aber in meiner Gleichung fehlte Gott. Ohne ihn hätte mich nur ein zweitklassiges Leben erwartet."

Victor schloss sein Studium schneller ab als gedacht und arbeitete sieben Jahre in der Abteilung Kerntechnik bei GE, bevor er den Entschluss fasste, Gott in seiner persönlichen „Gleichung" ganz nach vorn zu holen. Elsie und er begannen ihren Dienst als Missionare und üben ihn seitdem aus.

„Unser Leben war sehr, sehr gut", meinte er einmal zu mir.

Was mich an ihrer Ehe am meisten beeindruckt, sind die festen Gewohnheiten, mit denen sie ihre gegenseitige Liebe zum Ausdruck bringen. Elsie zum Beispiel liest Victor jeden Freitag aus Sprüche 31 vor. Darin geht es um die tüchtige Frau: „Eine tüchtige Frau – wer findet sie schon? Sie ist wertvoller als viele Juwelen! Ihr Mann kann sich auf sie verlassen … Ihr Leben lang tut sie ihm Gutes, niemals fügt sie ihm Leid zu."

Ich würde sagen, Elsie hat ihrem Mann im Laufe der Jahre sehr viel

Gutes getan. Einmal zeigte sie mir einen kurzen Dankestext, den sie über Victor geschrieben hatte. Er hatte ihr sogar den ersten Preis in einem Schreibwettbewerb für Pastorenehefrauen eingebracht.

„Ich habe das Glück, mein Leben mit dem einzigartigsten Mann der Welt zu teilen. Er übernahm früh Verantwortung, weil sein Vater früh starb. Für ein paar Cent wischte er die Flure. Später hob er für ein paar Dollar mit der Schaufel Gräber aus. Wieder später verdiente er als Nuklearchemiker gutes Geld. Aber dann rief ihn Gott, und er ließ alles stehen und liegen, um in Papua-Neuguinea die Bibel zu übersetzen. Heute ist er Autor und Redner! Als wir verlobt waren, sagte ich, ich wolle einen Mann, der jeden Tag zu mir sagt: ,Ich liebe dich.' Und seit einundsechzig Jahren hat er es noch nie vergessen! Er ist wirklich ein Mann, auf den Psalm 1 zutrifft."

Ich bin mit Victor und Elsie einige Male unterwegs gewesen. Ihre Eintracht und Liebe sind wirklich beeindruckend. Ständig sagt der eine etwas Gutes über den anderen, und die beiden unterstützen sich gegenseitig, wo es nur geht.

Aufgerechnet wird nicht

In der Bibel wird diese dienende Haltung so beschrieben: „Weder Eigennutz noch Streben nach Ehre sollen euer Handeln bestimmen. Im Gegenteil, seid bescheiden, und achtet den anderen mehr als euch selbst. Denkt nicht an euren eigenen Vorteil, sondern habt das Wohl der anderen im Auge." (Philipper 2,3+4)

Es geht nicht darum, dass der Mann über der Frau steht oder andersherum. Es geht auch nicht um die Rolle des Dieners. Es geht ums Dienen, ums Füreinander-Dasein, Aufeinanderachten und darum, dem Partner ohne Neid oder Wettstreit den Vortritt zu lassen.

Und wie sieht das konkret aus? Wie soll man das schaffen, das Glück des Partners immer wichtiger zu nehmen als das eigene? Manche meiner Bekannten können darüber nur lachen. Ein Freund von mir meinte, seine Frau würde ihm ja keine Wahl lassen, denn an ihrem Kühlschrank hinge der Spruch: „Happy Wife = Happy Life!"

Ganz im Ernst, ich wäre versucht zu sagen, so eine Ehe gibt es nicht, hätte ich nicht Elsie und Victor all die Jahre beobachtet. Ihr Geheimnis ist wohl, dass sie keine große Show daraus machen, sondern sich jeden Tag kleine Liebeszeichen ausdenken. Einer ahnt die Bedürfnisse des anderen voraus und erfüllt sie. Sie sagen sich nette Dinge, umarmen sich und sind zärtlich zueinander.

Mit Sicherheit haben auch Elsie und Victor ihre Krisen gehabt und sind manchmal frustriert, aber ich habe wirklich noch kein böses Wort bei ihnen gehört. Irgendwie haben sie eine Grundeinstellung, die ihr Verhalten bestimmt: Einer ist dankbar für den anderen.

Wenn ich mit Männern über das Thema Dienen rede, höre ich oft: „Und was, wenn ich mir den Hintern aufreiße für meine Frau, aber sie tut nichts für mich?" Das scheint für viele Leute ein großes Thema zu sein: *Was, wenn ich alles aufgebe und bekomme nichts dafür?*

Für mich persönlich liegt die Antwort in dem, was mich antreibt: mein Glaube. Ich möchte nicht für Kanae da sein, um etwas zurückzubekommen, sondern aus Liebe – zu Kanae. Und zu Gott, weil ich Gott dadurch Ehre erweise. So lange er das Zentrum meines Lebens ist, brauche ich keine Gegenleistung von Kanae.

Belohnt werde ich trotzdem dafür, und nicht nur durch eine tolle Ehe. Kanae und ich möchten ein lebendiges Beispiel dafür sein, dass man glücklich verheiratet sein kann. Unser Eheglück soll wie eine Stadt auf einem Hügel sein, die man von weit her sehen kann.

Wenn dein Partner die Nummer eins ist und sich das auch in

deinem Verhalten zeigt, erfüllst du euer Eheversprechen und zeigst, dass du es mit der Liebe ernst meinst. Kommt tatsächlich nichts vom anderen zurück, solltet ihr auf Ursachensuche gehen. Manchmal hilft es auch schon, sich daran zu erinnern, was einen zusammengeschweißt und zusammengebracht hat.

Zum Abschluss möchten Kanae und ich euch ein paar Vorschläge machen, wie man das Feuer der Liebe am Brennen hält. Hoffentlich helfen sie euch, noch enger zusammenzuwachsen, damit auch ihr eines Tages wie Victor und Elsie seid: nach über sechzig Jahren noch in Liebe verbunden!

Tipps für gute Ehen

Fangt den Tag zusammen an

Von unserer Gewohnheit, morgens im Bett eine halbe Stunde zusammen in der Bibel zu lesen, haben wir bereits erzählt. Das hat uns schon unheimlich bereichert. Man startet friedlich und gemeinsam in den neuen Tag. Als gläubiges Paar ist uns der geistliche Impuls am Morgen natürlich sehr hilfreich, aber im Prinzip kann man das mit allem ersetzen, was einen näher zusammenbringt. Ein Spaziergang, Musikhören oder auch ein Kaffee und gemeinsames Frühstück sind eine hervorragende Gelegenheit, in Ruhe über eure Pläne und Träume zu sprechen und zu spüren, wie es um eure Beziehung steht.

Lasst die Romantik nicht zu kurz kommen

Ein Baby im Haus zu haben hat unser Liebesleben definitiv verändert. Das höre ich von so ziemlich allen Eltern. Ungestörtheit und Spontaneität sind erst einmal passé, aber das heißt ja nicht, dass man sich nicht darauf einstellen und improvisieren kann. Wir

Männer sollten immer daran denken, dass für Frauen zuallererst die emotionale Ebene stimmen muss. Wenn du also bis zum Hals in Arbeit steckst und keine Zeit hattest, mit deiner Frau zu reden, oder wenn du mehrere Tage verreist warst, kümmere dich zuerst darum, dass ihr auf der Gefühlsebene wieder zusammenfindet, bevor du das Kapitel Sex aufschlägst.

Umarmungen, Rückenkrabbeln, konzentrierte Gespräche und gegenseitige Aufmerksamkeit sind kleine Gesten, die durchaus einen Funken entfachen können. (Ich muss, wie überall, kreativ werden. Jawohl, ich habe Kanae schon den Rücken mit dem Kinn massiert!)

Blumen, Pralinen, ein Candlelight-Dinner oder ein aufreizendes Nachthemd werden nur funktionieren, wenn die Frau sich vorher schon geliebt fühlt. Und die dafür nötige Verbindung pflegt man übrigens nicht im Vorbeigehen, sondern zu jeder Gelegenheit. Wenn ich Elsie und Victor beobachte, erstaunt es mich, wie viel Körperlichkeit in ihrer Beziehung noch herrscht. Andauernd umarmen sie sich, streichelt einer den anderen oder sie tuscheln miteinander. Gemessen an der Anzahl ihrer Ehejahre müssen sie irgendetwas richtig machen.

Verabredungen und Rendezvous sind ein Muss

Als ich Single war, konnte ich mit der Vorstellung wenig anfangen, dass sich verheiratete Paare für ein Rendezvous verabredeten. „Du musst dich mit deiner Frau extra verabreden? Und was, wenn sie doch andere Pläne hat?" Inzwischen weiß ich es natürlich besser.

Der Alltag hält so schnell Einzug, da braucht es Highlights. Und das Leben als Eltern ist so hektisch, dass man als Paar feste Zeiten ausmachen muss. Deswegen ist ein verlässlicher Babysitter auch auf einmal wichtiger als eine gute Autowerkstatt.

Ich kenne Paare, die ihre Verabredungen sehr ernst nehmen, und die Kinder sind es gewohnt, dass Mama und Papa sich freuen, wenn sie gemeinsam weggehen können.

Kanae und ich sind auf diesen Trend aufgesprungen. Dabei ist es gar nicht so einfach, die Arbeit und die Gedanken um das Kind ruhen zu lassen und sich einfach nur auf uns zu konzentrieren. Regel Nummer eins daher: Die Themen Geld und Stress bei der Arbeit sind tabu. Ich weiß von einem Mann, der seine Frau am Valentinstag groß ausführte und dann alles zunichtemachte, indem er seinen Jobwechsel in eine andere Stadt und den dafür notwendigen Umzug verkündete. Da war der Ofen natürlich aus!

Kurztrips und Urlaub sind ein Muss

Wer keine Familie hat, der man die Kinder hin und wieder anvertrauen kann, hat es hier deutlich schwerer, aber ein Tapetenwechsel lohnt sich ungemein, und sei es nur für eine Nacht oder zwei. Der Hochzeitstag bietet sich hier natürlich besonders an. Wenn die Kinder noch klein sind, darf das Liebesnest natürlich nicht zu weit entfernt sein. Sind die Kinder in der Pubertät, gehen höchstens noch ein Zelt im Garten oder die Garage. Scherz beiseite: Ältere Bekannte von uns haben diese Tradition von Anfang an etabliert, und seit die Kinder aus dem Haus sind, zelebrieren sie sie geradezu. Es klappt nicht jedes Jahr mit einer Reise zum Hochzeitstag, aber sie sparen stets eisern darauf hin und versuchen, so oft es geht, gemeinsam Urlaub zu machen.

Sei ein Freund – und du wirst Freundschaft und Nähe erleben

Ganz ehrlich: Dieses Konzept funktioniert meiner Meinung nach am besten bei Ehepaaren, obwohl es ursprünglich aus der Welt der Singles stammt. Studien über Studien haben gezeigt, dass in den erfolgreichsten Ehen Mann und Frau Freunde waren, bevor daraus mehr wurde. Wie man ein Liebespaar wird, ohne zuerst Freunde zu sein, ist mir schleierhaft, aber wie gesagt, mein Leben war auch ziemlich behütet. Trotzdem sollte man die Person, die man heiratet, doch zumindest mögen, oder nicht?

Es lohnt sich! Sagt euch, was ihr denkt, was euch beschäftigt. Das schafft Nähe. Und sucht euch Dinge, die euch beiden Spaß machen. Das kann etwas Ruhiges wie Angeln sein (mein Favorit!), etwas Sportliches wie Segeln, Wandern, Radfahren oder Klettern oder auch etwas Entspanntes wie Kino, Kochen oder Strandbesuche.

Bevor es Kiyoshi gab, haben Kanae und ich einen Tandemsprung gemacht, aber es wird wohl bei dem einen Mal bleiben. Unser Bedürfnis nach dem risikoreichen Kick hat sich deutlich verringert, aber Segeln, Schwimmen, Surfen und Angeln sind uns geblieben. Gemeinsame Aktivitäten beleben unsere Freundschaft und erinnern uns daran, dass unser Sohn nur eine unserer gemeinsamen Interessen ist – wenn auch die Nummer eins.

Verbringt Zeit mit glücklichen Paaren

Das könnte sich als gar nicht so einfach herausstellen, weil einige Paare ständig sticheln, sich piesacken und streiten, wenn sie mit anderen unterwegs sind. Sogar Paare, die eigentlich ganz harmonisch zusammenleben, verfallen unter Freunden in dieses eigenartige Vergnügen. Es mag ihnen ja Spaß machen, aber ein Effekt bleibt dabei in jedem Fall auf der Strecke, nämlich dass sie davon profitieren. Wenn Kanae und ich Zeit mit harmonischen Paaren wie Elsie und Victor verbringen, tut uns das immer gut. Wir schauen uns hier und da kleine Tricks ab, wie man die Nähe zueinander erhält und können obendrein miterleben, dass Liebe und Freundschaft nicht im Laufe der Zeit einschlafen müssen. Es kann ein bisschen dauern, bis ihr so ein Paar gefunden habt, das nicht ständig kleine

Pfeile verschießt. Habt ihr aber eins gefunden, könnt ihr aus ihren Erfahrungen lernen (und ihnen vielleicht selbst noch helfen!).

Leben, Lieben, Lachen

Kanae meinte letztens zu mir: „Bevor wir verheiratet waren, hatten wir andauernd was zu lachen. Das fehlt mir."

Treffer und versenkt! So schwer es mir fiel, das zuzugeben, meine Frau hatte recht. Zu meinen liebsten Erinnerungen gehören diejenigen, wo wir aus dem Lachen nicht mehr herauskamen, bis uns die Luft ausblieb.

Was war passiert?

Spontan würde ich sagen, dass der Alltag uns nun mal schluckte, wir uns auf Kiyoshi vorbereiten mussten, nach seiner Geburt sowieso zig Umstellungen nötig waren, und wir uns überhaupt als Familie erst einmal finden mussten. Aber in Wirklichkeit gibt es keine Entschuldigung dafür, das Lachen aus dem Leben auszuklammern. Eine meiner stärksten Waffen gegen Mobbing, Depressionen und Einsamkeit war immer mein Sinn für Humor. Wie oft habe ich eine unangenehme Situation damit entschärft, einen kleinen Scherz über meine Behinderung zu machen oder über die Probleme meines Gegenübers, damit umzugehen?

Auch wenn meine Themen auf der Bühne meist ernst sind, gehört der Humor fest zu meinem Programm. Schon früh merkte ich, dass Menschen leichter mit meiner Erscheinung umgehen können, wenn ich sie zum Lachen bringe. Humor hat heilende Kräfte, und jede Ehe kann ihn gut gebrauchen. Humor ist das günstigste Ehe-Coaching überhaupt.

Ich kenne ein Paar, das nach über dreißig Jahren Ehe immer noch tagtäglich miteinander lachen kann. Die Frau schenkte ihrem Mann zum Geburtstag einmal eine Gummihand für die Werkzeugkiste. Er ist kein großer Bastler, der immer einen Assistenten braucht, und sie schrieb scherzhaft dazu: „Hier ist deine dritte Hand".

Seine Antwort war, die Hand in einer ihrer Blusen zu verstecken, damit sie herausfiel, wenn sie sie anziehen wollte. So fing ihr kleines „Handgemenge" an, das nun schon mehrere Jahre andauert. Es ist nicht besonders anspruchsvoll, aber die beiden haben immer wieder Grund zum Lachen, und so denkt jeder über den anderen nach und hat ihn im Blick.

Auch bei mir und Kanae gibt es Dauerbrenner. Zum Beispiel darüber, was Kanae mit mir macht, wenn ich mich je danebenbenehmen oder sie wütend machen sollte. Ihre Optionen sind bisher unter anderem, mich in Kiyoshis Krabbelgitter zu stecken, damit ich nicht mehr aus dem Büro herauskomme, oder in unsere große Badewanne oder Kiyoshis Gitterbett, die ich beide nicht ohne Hilfe verlassen kann. Ich hoffe nur, sie merkt nie, dass ich auch in den Tiefkühlschrank passen würde …

Vielleicht sind Streiche nicht so deine Welt, aber es gibt ja noch Comedy-Serien, lustige Filme oder Videos auf YouTube, die euch zum Lachen bringen können.

Liebe ohne Limits

Der größte Motor für unsere Beziehung und Erfüllung als Paar ist unser Sohn. Kiyoshi hat unserer Ehe zu einer ganz neuen Tiefe und ungeahnten Freuden verholfen. Ich hätte mir nie träumen lassen, wie sehr man sein eigenes Kind liebt. Genauso wenig hätte ich erwartet, dass mir am besten an ihm gefällt, wie eng und vertraut die Verbindung zu seiner Mutter ist. Ich könnte ständig zusehen, wie Kanae und Kiyoshi miteinander umgehen. Kanae freut sich jedes Mal, wenn er sie umarmt oder lacht, und Kiyoshi liebt seine Mama wie verrückt.

Seinen ersten erfolgreichen Stehversuch habe ich leider verpasst, aber die ersten Schritte durfte ich miterleben. Als ich unterwegs war, ermahnte ich Kiyoshi immer am Telefon oder über Skype, noch kein Wort zu sagen, keine Zähne zu kriegen und ja nicht anzufangen, herumzulaufen. Zum Glück hielt er sich daran.

Auf einer Reise nach Hawaii machte sich Kiyoshi zum ersten Mal selbstständig. Ich hatte eine ganze Reihe von Auftritten in der Gegend, und für vier Wochen hüpften wir von einer Insel auf die nächste. Irgendwann, wir waren gerade auf Maui im selben Hotel wie in unseren Flitterwochen zwei Jahre zuvor, beschloss unser Sohn, dass ihm Krabbeln nicht mehr genügte.

Ich hatte mich aus vielerlei Gründen auf diesen Augenblick gefreut. Leider hatte unser Trick mit dem Tragetuch nicht sehr lange funktioniert, weil Kiyoshi als Baby schnell zunahm und bald mein Rückgrat überforderte. Interessanterweise wollte Kiyoshi noch nie, dass ich ihn hochhebe. Bei Kanae und allen unseren Verwandten will er das sofort.

Offensichtlich hat er früh gemerkt, dass sein Vater keine Arme hat. Stattdessen umarmt er mich einfach oder klatscht mich an der Schulter ab. Ich könnte jedes Mal vor Freude heulen, wenn er das tut. Und trotzdem habe ich mich gefragt, was passiert, wenn er laufen kann. Wie Kinder eben sind, wenn sie anfangen zu laufen: Sie machen ein paar Schrittchen, werden immer schneller und fallen der Länge nach hin, wenn sie niemand auffängt. Ob er zu mir nicht laufen würde, weil er wusste, dass ich ihn ohne Hände nicht auffangen konnte?

Zu mir zu kommen wäre für ihn wie ein Drahtseilakt ohne Sicherheitsnetz. Mein Sohn, ein Artist! Vielleicht kannst du dir vorstellen, was in mir vorging, als Kiyoshi mich im Hotelzimmer plötzlich ansah, entschlossen das Köpfchen senkte und auf mich zutapste.

Ich war völlig gebannt, wie er sich mutig durch das Zimmer vorarbeitete und auf seinen Papa zuhielt, der ihn nicht fangen konnte.

Bei jedem zaghaften Schritt strahlte er und zeigte kein bisschen Angst, bis er bei mir war – und dann geschah das Wunder, zumindest in meinen Augen.

Mein Sohn wollte nicht, dass ich ihn hochnehme; stattdessen griffen seine Patschehändchen nach meinem Hemd, dem Schlüsselbein, den Schultern, wo auch immer er Halt fand. Dann zog er sich heran, lehnte sich an mich und „dockte an". Bis über beide Ohren strahlte er stolz über seine Leistung.

Mir kamen die Tränen vor Rührung. Alte Gedanken schossen mir durch den Kopf. *Wer will schon so jemanden wie mich? Wer will so jemanden lieben? Wer will mit so jemandem eine Familie gründen? Werde ich jemals mein Glück finden?*

Die Antwort stand vor mir. *Ja!*

Und *Ja!* ist auch deine Antwort. Wir sind alle Gottes Kinder. Wir sind es alle wert, geliebt zu werden. Wenn du noch Single bist, aber den tiefen Wunsch in dir trägst, eines Tages einen Partner zu finden und eine Familie zu gründen, nimm unsere Geschichte als Beispiel dafür, dass nichts unmöglich ist. Außerdem möchte ich dich noch einmal an die zentralen Aussagen dieses Buches erinnern:

- Wenn du dich nach Liebe sehnst, dann gib nicht auf. Gott hat dir diese Sehnsucht nicht ohne Grund ins Herz gelegt.
- Du bist es wert, geliebt zu werden!
- Es gibt garantiert auf der Welt jemanden, der dich lieben und mit dir das Leben verbringen würde.
- Eine erfolgreiche Ehe basiert auf gegenseitiger, selbstloser Liebe und einer gemeinsamen, ehrlichen und dauerhaften Verpflichtung.
- Eltern zu werden stellt jede Ehe auf die Probe. Das Band der Liebe kann dabei noch fester werden, aber nur, wenn jeder lernt, sich in den anderen hineinzuversetzen, wenn einer für den anderen da ist und das Wohlergehen der Familie über den eigenen Interessen steht.
- Die „Arbeit" an der Ehe besteht hauptsächlich darin, das egozent-

rische Denken aufzugeben und Tag für Tag daran zu arbeiten, Gott an die erste, die Frau und die Familie an die zweite und sich selbst an die dritte Stelle zu stellen.

• Deine Ehe, deine Familie und dein Heim sollten immer ein sicherer, liebevoller und fürsorglicher Ort sein – ein Zufluchtsort vor der Welt und allen ihren Herausforderungen.

Liebe kennt keine Limits. Wenn du dieses Konzept übernehmen kannst, habe ich mein Ziel erreicht. Auch wenn du das Gefühl hast, dass alles andere auf der Welt seine Grenzen hat. Meine Weisheit ist auf jeden Fall begrenzt, und meine Muskelkraft auch. Wir haben zwar alle unsere Grenzen, aber Liebe nicht.

Woher ich das weiß? Mein Vorbild ist Gottes Sohn Jesus. Er verändert mich Stück für Stück, macht aus mir einen besseren Ehemann, einen besseren Vater, ein besseres Kind Gottes. Ich darf wachsen, ich darf mich verändern, zum Guten hin, immer weiter.

Glaube daran, dass du Liebe finden wirst, und zweifle nicht an deiner Fähigkeit zu lieben. Wenn du willst, wird Gott dir helfen, deinen Partner und eure Kinder noch fester in dein Herz zu schließen. Außerdem werden sie dir mehr über Liebe beibringen, als du glaubst.

Für Kanae und Kiyoshi möchte ich immer stärker werden, als Vater und als Ehemann. Ich möchte ihnen zeigen, dass ich ihre Liebe wert bin, und so viel ich kann in meinem Leben davon aufsaugen.

Ich bin froh, dass Kanae bei diesem Buchprojekt mit von der Partie war, weil du sie so kennenlernen konntest. Mit ihrer liebevollen Persönlichkeit ist Kanae für mich der lebende Beweis dafür, dass Liebe Wunden heilen und Kräfte freisetzen kann. Dass sie mich, einen so offensichtlich unvollkommenen Mann liebt, beflügelt mich. Ihre Liebe ist geduldig. Sie ist freundlich. Sie ist nicht nachtragend, schaut nicht auf andere herab und sieht immer das Gute. Ihre Liebe vertraut immer, hofft immer und hält durch.

Gott hat mich über alle Maßen beschenkt. Seine Liebe ist eigentlich schon genug, aber nun habe ich noch eine wundervolle Frau und ein einzigartiges Kind. Als kleine Familie hoffen wir, dass auch du – falls nicht schon geschehen – eines Tages in Liebe baden kannst. Liebe, die keine Limits kennt.

Herzlich,

Nick und Kanae mit Kiyoshi

Danksagung

Gott gebührt wie immer unser größter Dank. Dank aber auch an unsere Familien, Freunde und Verwandte: Danke für eure Liebe, Gebete und eure Unterstützung! Wir sind so froh, euch zu haben. Ein großes Dankeschön an unseren Schreibpartner Wes Smith, der wieder einmal hervorragende Arbeit geleistet hat! Genauso an meine Literaturagenten Jan Miller, Nena Madonia und das Team bei Dupree Miller und Associates. Danke, dass ihr an meine Arbeit glaubt. Der Crown Publishing Group bin ich zu Dank verpflichtet. Ebenso der WaterBrook Multnomah Publishing Group, vor allem dem Geschäftsführer Steve Cobb, Cheflektor Bruce Nygren und Laura Wright, der Chefin der Herstellungsabteilung.

Danken möchte ich auch David und Helen Price, ihrer Familie und der Oaks Christian School für ihre jahrelange liebevolle Unterstützung von Life Without Limbs. David, du hast uns mächtig vorangebracht und als Vorstandsmitglied einen großen Dienst erwiesen. Herzlichen Dank auch an den gesamten Vorstand, den Beirat und alle Mitarbeiter bei Life Without Limbs!

Genauso danke ich dem Team von *Attitude is Altitude* dafür, dass ihr mit mir zu träumen gewagt habt.

Zu guter Letzt möchten wir allen danken, die Life Without Limbs als Freiwillige, als Spender und als Beter unterstützt haben. Jeder Einzelne von euch ist uns wichtig. Bitte tragt uns auch weiterhin!

Kiyoshi – Mommy und Daddy haben dich unendlich lieb. Vergib uns unsere vielen Fehler und hab Geduld. Wir wollen immer bessere Eltern werden.

Schatz, ich liebe dich.

Und ich dich erst.

Über den Autor

Nick Vujicic ist Motivationsredner, Evangelist und Präsident der Non-Profit-Organisation Life Without Limbs.

Er wurde ohne Arme und Beine geboren und ist für Menschen überall auf der Welt zur Inspirationsquelle geworden. Bis heute hat er über dreitausend Auftritte in über fünfundfünfzig Ländern der Erde absolviert. Nick Vujicic füllt Stadien, trifft sich mit Staatsoberhäuptern und Regierungsmitgliedern und spricht gleichermaßen vor Pädagogen, Führungspersönlichkeiten, Schülern und vor den Armen dieser Welt. Zu seinen Themen gehört, Hürden zu überwinden, niemals aufzugeben und im Leben Sinn und Hoffnung zu entdecken.

Nick Vujicic und sein Leben sind oft Thema in den Medien. Er war in den USA zu Gast bei *CBS Sunday Morning*, *Oprah's Life Class*, *20/20* von ABC TV, wurde von der *Los Angeles Times* interviewt, im *700 Club*, bei James und Betty Robisons *Life Today*, bei *Joni and Friends*, von Janet Parshall, Joel Osteen, bei Dr. James Dobsons *Family Talk* und anderen. Zweimal widmete ihm *60 Minutes Australia* einen speziellen Beitrag. 2013 erreichte er bei einer in zwölf Ländern übertragenen Sendung als Hauptredner vierhundert Millionen Zuschauer.

Nick Vujicic wohnt mit seiner Frau Kanae, die Co-Autorin dieses Buches ist, und ihrem gemeinsamen Sohn Kiyoshi in Kalifornien.

Ebenfalls von Nick Vujicic erschienen:

Mein Leben ohne Limits

„Wenn kein Wunder passiert,
sei selbst eins!"

208 Seiten, gebunden, mit Fotos
ISBN 978-3-7655-1119-6

„Ohne Arme und Beine ist nicht halb so schlimm wie ohne Hoffnung!" Als Junge will Nick sich das Leben nehmen – heute reist er
um die Welt, versprüht Lebensmut und liefert neue Perspektiven.
Sein Lachen erobert Herzen, seine Geschichte bewegt Jung und
Alt. Mit der Kraft der Hoffnung und einer Extraportion Humor
erzählt er hier aus seinem Leben ohne Grenzen.

Der Bestseller als Hörbuch!

2 CDs, gekürzte Fassung
Gesamtspielzeit: ca. 80 Min.
ISBN 978-3-7655-8735-1

BRUNNEN VERLAG GIESSEN
www.brunnen-verlag.de

Personal Trainer

für ein unverschämt gutes
Leben

96 Seiten, Taschenbuch,
ISBN 978-3-7655-4180-3

Nick Vujicics „Regeln für ein unverschämt gutes Leben" – als persönlicher Lebensbegleiter und als Anregungsbuch für die Kleingruppe. Mit Fragen, praktischen Anregungen, Impulsen und Ideen zum Umsetzen, Trainieren und Vertiefen – angereichert mit zahlreichen Fotos und Zitaten.

Freihändig

Warum mich und dich
so schnell nichts aufhält

256 Seiten, gebunden, mit Fotos
ISBN 978-3-7655-1583-5

Mich kann so schnell nichts aufhalten, sagt Nick Vujicic, der beliebte Bestsellerautor und Motivationstrainer. In „Freihändig" motiviert Nick dazu, die eigenen Überzeugungen zu leben, Hindernisse als Chancen zu sehen und seine Bestimmung zu finden. Er weiß, dass mit der richtigen Portion Gott- und Selbstvertrauen erstaunliche Kraftreserven in jedem von uns schlummern.

BRUNNEN VERLAG GIESSEN
www.brunnen-verlag.de

Sei stark!

Selbstbewusst gegen Mobbing, Ausgrenzung
und was dich sonst runterzieht

192 Seiten, gebunden,
ISBN 978-3-7655-0926-1

Hänseleien, Lästereien und Attacken – Nick kennt sie von Kindheit
an. Und er erlebt sie auch heute immer wieder. Was tun gegen Pöbe-
leien, was gegen Ausgrenzung und Mobbing in Schule und Beruf?
Mit viel Humor und mit erprobten Tipps hilft dieses Buch, Mob-
bing-Situationen richtig einzuschätzen, sich innerlich zu wappnen
und konkrete Schritte raus aus der Opferrolle zu gehen. Nur Mut!

Dein Leben ohne Limits

50 Powerstarts in den Tag

160 Seiten, Taschenbuch,
ISBN 978-3-7655-4238-1

Vertraue auf Gott – dann kennt dein Leben keine Limits! Denn
wenn Gott mit so jemandem wie mir (ohne Arme und Beine!) etwas anfangen kann, dann kann er jeden gebrauchen, oder? Das
Einzige, was Gott sich von uns wünscht, ist unser Herz. Lass dich
von Nicks positiver Lebenseinstellung anstecken und lerne aus seiner Geschichte, dass es mit Gott keine Limits gibt!

BRUNNEN VERLAG GIESSEN
www.brunnen-verlag.de